GABRIEL GARCÍA MÁRQUEZ

BIBLIOTECA ROMÁNICA HISPÁNICA

Dirigida por DÁMASO ALONSO

II. ESTUDIOS Y ENSAYOS, 333

MICHAEL PALENCIA-ROTH

GABRIEL GARCÍA MÁRQUEZ

LA LÍNEA, EL CÍRCULO
Y LAS METAMORFOSIS DEL MITO

BIBLIOTECA ROMÁNICA HISPÁNICA
EDITORIAL GREDOS
MADRID

© MICHAEL PALENCIA-ROTH, 1983.

EDITORIAL GREDOS, S. A.

Sánchez Pacheco, 81, Madrid. España.

Depósito Legal: M. 38597 - 1983.

ISBN 84-249-0918-6. Rústica.
ISBN 84-249-0919-4. Guaflex.

Impreso en España. **Printed in Spain.**
Gráficas Cóndor, S. A., Sánchez Pacheco, 81, Madrid, 1983. — 5582.

*Para mi madre,
y a la memoria de mi padre.*

Porque en el principio de la literatura está
el mito, y asimismo en el fin.

>   (Borges, «Parábola de Cervantes y
>   del Quijote», en *El hacedor*.)

PRÓLOGO

En el verano de 1975 estaba yo otra vez en la casa familiar, en Cali, Colombia, terminando mi tesis doctoral para Harvard University. Un día, mientras ojeaba un viejo álbum de fotografías, noté una foto ya olvidada. Se veía a mi padre a caballo con dos amigos. En la esquina superior, a la izquierda, se notaba el nombre de la finca donde estaban: «Macondo». Al ver esa vieja foto —tendrá más de cuarenta años— tuve conciencia de que escribiría un libro sobre García Márquez. Con este libro podría, además, deshacerme —si esto es posible— de una enorme deuda espiritual.

La última vez que vi a mi padre fue en las vacaciones de Navidad de 1973. Como en este tiempo estaba yo estudiando *Cien años de soledad*, nos pusimos a leer la novela en voz alta. Cada dos o tres páginas conversábamos sobre lo que habíamos leído. Aprendí mucho en esas largas conversaciones. Aprendí, por ejemplo, que en los pueblos donde había pasado mi padre su niñez (Fusagasugá, Nilo y Pueblo Nuevo, todos en Cundinamarca, departamento de Colombia) sí llegaban todos los años gitanos con cosas para vender. Aprendí que mi abuelo paterno fue algo así como el coronel Aureliano Buendía: también peleó en la guerra de los mil días, pero con rango de general; también fue líder carismático; también fue liberal. Sobre todo, aprendí a conocer a mi padre como nunca lo había podido hacer anteriormente, ya que solía hablar muy poco de su propia vida o de sus antecedentes. Sin duda alguna, no hubiera sido posible este último conocimiento al fin de su vida sin la ayuda de *Cien años de soledad*. Para algo sirve la literatura.

No relato estas experiencias para anunciar un estudio confesional, personal e impresionista. Las menciono porque la experiencia ha enseñado que muchísimos lectores han leído a García Márquez con un vivo interés personal. Casi todo hispanoamericano se reconoce en sus páginas. «Así la tía Julia», he oído decir. O, «así mi abuelita». «Así fue como vivíamos en la finca de veraneo». Inclusive: «así fui yo». Con este talento de revelarnos a nosotros mismos —especialmente en *Cien años de soledad*, obra «popular» y «literaria» a la vez— García Márquez se asocia con los grandes de la literatura universal. En la tradición hispánica, tal universalidad trae a la memoria el caso de Cervantes, padrastro de todo novelista español e hispanoamericano. Según indica el Bachiller Sansón Carrasco sobre la primera parte de *Don Quijote*, ya publicada, «los niños la manosean, los mozos la leen, los hombres la entienden y los viejos la celebran» (*DQ*, II, 3). Algo semejante podría decirse de *Cien años de soledad*. Diferente —por el estilo, su dificultad y sus temas fundamentales— ha sido el caso de *El otoño del patriarca*. Sin embargo, esta obra también pertenece al panteón de la literatura mundial. Con la publicación de estas obras (y otras, como *El coronel no tiene quien le escriba* y *Crónica de una muerte anunciada*), García Márquez se ha asegurado un puesto importante no sólo en la historia de la literatura hispanoamericana, sino también en la occidental.

El libro que el lector tiene en sus manos se subdivide, como se observa en el índice, en cuatro grandes apartados. El primero consiste en una exploración de los primeros pasos de García Márquez en el mundo del mito. Dado que consideramos estas «ficciones» (*La hojarasca*, *La mala hora*, *El relato de un náufrago*, «Isabel viendo llover en Macondo», *El coronel no tiene quien le escriba*, «Los funerales de la Mamá Grande») principalmente en relación con la evolución de la conciencia mítica de García Márquez, hemos dejado a un lado muchas observaciones que, aunque interesantes, no pertenecen al tema. El hacer esto no significa que hayamos pasado un juicio negativo sobre el valor estético de las primeras ficciones. Con respecto a nuestro enfoque —que es el mito y sus técnicas narrativas—, las primeras obras son «menores». «Mayores» son, obviamente, *Cien años de soledad* y *El otoño del patriarca*. Por lo tanto, hemos analizado estas dos novelas con más atención y detalle. *Cien años de soledad* ya ha sido objeto de largos estudios, y el lector verá cómo nuestro análisis se distingue de los otros. Ésta es la primera interpretación extensa (y espero que intensa) de *El otoño del patriarca*. Tiene más amplitud, por ejemplo, que algunos libros sobre García Márquez, o sobre *Cien años de soledad*.

En los últimos años, en simposios y conferencias literarias, por los corredores de los hoteles, en los grandes centros urbanos, donde periódicamente se reúnen los hispanistas y otros críticos literarios, se ha oído con frecuencia el lamento sobre la carencia de un «espacio crítico» en el estudio de la literatura hispanoamericana. Es decir, nosotros, los críticos y los profesores de literatura, no parecemos aprender nada de nuestros colegas. Emir Rodríguez Monegal, por ejemplo, ha denominado la controversia sobre el realismo mágico un «diálogo de sordos»: todos hablan y ninguno escucha. Ofrezco este estudio sobre García Márquez no como otro diálogo de sordos, pues he tratado de aprender todo lo posible de mis colegas hispanistas y de mis colegas en otros campos de investigación, sino más bien como una contribución a la creación de un «espacio crítico» que facilite la interpretación y el deleite de la obra de García Márquez.

Reconozco, con gratitud, el apoyo de la Universidad de Illinois, que, en la etapa final del proyecto, ha contribuido con fondos para un asistente de investigación, para cubrir los costos de las reproducciones fotográficas y para los de mecanografía.

Sería imposible nombrar a todas las personas que tuvieron algo que ver con este proyecto. Sin embargo, deseo señalar la ayuda de algunas como especial. La empresa animadora de mi buen amigo y colega Antonio Carreño ha sido incansable. Durante mi larga labor, él se ha mostrado generoso con el tiempo y con las sugerencias, especialmente en cuestiones de estilo. Algunos de los mejores momentos de *Gabriel García Márquez* son culpa de Antonio Carreño, de mis otros amigos, y de mi esposa. Agradezco la labor de Manuel Esteban en las etapas iniciales del libro y la de Frances Matos de Schultz en las finales. También agradezco la constante diligencia de Carmen Otero-Vélez de Pires, mi asistente de investigación, durante año y medio. Carmen, además, me ha ahorrado incontables horas en la búsqueda de libros y artículos en la biblioteca universitaria. Mi esposa, escritora también (pero en inglés), ha leído y comentado todo el manuscrito, salvándome de muchos errores. Las deficiencias que todavía existen en el texto —tanto en el contenido como en el estilo— tienen el honor de pertenecerme.

Urbana, junio de 1982.

INTRODUCCIÓN

LA CONCIENCIA MÍTICA

«En el principio de la literatura está el mito, y asimismo en el fin». Estas palabras de Jorge Luis Borges, epígrafe de nuestro estudio, son sólo un ejemplo, entre muchos, de la ubicuidad del mito en la literatura del siglo XX. Quizá un día, en el siglo XXI o XXII, el nuestro se denominará «el siglo del mito». Para un sinnúmero de nuestros poetas, dramaturgos, ensayistas, cuentistas y novelistas, el mito ha sido imprescindible. Considérense, en la poesía, figuras como William Butler Yeats, T. S. Eliot, Ezra Pound, Rainer Maria Rilke, Federico García Lorca, Rubén Darío y Octavio Paz. Pensemos, en el teatro, en Anouilh, en Cocteau, en Giraudoux, en Brecht, en Sartre y en Beckett. Muchísimos ensayistas se han servido del mito para analizar la cultura moderna, en especial la hispanoamericana. De estos últimos citemos, por ejemplo, a José Enrique Rodó, a José Vasconcelos, a Alfonso Reyes, a Octavio Paz y a Carlos Rangel, entre otros.

En los géneros del cuento y de la novela, una enumeración produciría un inmenso catálogo épico. Mencionemos solamente algunos novelistas hispanoamericanos que han sido particularmente atraídos por el mito: Miguel Ángel Asturias, Ernesto Sábato, José Donoso, Juan Rulfo, Alejo Carpentier, Augusto Roa Bastos, Carlos Fuentes y, naturalmente, Gabriel García Márquez. En Hispanoamérica, durante el siglo XX, los novelistas extranjeros de más influencia han sido, en especial, los mitólogos James Joyce y William Faulkner. No creemos accidental el hecho de que los momentos del mayor impacto de estos dos escritores coincidan con el florecimiento de la novela mítica hispanoamericana.

Fue James Joyce el que, con la publicación de *Ulysses* en 1922, dio forma casi definitiva a la novela mítica del siglo XX. Ha sido difícil escapar de su influencia en «el método mítico de novelar». T. S. Eliot, en su famoso ensayo sobre Joyce, lo describe de la siguiente forma: es «una manera de controlar, de ordenar, de dar forma y sentido al inmenso panorama de futilidad y anarquía que es la historia de nuestros días»[1]. *Ulysses*, obra totalizadora y rigurosamente ordenada de acuerdo con un modelo mítico principal (*La Odisea*), demuestra la unidad profunda existente entre el hombre y la historia, y entre el hombre y el universo. Aunque *Ulysses* confirma la importancia de la realidad, en particular de la cotidiana, algunos críticos insisten en que la omnipresencia de tales narraciones míticas, en el siglo XX, indica el deseo de huir de la realidad y de la historia, de esconderse en un mundo irreal y eterno, donde todo sea posible y todo exista en un estado de armonía[2]. En la literatura hispanoamericana sucede todo lo contrario. Es decir, para nosotros el mito es, quizá, la mejor manera de enfrentarnos con nuestra historia, con nuestra realidad, con nuestro ser. Caso ejemplar: Gabriel García Márquez.

Sin duda, el lector se habrá preguntado ya: «Pero, ¿qué es el *mito*?». Parece ser una de aquellas palabras que todo el mundo usa pero que pocos entienden con precisión. Esta falta de precisión deriva del hecho de que el mito tiene significados diferentes para distintos estudiosos. A pesar de la dificultad de llegar a una concepción clara y universalmente aceptable del

---

[1] [The mythical method is] simply a way of controlling, of ordering, giving a shape and a significance to the immense panorama of futility and anarchy which is contemporary history...» T. S. Eliot, «*Ulysses*, Order and Myth», *The Dial*, 75 (noviembre de 1923), 480-483.

[2] V., por ejemplo, el ensayo de Philip Rahv, «The Myth and the Powerhouse», en John B. Vickery (ed.), *Myth and Literature: Contemporary Theory and Practice* (Lincoln, Nebraska, 1966), págs. 109-118.

Introducción

vocablo, creemos que es útil señalar algunas acepciones principales del mismo e indicar en qué sentido —o sentidos— utilizamos el término en nuestro estudio.

Las acepciones del mito en los diccionarios ayudan poco. El mito, según el diccionario de la Real Academia Española, es una «fábula, ficción alegórica, especialmente en materia religiosa». El *Diccionario de uso del español* de María Moliner tiene dos acepciones: *a)* «leyenda simbólica de carácter religioso; *b)* cosa inventada por alguien, que intenta hacerla pasar por verdad, o cosa que no existe más que en la fantasía de alguien». La *Enciclopedia universal ilustrada*, bajo el vocablo «mito», cita solamente la acepción de la Real Academia Española y presenta, bajo «mitología», un breve artículo. Estas acepciones —podríamos citar otras— destacan el carácter religioso e imaginario del mito. Por una parte, acentúan un solo aspecto de la vida humana (la religión). Por otra, consideran el mito como «mentira». Estas definiciones no sólo son negativas, sino, además, de utilidad marginal para el criterio literario. Al discutir el mito debemos rechazar dichas acepciones.

Las teorías sobre el mito son casi tan diversas como los teóricos que las proponen. Cada teórico acentúa, según la escuela que representa, distintos aspectos. Tradicionalmente, se ha considerado el mito en oposición a la historia y a la verdad; también a la razón, a la filosofía y al progreso en las ciencias humanas. Así se veía el mito en los tiempos presocráticos (el *mythos* como adversario del *logos*); así se consideraba en el Medioevo, en el Renacimiento y en los años de la Ilustración. Sin embargo, en la larga historia del pensamiento occidental debemos destacar algunos pensadores para quienes el mito no fue objeto de una crítica negativa, sino más bien un fundamento de la experiencia humana, o simplemente otra manera, entre varias, de entender el mundo. Sócrates y Platón utilizaron el mito (así como sus técnicas narrativas) más de una vez en argumentos filosóficos. En el siglo XVIII, Giambattista Vico otorgó al mito un puesto de honor en su «scienza nuova». En nuestro siglo, Ernst Cassirer, filósofo alemán, publicó en 1925 el segundo volumen *Das Mythische Denken* (*El pensamiento mítico*) de su trilogía *Die Philosophie der Symbolischen Formen* (*La filosofía de las formas simbólicas*), considerando al mito como lo había considerado Friedrich Schelling en el siglo XIX: una forma de pensar[3]. Los psicólogos del siglo XX hacen hincapié en sus elemenos oníricos y en la importancia del inconsciente y de la infancia (Sigmund Freud, Carl Gustav Jung, Joseph Campbell, Erich Neumann, Gaston Bachelard); algunos han visto el mito como el fundamento de nuestros valores culturales más básicos[4]. Los estudiosos de la literatura —ya sea uno de los primeros (Aristóteles), o uno de los más recientes (Northrop Frye)— suelen dar énfasis a sus dimensiones estético-estructurales, por ejemplo, a la trama[5]. Los teólogos y antropólogos destacan sus aspectos sacramentales, trascendentales y rituales (Andrew Lang, W. Robertson Smith, H. Gunkel,

[3] Véanse, por ejemplo, las siguientes obras de Friedrich Wilhelm von Schelling (1775-1854): *Über Mythus, historische Sagen, und Philosopheme der ältesten Welt* (1793); *Einführung in die Philosophie der Mythologie* (1856); *Die Philosophie der Mythologie* (1857).

[4] Por ejemplo, Freud, en *Die Traumdeutung* (*La interpretación de los sueños*), considera el *Edipo* de Sófocles como un mito cultural que contiene, en los conflictos de su trama y en el sueño descrito por Yocasta (madre de Edipo), el germen del psicoanálisis y de uno de sus complejos más fundamentales. Jung utiliza la idea del subconsciente colectivo para analizar los sueños y las neurosis de sus pacientes. Para Jung, el mito, como el sueño, es la expresión de arquetipos universales. En las ideas de Joseph Campbell se notan las huellas de Freud y de Jung. Por ejemplo: «El sueño es el mito personalizado; el mito, el sueño despersonalizado; ambos semejan a la psique en la dinámica de sus símbolos.» V. *The Hero with a Thousand Faces* (1949; rpt. Princeton, 1972), pág. 19. Considérense también las palabras de Erich Neumann: «El mito, siendo la proyección del subconsciente colectivo transpersonal, narra acontecimientos transpersonales.» V. *Ursprungsgeschichte des Bewusstseins* (Zürich, 1949), página 191. Las traducciones del inglés y del alemán son nuestras.

[5] En la *Poética* de Aristóteles «mythos» debe traducirse como «trama». Una explicación excelente de «mythos» como «trama» y como «estructura» se encuentra en Gerard F. Else, *Aristotle's Poetics: The Argument* (Cambridge, Massachusetts, 1963), págs. 242-244. Son de notar además las palabras de Northrop Frye, «en la crítica literaria el mito tiene el significado, finalmente, de *mythos*, es decir, de un concepto de estructura y de coherencia en las formas literarias». V. *Anatomy of Criticism* (1957; rpt. New York, 1967), pág. 341. Traducción nuestra.

Introducción 17

James Frazer, Claude Lévi-Strauss, Mircea Eliade, Victor Turner)⁶. ¿Será tanta diversidad señal de que nos enfrentamos con una nueva Torre de Babel?

Probablemente es indicio de la ascendencia del mito en el pensamiento crítico moderno, ya que el siglo XX ha establecido la importancia del mito en la estructura del pensamiento y en la vida humana. Al exponer el sentido en que utilizamos «mito», opinamos con Mark Schorer («The Necessity of Myth») que el mito ha de definirse en forma amplia (*lato sensu*) y con cierta vaguedad, porque funciona en dos niveles simultáneamente: el general-universal y el particular-humano⁷.

Distingamos ahora entre *mito* y *mitos*. En singular, mito se refiere a lo que denominamos *conciencia mítica* en general. Los escritos teóricos suelen describir «el mito» y no «los mitos» (excepción importante: las teorías del folklore de un erudito

---

⁶ Citemos, por ejemplo, a Mircea Eliade: «El mito narra una historia sagrada; relata un acontecimiento del tiempo primordial, aquel tiempo fabuloso del comienzo de todas las cosas. Es decir, el mito indica cómo, por medio de las acciones de seres sobrenaturales, comienza a existir una realidad.» V. *Myth and Reality*, traducción de Willard R. Trask (1963; rpt. New York, 1968), pág. 5. No hemos podido consultar la versión francesa. Sir James Frazer analiza un sinnúmero de mitos en su *The Golden Bough*. La idea del mito como rito es común en antropología. Véase, por ejemplo, el ensayo de Victor Turner («Symbols in Ndembu Ritual») en *The Forest of Symbols* (Ithaca, 1967), págs. 19-47. La visión del mundo de la tribu Ndembu en Zambia se manifiesta en sus ritos alrededor del «árbol de la leche», especialmente los ritos de la adolescencia, lo que se denomina en francés *les rites du passage*. También en la crítica literaria se encuentra el mito caracterizado en relación con el rito; por ejemplo, Northrop Frye escribe lo siguiente: «el mito es la imitación verbal del rito». V. su ensayo «New Directions from Old», en *Myth and Mythmaking*, editado por Henry A. Murray (Boston, 1968), pág. 117. Las traducciones del inglés son nuestras.

⁷ Véase Mark Schorer, «The Necessity of Myth», en Henry A. Murray (ed.), *Myth and Mythmaking* (1959; rpt. Boston, 1968), pág. 354: «Para que sea relativamente útil, la definición del misticismo tiene que ser restringida porque el misticismo es en sí una experiencia sumamente especializada. Sin embargo, la definición del mito tiene que ser amplia y flexible, si es que el término va a ser usado en el análisis de poetas modernos [...], ya que el mito opera universal y diversamente.» Traducción nuestra.

como Vladímir Propp)⁸. En su forma plural, la palabra se refiere a los acontecimientos específicos —los relatos del comienzo de las cosas, las leyendas de los héroes y de sus hazañas— que integran la conciencia mítica. Las acepciones en los diccionarios aluden principalmente a los «mitos». Sería un error escribir sobre el «mito» sin tener en cuenta los «mitos» que lo integran, y viceversa. La presencia de la conciencia mítica en la obra de un escritor indica cierta actitud ante la realidad. Dicha actitud suele manifestarse —*pero no siempre*— a través del uso de mitos particulares. Parte de la historia que contaremos de García Márquez será la de la evolución de su conciencia mítica y del uso de «los mitos» que ésta exige.

Para muchos críticos, «mito» y «pensamiento» son términos opuestos. Cassirer y Georges Gusdorf explican que esto se debe a la idea demasiado limitada de lo que es el pensamiento. Tradicionalmente, éste se ha considerado, desde Aristóteles, como el uso de la lógica al servicio de un argumento. Estas teorías no reconocen la utilidad cognoscitiva de la contradicción, de la paradoja, de la imagen o de la metáfora. Otras sí la reconocen: pensemos en las teorías de Heráclito, de Tomás de Aquino, de Hegel, o inclusive en la lógica budista e hindú. Hay, por tanto, más de una forma de «pensar». También hay más de una manera de entender el mundo.

En nuestro enfoque oponemos la conciencia mítica a la científica (que se representa por el método analítico), como ejemplos de dos estilos de entender e interpretar este mundo. La *conciencia mítica* es, como cualquier sistema filosófico, una teoría de la realidad; pero, a diferencia de la mayoría de éstos, es una teoría *vivida, experimentada* por mucha gente, acaso por culturas enteras. Indaga las cuestiones de su origen, la evolución de sus procesos culturales y de su fin; la relación del hombre con el mundo (o con el universo) y con otros hombres (aquí se encuentran los sistemas morales de la ética y las reglas

---

⁸ V. Vladímir Propp, *Morphology of the Folktale*, traducción de Lawrence Scott, revisada por Louis A. Wagner (Austin, 1972). No hemos podido consultar la versión española.

de la sociedad); el tiempo y el espacio; las experiencias importantes como la muerte, la sexualidad y el sentido de la fatalidad; en fin, todo lo fundamental de la «realidad».

La *conciencia científica* ha sido la dominante en la historia occidental. Aunque reconocemos que la teoría tradicional de lo que es la conciencia científica se ha criticado en los últimos años, no nos parece útil entrar en aquella controversia en esta breve introducción. Describiremos la conciencia científica en términos tradicionales y básicos. Para ésta, la realidad se divide entre sujeto y objeto, es decir, entre una realidad activa y vital (como son los hombres y los animales), y otra más pasiva (como son los utensilios que usamos todos los días o como puede considerarse, inclusive, el cosmos circundante). Se distingue, pues —y aquí exageramos la separación— entre el hombre y la naturaleza; para los filósofos, ésta es la distinción tradicional entre la mente y el mundo. Esta concepción de la realidad es dual. Sin embargo, en la conciencia mítica, tal concepción es unitaria: todo «vive» en la realidad; es dinámico; se ha «antropomorfizado». La naturaleza no existe ni actúa independientemente del hombre, sino más bien en armonía o en conflicto con él. Por tanto, la relación entre el hombre y la naturaleza es, en la conciencia mítica, profundamente personal. Podría describirse, utilizando los términos del teólogo Martin Buber, como la íntima relación de «Ich-Du» (yo-tú); para la conciencia científica, la relación es de «Ich-Es» (yo-eso): sujeto-sujeto para el mito; sujeto-objeto para la ciencia.

En la conciencia científica, por consecuencia, el hombre mismo es algo *aparte* del mundo a su alrededor: sea como observador, investigador, manipulador, o víctima. En la conciencia mítica el hombre es *parte* del universo: entre los dos se encuentra una continuidad total, que a veces se describe como la relación entre el micro y el macrocosmos («el hombre es un pequeño mundo»)[9]; es decir, entre lo particular y lo universal. Ser microcosmos, o ser parte de él, no causa, aunque así pa-

---

[9] V. el estudio de Francisco Rico, *El pequeño mundo del hombre. Varia fortuna de una idea en las letras españolas* (Madrid, 1970).

rezca aquí, la impotencia ante las fuerzas del macrocosmos, de la naturaleza y del universo. En la conciencia mítica ocurre todo lo contrario. Si se conoce la naturaleza y el universo (sus leyes, sus secretos, sus claves), el hombre posee un inmenso poder. El conocedor poderoso suele ser el mago o el viejo sabio, quien controla la naturaleza y el universo por medio de la palabra, la fórmula o el acto mágico (pensemos aquí en el papel de Melquíades en *Cien años de soledad*). Cuando utilizamos la palabra «magia» al describir la conciencia mítica, no queremos indicar que nos hallemos, exclusivamente, frente a un fenómeno de primitivismo. La conciencia mítica existe, en varias formas y en distintos niveles, en toda civilización y en toda época [10].

Como mencionamos anteriormente, la conciencia mítica se manifiesta generalmente en mitos particulares. Quizá los más importantes son los que cuentan el origen del universo y del hombre. Éstos —llamémoslos cosmogónicos— influyen en las formas de los demás mitos, especialmente los que narran las hazañas de los héroes y los grandes cambios sociales. Los héroes sirven como modelos para las siguientes generaciones, transmitiendo así sus valores morales y sociales. Otros mitos, los apocalípticos, describen el fin del universo. Cada uno de estos mitos —tal vez como protección psíquica del individuo— suele desarrollarse en un tiempo que no es el cotidiano. Unos ocurren, según la formulación de Mircea Eliade, en un pasado remoto (*in illo tempore*) que, frecuentemente, se idealiza y se considera muy diferente del presente histórico. Otros, especialmente los apocalípticos, se sitúan en un futuro tan distante del

---

[10] En el mundo occidental, en el siglo XX, la conciencia mítica se encuentra principalmente en la religión y en la política. En la religión, el mago se ha convertido en sacerdote, la palabra mágica en oración y el acto mágico en milagro. En la política, el mago es el presidente (o el dictador), la palabra mágica es el discurso político y el acto mágico es la guerra o el plan económico, etc. No nos olvidemos de que, en la política, los más grandes mitólogos del siglo XX fueron los alemanes, entre los años 1933 y 1945. El mito influye también, según el mitólogo norteamericano Joseph Campbell, en muchos aspectos de la vida cotidiana. V. Campbell, *Myths to Live By* (New York, 1973).

presente como fue el pasado. Para otros, su tiempo es un presente eterno (denominado *nunc stans*); éste es un tiempo que se vive *ahora mismo*, pero distinto del tiempo cotidiano e histórico.

Cada mito, cada tiempo, cada acto, cada hazaña, es repetible. Cada héroe puede vivir de nuevo. La idea de la repetición se conoce, en la crítica del mito, como la del eterno retorno (*ewige Wiederkehr*), concepto popularizado por Nietzsche, pero vigente desde los comienzos de la conciencia mítica. Como se verá, los mitos del eterno retorno se clasifican bajo la importantísima idea (y técnica) de la circularidad y, desde luego, para nosotros, bajo la imagen del *Uroboros*. Nos servimos de esta idea, técnica e imagen para analizar *Cien años de soledad* y *El otoño del patriarca*. En relación con el hombre, estos mitos suelen derivar de procesos de vida-muerte-vida (o de muerte-vida-muerte, si se comienza el ciclo en otro punto). En relación con la naturaleza, acentúan el retorno anual de las estaciones. El tiempo es, pues, repetible, cíclico. Además, todo lo que había existido en *algún* tiempo puede existir otra vez y puede existir *ahora*.

Todo también puede existir en el «aquí». Este aquí se ha considerado de varias maneras. Una insiste, como hemos sugerido anteriormente, en la correspondencia entre el micro y el macrocosmos. El microcosmos puede reflejar el macrocosmos. Por otra parte, el universo entero puede «reducirse» a un espacio pequeño (la idea del «Aleph» —utilizada por Borges— que estudiamos más adelante). Al igual que su concepto paralelo en la concepción mítica del tiempo, esta idea se conoce por su término latino: *hic-stans*. Por medio del *hic-stans*, un solo lugar puede funcionar como la representación arquetípica de una realidad mucho más extensa. Así funcionan, por ejemplo, Dublín en la obra de James Joyce, Comala en la de Juan Rulfo, el municipio de Yoknapatawpha en la de William Faulkner, e igualmente Macondo en la de García Márquez. El microcosmos no tiene por qué identificarse con una región o con un pueblo; puede ser una casa, un cuarto o inclusive, como veremos, un espacio aún más reducido. Cada espacio «Aleph» también posee su aura particular, su identidad. Si el hombre desea dominar el espacio que habita, o por lo menos vivir en armonía con él, debe conocerlo lo mejor posible. La relación, pues, entre el hombre y su espacio circundante es íntima y personal.

Los mitos particulares son, en la conciencia mítica, «instrumentos» de comprensión. Dan sentido a la vida cotidiana y conforman nuestros valores más profundos, ya sean culturales o personales, colectivos o individuales. Al igual que las narraciones religiosas, estos mitos suelen utilizar la parábola, la metáfora, la imagen (y, en especial, las imágenes de la circularidad). Para la conciencia mítica, pues, el mundo, aunque misterioso, es comprensible. Ningún suceso sorprende; ninguno es inexplicable. La resurrección de la muerte, la metamorfosis de animales en hombres o en plantas y viceversa, la levitación, la identidad del universo con el aquí, y de la eternidad con el ahora: todo esto es normal. Algunos críticos de la literatura han denominado esta actitud ante la realidad como «realismo mágico»; de la misma manera, varios han considerado la actitud y el término autóctonos y exclusivos de Latinoamérica. Sin embargo, el término es sólo el nombre hispanoamericano para un fenómeno antiguo y universal. En su manifestación particular en la literatura, es percibir o entender los diferentes aspectos de la realidad bajo una sola luz, coexistiendo éstos sin distinción. Es, por tanto, la expresión literaria de la conciencia mítica latente en toda cultura [11].

Pues bien: si se admite esta explicación de la conciencia mítica, ¿cómo se podrá describir la novela mítica, en general? Obviamente, será la expresión, en forma estética, de la conciencia mítica. Será tal vez una narración de la creación del mundo, pero siempre implicando una interpretación totalizadora. Utilizará imágenes semejantes a las narraciones religiosas para expresar su concepto de la realidad y los mitos particulares —estructuras míticas— como fondo de la narración.

---

[11] También discutimos el realismo mágico más adelante. Véase la nota número 46 del capítulo «Hacia el mundo de los Buendía»; las notas números 11 y 12 al capítulo «Hacia *Cien años de soledad*», junto con las páginas dedicadas al tema en el texto.

Esta nueva versión del mundo aceptará cualquier fenómeno como parte de su realidad cotidiana. Dará énfasis a estructuras espacio-temporales, pero de manera metafórica, no analítica o discursiva. Utilizará la repetición como técnica narrativa, dando preferencia a la circularidad sobre lo lineal. ¿Será así la narrativa de García Márquez? Esto queda por demostrar.

Decir que García Márquez es un escritor mítico no es decir nada nuevo. Casi desde el principio de su consagración como gran novelista (a partir de 1967), se ha estudiado a García Márquez desde esta perspectiva. ¿Por qué, entonces, *otro* libro sobre el mito en García Márquez? Nuestro estudio se diferencia de todos los demás por varias razones. Aquí intentamos interpretar toda la obra novelística de García Márquez hasta 1981, fecha de publicación de *Crónica de una muerte anunciada*. El imprescindible estudio de Mario Vargas Llosa (1971), por meritorio que sea, llega sólo hasta algunos cuentos de la época inmediatamente posterior a *Cien años de soledad*. Algo semejante podría decirse de otros estudios, por ejemplo, las buenas introducciones de Ricardo Gullón (1970), o de Carmen Arnau (1971), o los estudios más especializados de Homero Mercado Cardona (1971), de Josefina Ludmer (1972) o de Olga Carreras González (1974)[12].

La organización de muchos estudios sobre García Márquez suele ser demasiado episódica y temática (como es la introducción de Carmen Arnau). Mencionemos también, por ejemplo, el último libro sobre el mito que conocemos: Katalin Kulin, *Creación mítica en la obra de García Márquez* (1980)[13]. Éste consiste, en su mayoría, en trabajos sueltos que la autora ha venido publicando a lo largo de su carrera y que no ha revisado

---

[12] V. Ricardo Gullón, *García Márquez o el olvidado arte de contar* (Madrid, 1970); Carmen Arnau, *El mundo mítico de Gabriel García Márquez* (Barcelona, 1971; 2.ª ed., 1975); Josefina Ludmer, «*Cien años de soledad*»: *una interpretación* (Buenos Aires, 1972); Olga Carreras González, *El mundo de Macondo en la obra de Gabriel García Márquez* (Miami, 1974); Homero Mercado Cardona, *Macondo: una realidad llamada ficción* (Barranquilla, 1971).

[13] Katalin Kulin, *Creación mítica en la obra de García Márquez* (Budapest, 1980).

al incluirlos en el libro. Por interesantes que sean, los trabajos sueltos, destinados primero a distintas revistas y escritos sin relación alguna los unos con los otros, no pueden producir un libro de mucha coherencia. Además, la profesora Kulin dedica un solo capítulo, y breve, a *El otoño del patriarca*. El ejemplo de la profesora Kulin no es único. Hay otros críticos de García Márquez que han coleccionado varios de sus trabajos sueltos bajo un solo título: por ejemplo, Germán Darío Carrillo, Luis González del Valle y Vicente Cabrera, Suzanne Jill Levine, Mercedes Sáenz [14]. No digo que los libros de esta índole resulten mediocres o inorgánicos. Sólo digo que nuestro deseo de interpretar, bajo un solo argumento, los diversos aspectos del mito en la obra «garcimarquina» ha producido un libro diferente de la mayoría de los publicados hasta hoy.

---

[14] V. Germán Darío Carrillo, *La narrativa de Gabriel García Márquez: ensayos de interpretación* (Madrid, 1975); Luis González del Valle y Vicente Cabrera, *La nueva ficción hispanoamericana a través de Miguel Ángel Asturias y Gabriel García Márquez* (New York, 1972); Suzanne Jill Levine, *El espejo hablado: un estudio de «Cien años de soledad»* (Caracas, 1975); Mercedes Sáenz, *Gabriel García Márquez: tres ensayos y una bibliografía* (Hato Rey, Puerto Rico, 1977).

I

HACIA EL MUNDO DE LOS BUENDÍA

LA NIÑEZ, LA IMAGEN, EL MITO
Y LAS PRIMERAS FICCIONES

Al publicar *Cien años de soledad*, García Márquez se convierte repentinamente en figura principal del *boom*, asediado por entrevistadores de toda índole. En más de una entrevista habla de la importancia de su niñez. Dice, por ejemplo, que «desde los ocho años no me ha pasado nada importante. Antes viví mucho...»[1]. La relevancia de tales palabras, aunque pronunciadas con típica exageración y humor, no es únicamente personal. Deben tenerse en cuenta al escribir sobre la creación mítica de García Márquez, ya que, en la mayor parte de su ficción, especialmente hasta 1967, suele regresar al mundo de su niñez. Además, si bien *El otoño del patriarca* tiene poco que ver con tal mundo, *Crónica de una muerte anunciada* narra

---

[1] Cita de Miguel Fernández-Braso, *La soledad de Gabriel García Márquez: Una conversación infinita* (Barcelona, 1972), pág. 118. De aquí en adelante, en las notas, este libro se cita como *Soledad*. Marío Vargas Llosa, en *García Márquez: Historia de un deicidio* (Caracas, 1971), ha reconocido la importancia de la niñez para la obra de García Márquez, y le agradezco la abundancia de detalles biográficos. Sin embargo, Vargas Llosa no ha considerado la niñez de García Márquez bajo sus aspectos míticos, lo cual es mi propósito en estas páginas. En adelante, en las notas, el libro de Vargas se cita como *Deicidio*.

otra vez, pero desde perspectiva diferente, un episodio de su juventud.

Los puntos cardinales del universo de García Márquez durante su niñez consistían en los abuelos, en su casa y en el pueblo en que vivían: Aracataca. Poco después del nacimiento de García Márquez, en 1928, se fueron sus padres a Riohacha, dejándolo solo con sus abuelos maternos, en Aracataca. Durante ese período de formación, entre 1928 y 1936, Aracataca se describe como «un limbo de miseria, de sordidez y de rutina»[2]. Este pueblecito, modelo del imaginario Macondo, ya se alimentaba de las memorias de un pasado mítico y «mejor».

Los abuelos de García Márquez habían llegado a Aracataca después de «la guerra de los mil días» (1899-1902). Al ir el pequeño García Márquez a vivir con ellos, habitaban una casa que, desde su perspectiva infantil, le pareció enorme, llena de memorias y de rincones misteriosos. Esta casa había de ejercer gran influencia en su obra. La primera novela que intentó escribir, pero que nunca completó, se titulaba *La casa*. Además, hoy sabemos por un artículo juvenil titulado «La casa de los Buendía» (3 de julio de 1950) y que sólo recientemente ha sido reimprimido en *Gabriel García Márquez. Obra periodística: textos costeños* (recopilada por Jacques Gilard), que García Márquez había meditado por muchos años sobre el escenario de *Cien años de soledad*[3]. También ha descrito esa misma casa en otras ocasiones. He aquí una de ellas:

> En cada rincón había muertos y memorias, y después de las seis de la tarde, la casa era intransitable. Era un mundo prodigioso de terror. Había conversaciones en clave [...]. En esa casa había un cuarto desocupado en donde había muerto la tía Petra. Había un cuarto desocupado donde había muerto el tío Lázaro. Entonces, de noche, no se podía caminar en esa casa porque había más muertos que vivos. A mí me sentaban, a las seis de la tarde, en un rincón

---

[2] Vargas Llosa, *Deicidio*, pág. 20.
[3] Véase «La casa de los Buendía (Apuntes de una novela)», en *Gabriel García Márquez. Obra periodística. Vol. 1. Textos costeños*. Recopilación y prólogo de Jacques Gilard (Barcelona, 1981), págs. 890-891.

y me decían: «No te muevas de aquí porque si te mueves va a venir la tía Petra que está en su cuarto, o el tío Lázaro, que está en otro.» Yo me quedaba siempre sentado... En mi primera novela, *La hojarasca*, hay un personaje que es un niño de siete años que está, durante toda la novela, sentado en una sillita. Ahora yo me doy cuenta que ese niño era un poco yo, sentado en esa sillita, en una casa llena de miedos [4].

Esta época termina con la muerte de su abuelo, modelo de muchos de sus héroes y también, según el nieto, «la figura más importante de mi vida»[5]. Funciona, por ejemplo, como origen de varios episodios en *Cien años de soledad*. En cierta ocasión, y por haber matado a un hombre, el abuelo decidió abandonar su pueblo natal. Después de largos viajes con su familia, llegó a fundar otro pueblo [6]. Estas vicisitudes se reflejarán, en *Cien años de soledad*, en la fundación de Macondo. Además, el abuelo tomó parte en las guerras civiles colombianas del siglo XIX, y sus aventuras en las luchas por la causa liberal —junto con las leyendas del famoso colombiano Rafael Uribe Uribe— dan a García Márquez la idea de los treinta y dos levantamientos armados del coronel Aureliano Buendía, levantamientos que, como muchos de los ocurridos en el siglo XIX, fracasaron. Pues bien: por interesantes que sean estos detalles, aunque sería deleitable profundizar en su significado, no es nuestro intento aquí escribir un análisis positivista de la ficción de García Márquez. También nos faltan muchos detalles sobre su vida. Sólo es importante notar que, como diría Mario Vargas Llosa en su libro sobre García Márquez, el abuelo es uno de los principales «demonios personales» del escritor colombiano [7].

Otro demonio —éste de influencia más sutil pero acaso más constante— es el de su abuela, quien figura en su ficción con

---

[4] Cita de Vargas Llosa, *Deicidio*, págs. 22-23. Esta cita proviene de dos conversaciones distintas, la una con Luis Harss, la otra con el propio Vargas Llosa.
[5] Cita de Vargas Llosa, *Deicidio*, pág. 27.
[6] Véase Gabriel García Márquez y Mario Vargas Llosa, *La novela en América Latina: diálogo* (Lima, 1968), pág. 13.
[7] Véase Vargas Llosa, *Deicidio*, págs. 25-28.

una increíble fuerza poética. Incansable y matriarcal, influye en la creación de bastantes figuras femeninas presentes en la ficción de García Márquez. Por ejemplo, lleva el mismo apellido que tiene Úrsula *Iguarán* de Buendía. Ciega y loca al final de su vida (aquí, también, semejante a Úrsula), muere cuando García Márquez estudia como interno en Zipaquirá. La inmortalización novelística de la abuela cobra dos formas. Por una parte, como ya he dicho, funciona como modelo para las mujeres en la ficción; en esto funciona paralelamente al abuelo. Por otra, igualmente importante, funciona como modelo «estilístico». García Márquez ha comentado que, en *Cien años de soledad*, había tratado de escribir de la misma manera que su abuelita le contaba «las leyendas, las fábulas, las prestigiosas mentiras con que la fantasía popular evocaba el antiguo esplendor de la región»[8]. El abuelo y la abuela —ha indicado García Márquez varias veces— se convierten en las «influencias más sólidas»[9].

Mientras más se interesa García Márquez en novelar leyendas, cuentos y memorias de la infancia y juventud, más se interesa también, y diríamos que naturalmente, en la mitificación. Pero los primeros asedios al mundo mítico resultan tentativos y rudos. Más tarde, en *Cien años de soledad* y en *El otoño del patriarca*, la conquista es decisiva, contundente; conquista que se ha ido preparando en las primeras obras. Aunque el análisis de la evolución de la conciencia mítica de García Márquez ha de comenzarse, concretamente, con las primeras ficciones, teórica y prácticamente hemos de comenzar todavía antes: con la *niñez*, no tanto la niñez de García Márquez como, más bien, la niñez en general.

I

¿Cuál será la relación del tema de la niñez con la conciencia mítica? Bien sabemos, como indica el crítico francés Gaston Bachelard, que la niñez es el «arquetipo de la felicidad sim-

---

[8] Cita de Vargas Llosa, *Deicidio*, pág. 24.
[9] Cita de Vargas Llosa, *Deicidio*, pág. 21.

ple»[10]. Además, dado que todos queremos ser felices, casi todos deseamos su retorno. Este tema, tan fundamental en la vida y en la literatura, se expresa, en las letras, en varias formas: en la nostalgia por la infancia o la juventud (por ejemplo, la obra de Villon, de Rousseau, de Wordsworth, de Rilke o de Proust); en la idealización del pasado (pensemos en los románticos alemanes como Schlegel y Novalis); o bien en la añoranza loca de un Quijote por la Edad de Oro. Según ciertos tratadistas del psicoanálisis (Freud, Jung) o de la psicocultura (Róheim), el escritor, precisamente porque nunca rechaza los sueños y ensueños de la infancia y de la juventud, vive y revive su niñez más intensamente que otra gente. El escritor suele dejar abierta la puerta a su inconsciente.

Los caminos de retorno a la infancia (y al inconsciente) son tantos como los viajeros mismos; innumerables son las maneras de hacer el viaje. Para García Márquez, el novelar es el camino real[11]. Mientras más profundiza su exploración y más asegura la conquista del mundo remoto de su infancia, más se convierte en un escritor mitificador, proceso que no debe ni extrañar ni sorprender. Aunque para él la conexión entre el mito y la niñez puede haber sido hecha inconscientemente, es, para muchos antropólogos, psicólogos, y aun para algunos críticos literarios, evidente y obvia. Este contacto depende del paralelo entre la evolución del individuo y la raza humana (lo que Freud denomina el paralelo entre la ontogenia y la filogenia). En su estudio fenomenológico sobre la historia y los orígenes de la «conciencia»[12], Erich Neumann hace unas interesantes observaciones sobre este paralelo:

---

[10] Gaston Bachelard, *La poétique de la rêverie* (Paris, 1960), pág. 106. Traducción nuestra.

[11] Recordemos aquí la oración famosa de Freud: el sueño es el camino real al inconsciente. En el caso de García Márquez, habrá que substituir el vocablo «sueño» por «novela».

[12] No existe una traducción adecuada de la palabra alemana «Bewusstsein», ni de la inglesa «consciousness». Éstas significan, además de «conciencia» en general, «conocimiento», «sentido», «conciencia de sí mismo», «estado consciente», significados todos pertenecientes al vocablo, y al concepto, utilizados por Neumann.

El comienzo [de la «conciencia»] es comprensible en dos «lugares» [«Orten»]: en la vida de la raza humana ocurre en el tiempo primordial de la historia; en la vida del individuo, en el tiempo primordial de la infancia. Nuestra representación personal del tiempo primordial de la historia humana puede descifrarse por medio de su descripción simbólica en el rito y en el mito. El tiempo primordial de la infancia, como el de la historia humana, se manifiesta en las imágenes que surgen del inconsciente y que se revelan a un «ego» ya individualizado [13].

De aquí el paralelo, pues, entre el hombre primitivo y el niño: del inconsciente de ambos —inconsciente que se manifiesta generalmente, pero no siempre, en los sueños— surgen las imágenes que integran el mito. Ahora bien: ¿serán los sueños de un escritor —especialmente sueños de la infancia— automáticamente míticos? ¿No habrá, por otra parte, una diferencia importante entre el mundo del sueño y el del mito? Creemos que sí, que tal diferencia existe, pero que es principalmente del «tamaño» de la visión del mundo, y de la imagen que la describe. Es decir, el mito es, simplemente, «más abarcador» que el sueño, comparación imprecisa, pero de todos modos válida. De soñador, un escritor no se convierte en mitólogo sin tener el coraje, como diría Bachelard, de «soñar en grande» [14]. El «soñar en grande» es soñar al nivel de la humanidad, del hombre en general, del mito; el soñar común y corriente, al nivel del individuo solamente, corresponde al de la psicología.

El sueño suele ser un fenómeno prelingüístico. Es decir, soñamos en imágenes más bien que en palabras. Es sólo al tratar de reflexionar sobre nuestros sueños, o de comunicar su contenido, cuando utilizamos el lenguaje. Éste da un sentido lógico a lo no-racional (de aquí la paradoja, en parte, del intento del psicoanálisis y, a veces, de la poesía). Con la presencia de la lógica —aunque sólo sea la lógica casi «instintiva» de la

---

[13] Erich Neumann, *Ursprungsgeschichte des Bewusstseins*. Prólogo de C. G. Jung (Zürich, 1949), pág. 20. Traducción nuestra.

[14] Ésta es la tesis general de Gaston Bachelard en *La poétique de l'espace* (Paris, 1958).

ordenación de palabras en oraciones y de oraciones en narraciones y explicaciones— desaparece generalmente (no siempre) la imagen primordial de origen prelingüístico. Mientras «más grande» soñemos, «más abarcadoras» serán las imágenes de nuestros sueños. Las imágenes cósmicas (el término es de Bachelard) abarcan mundos enteros, universos inmensos. Por ser raras, es difícil para un escritor convertir estas imágenes prelingüísticas en literatura.

Las imágenes de cosmicidad ocurren con más frecuencia en la niñez que en la vida adulta. Según Bachelard —y todos lo sabemos—, los sueños de los niños son más grandes, más universales, que los de los adultos. «La infancia», declara el crítico francés, «se encuentra al origen de nuestros paisajes más vastos. Las soledades de nuestra niñez nos han dado las inmensidades primordiales»[15]. Todos llevamos en el corazón, durante toda nuestra vida, la cosmicidad de los sueños de nuestra niñez, y todos tratamos de recobrarla y de revivirla. Para esto se requiere la soledad, tema de vital importancia (notémoslo momentáneamente) para García Márquez.

¿Será García Márquez «soñador» de novelas? ¿Serán sus imágenes cósmicas? ¿Habrá en él la nostalgia por la infancia y, a la vez, el deleite «infantil» en el ensueño, en la fantasía? ¿Estaría obsesionado por el pasado, y no sólo por el suyo, sino además por el de su tierra? Las respuestas, en su mayor parte afirmativas, a éstas y a otras preguntas forman parte del análisis en las páginas siguientes. Por ahora, citemos únicamente dos o tres comentarios del mismo García Márquez. Ha dicho que «las novelas son como los sueños»[16]. Además, el acto de componer novelas «soñadas» indica que, en cierto sentido, serán «improvisadas». Cada día, al enfrentarse con su máquina de escribir, se abre a la improvisación, al mundo no-racional:

> escribo siempre sin un plan previo, sin saber adónde voy, para descubrir la historia que cuento [...] no reflexiono [...]. Hay que

---

[15] Bachelard, *La poétique de la rêverie*, pág. 87. Traducción nuestra.
[16] Cita de Rosa Castro, «Con Gabriel García Márquez», en *Recopilación de textos sobre Gabriel García Márquez* (La Habana, 1969), pág. 33.

dejar la puerta abierta a la invención y aun a todos los excesos de la imaginación [17].

Por esta razón se puede describir *Cien años de soledad* como una «novela disparatada» (las palabras pertenecen a García Márquez) [18], ordenada no tanto por la lógica de un pensamiento racional y consciente, o de un sistema filosófico, sino, paradójicamente, por la lógica del sueño mismo, es decir, por la lógica de la imagen, de la visión imaginaria e imaginista: en fin, por la lógica de la conciencia mítica.

II

Con estas «coordenadas» a mano (sobre los antecedentes del escritor, sobre la fenomenología de la infancia, de los sueños y de la imagen), hemos llegado al momento de meternos en el gran río de la obra de García Márquez. La historia de su evolución como novelista es, en parte, la del desarrollo de su conciencia mítica, de su «visión» como novelista. Ésta se desenvuelve hacia lo universal a través de lo individual; y hacia lo mitológico a través de lo psicológico. Fundamental en este proceso es el uso de la imagen, especialmente la imagen de la circularidad. También se destacan como índices importantes sus ideas sobre el tiempo, el espacio, la historia y el mito en sí.

En su famoso ensayo «Freud und die Zukunft» («Freud y el futuro»), Thomas Mann ha escrito que el interés por el mito caracteriza, en la raza humana, lo prehistórico y lo primitivo; en el individuo, el estado de madurez intelectual y espiritual [19]. García Márquez, al igual que Mann, Joyce, Woolf, Faulkner y muchos de sus colegas hispanoamericanos como Cortázar, Fuentes y Sábato, no comenzó su carrera siendo ya un escritor de

---
[17] Cita de Claude Couffon, «Gabriel García Márquez habla de *Cien años de soledad*», en *Recopilación de textos sobre Gabriel García Márquez* (La Habana, 1969), pág. 46.
[18] Cita de Fernández-Braso, *Soledad*, pág. 106.
[19] Thomas Mann, «Freud und die Zukunft», en *Gesammelte Werke in Zwölf Bänden* (Oldenburg, 1960), vol. IX, pág. 493.

obras míticas. Sin embargo, las semillas de su visión mítica pueden encontrarse en las obras anteriores a las de su madurez, anteriores, en especial, a *Cien años de soledad*. Opinamos, con García Márquez, que esta novela es «como la base del rompecabezas que he ido entregando en mis libros anteriores. Las claves, por tanto, están en los primeros»[20]. La *materia prima* de *Cien años de soledad* ha de buscarse, pues, en las primeras ficciones, aunque éstas exhiban el uso de técnicas y perspectivas realistas, naturalistas o a veces surrealistas, en vez de míticas. En este punto tenemos que comenzar con *La hojarasca*, publicada en 1955[21].

La hojarasca es novela de un escritor todavía tímido, con una técnica del «fluir de la conciencia» a la Joyce o a la Virginia Woolf, aún torpe, poco desarrollada. Es novela, claro está, de principiante, escrita bajo la influencia de otros estilos y de otros novelistas. Uno de estos estilos, y el más comentado en cuestión de influencia, es el de William Faulkner. Luis Harss, por ejemplo, al encontrar esta influencia en *La hojarasca*, cita la siguiente frase de García Márquez: «Cuando leí a Faulkner, pensé: tengo que ser escritor»[22]. El mismo García Márquez, por otra parte, ha negado esta influencia:

> Los críticos han insistido tanto en la influencia de Faulkner en mis libros, que durante algún tiempo lograron convencerme. La verdad es que yo había publicado ya mi primera novela, *La hoja-*

---

[20] Fernández-Braso, *Soledad*, pág. 128.

[21] Los cuentos que García Márquez publicó antes de 1955, en periódicos colombianos, integran lo que Vargas Llosa llama «la prehistoria morbosa». Ya que dedicamos algunos párrafos a estos cuentos en nuestra conclusión (véase las págs. 271-273), no nos parece ni necesario ni ventajoso discutir aquí estos relatos juveniles, analizados ya con suficiente atención por Vargas Llosa en *Deicidio*, págs. 217-233. Véase, también, Donald McGrady, «Acerca de una colección desconocida de relatos por Gabriel García Márquez», *Thesaurus* (Bogotá), 27, núm. 2 (1972), 293-320. Según Jorge Ruffinelli, la inspiración de estos cuentos fue la lectura de Faulkner y de Kafka. Véase Ruffinelli, «Gabriel García Márquez y el grupo de Barranquilla», *Eco*, núm. 168 (octubre de 1974), 613.

[22] Cita de Luis Harss, «Gabriel García Márquez o la cuerda floja», *Mundo Nuevo* (París), núm. 6 (1966), 68.

rasca, cuando empecé a leer a Faulkner por pura casualidad. Quería saber en qué consistían las influencias que me atribuían los críticos. Muchos años después, viajando por el sur de los Estados Unidos, creí encontrar la explicación que, por cierto, no encontré en mis libros. Aquellos caminos polvorientos, aquellos pueblos ardientes y miserables, aquella gente sin esperanzas se parecían mucho a los que yo evocaba en mis cuentos. Creo que la semejanza no era casual: el pueblo donde yo nací fue construido en gran parte por una compañía bananera norteamericana [...]. Yo no entiendo muy bien la forma en que los críticos establecen las influencias [23].

Dado el gusto de García Márquez por jugar con sus críticos en cuestiones de influencias, es difícil saber, con exactitud positivista, en qué consiste la posible influencia de Faulkner o de cualquier otro escritor. Si creemos a García Márquez aquí, optaremos por una versión de la realidad; si a otros (a sus amigos, o a la evidencia que se encuentra en su periodismo), la versión será distinta. Según Germán Vargas, ya amigo de García Márquez en la época anterior a la publicación de *La hojarasca*, el novelista sí había leído, junto con sus amigos Álvaro Cepeda Samudio y Alfonso Fuenmayor, y guiados por «el sabio catalán» Ramón Vinyes, a William Faulkner:

> Y una vez [dice Germán Vargas], hacia 1950, Gabriel García Márquez estaba viviendo en Sucre, en un pueblito situado en el hoy departamento del mismo nombre, pero que entonces era Bolívar. Gabriel estaba enfermo y, obviamente, no tenía nada que leer. Entre don Ramón, Álvaro Cepeda, Alfonso Fuenmayor y yo, hicimos varios paquetes de libros y se los enviamos por correo nacional. Así conoció el autor de *La hojarasca* a Faulkner, a Virginia Woolf, a John Dos Pasos, a Ernest Hemingway, a John Steinbeck, al hoy olvidado Erskine Caldwell, a Aldous Huxley, otro olvidado [24].

---

[23] Entrevista con Armando Durán, *Revista Nacional de Cultura* (Venezuela), 29, núm. 185 (julio-septiembre de 1968), 26. Véase también: José Domingo, «Gabriel García Márquez», *Ínsula* (Madrid), 23, núm. 259 (junio de 1968), 9, y Fernández-Braso, *Soledad*, pág. 112.

[24] Germán Vargas, «El Ramón Vinyes que yo conocí», *Eco*, 31, núm. 190 (agosto de 1977), 396.

En 1950 y en 1951, García Márquez escribe varios artículos sobre William Faulkner para *El Heraldo*, periódico de Barranquilla[25]. En ellos se notan un vivo interés por el maestro americano y un conocimiento que va más allá del casual. Referencias a Faulkner aparecen, también, en otros artículos. Por ejemplo, a propósito del viaje de su amigo Álvaro Cepeda Samudio a los Estados Unidos (y publicado, como la mayoría de todos los demás, en *El Heraldo*), García Márquez escribe:

> [Álvaro Cepeda Samudio viaja] más que nada por conocer los pueblitos del sur, no tanto del sur de los Estados Unidos como del sur de Faulkner, para poder decir, a su regreso, si es cierto que en Memphis los amantes ocasionales tiran por las ventanas a las amantes ocasionales, o si sólo eso es episodio dramático, patrimonio exclusivo de *Luz de agosto*. Iba para saber si es cierto que allá hay gente bestial atropellada por los instintos como los que viven en las novelas de Caldwell, o si existían hombres acorralados por la naturaleza, como Steinbeck[26].

Pero quién sabe —hay que insistir en ello— con cuánta intensidad y con qué intención García Márquez había leído a Faulkner, y quién sabe cuáles son las influencias precisas de la obra del norteamericano. Por supuesto, es obvio que existen grandes afinidades entre los dos mundos y, en general, entre los dos escritores: afinidades de tema, de ambiente, del uso de imágenes cósmicas. Sin embargo, el caso de Faulkner indica lo peligroso que es el insistir ciegamente en tal o cual influencia. Para nosotros, lo más importante de Faulkner en un análisis de García Márquez no es su estilo. Tampoco es el hecho de que el sur de los Estados Unidos se parezca a la zona bananera de la costa de Colombia. De importancia máxima es, más bien, la manera

---
[25] Véanse, por ejemplo, «El maestro Faulkner en el cine» (12 de julio de 1950); «Faulkner, Premio Nobel» (12 de noviembre de 1950); «El reportaje de Faulkner» (15 de enero de 1951). Todos estos artículos han sido recogidos en *Gabriel García Márquez. Obra periodística. Vol. 1. Textos costeños.*
[26] Véase García Márquez, «Álvaro Cepeda Samudio», en *El Heraldo* (Barranquilla, junio de 1950), recogido en *Gabriel García Márquez. Obra periodística. Vol. 1. Textos costeños*, pág. 361.

en que Faulkner crea su mundo: la universalización y mitificación de una realidad concreta y particular, aunque inventada. García Márquez aprende mucho de Faulkner sobre cómo mitificar el mundo que conoce mejor: su «pueblo» natal. Pero no aprende esto con *La hojarasca* (donde la interpretación es más psicológica que mítica), sino más bien con un cuento como «Los funerales de la Mamá Grande».

Igualmente problemática es la cuestión de otras influencias, por ejemplo, la de James Joyce o la de Virginia Woolf. En el caso de ellos, existe todavía menos documentación que en el de Faulkner. Además, aunque la técnica de García Márquez procede, por el momento, del extranjero (de Estados Unidos y de Europa), el sujeto y el ambiente de *La hojarasca* son muy de Latinoamérica. Se debe tener en cuenta también que la evolución de Joyce, por ejemplo, es hacia un mundo narcisista donde el lenguaje se torna tema de sí mismo (*Ulysses*, en parte; *Finnegans Wake*, en su totalidad); la de García Márquez es hacia la conquista literaria del tiempo y del espacio. El lenguaje ayuda en dicha conquista, pero no es el objeto final.

Hemos discutido brevemente, así, al principio de nuestro análisis de *La hojarasca*, la cuestión de influencias porque parece ser una de las obsesiones predilectas de los críticos de García Márquez, y, por lo tanto, hay que decir algo sobre el asunto. Sin embargo, dado nuestro enfoque en este trabajo, no nos parece interesante —o ventajoso— entrar en largas polémicas con los críticos sobre esta cuestión. De más interés —y de más importancia— es estudiar concretamente la obra misma. Comencemos por analizar algunos aspectos de *La hojarasca*, especialmente los temas del tiempo y del espacio. Ya en su primera novela, García Márquez considera estos temas de una manera algo «garcimarquina». He aquí el primer párrafo de la novela:

> Por primera vez he visto un cadáver. Es miércoles, pero siento como si fuera domingo porque no he ido a la escuela y me han puesto este vestido de pana verde que me aprieta en alguna parte. De la mano de mamá, siguiendo a mi abuelo que tantea con el bastón a cada paso para no tropezar con las cosas (no ve bien en

la penumbra, y cojea) he pasado frente al espejo de la sala y me he visto de cuerpo entero, vestido de verde y con este blanco lazo almidonado que me aprieta a un lado del cuello. Me he visto en la redonda luna manchada y he pensado: *Ese soy yo, como si hoy fuera domingo* [27].

La muerte altera la experiencia del tiempo para el muchacho: «es miércoles, pero siento como si fuera domingo». La confusión temporal aquí es psicológica y tiene dos causas principales: un cambio de rutina y su reflejo en el espejo. El cambio de rutina se expresa con una conjunción causativa: «... *porque* no he ido a la escuela». Su reflejo lo confunde también: «ése soy yo, como si hoy fuera domingo». El espejo se constituye en rival de la realidad: unas cuantas imágenes, unos cuantos reflejos, y el muchacho terminaría creyendo que en realidad era domingo. Por ser patológica en vez de mitológica, esta confusión se distingue de la confusión —o las confusiones— de *Cien años de soledad* y de *El otoño del patriarca*. Sin embargo, el tema es importante y típico: la experiencia psicológica del tiempo puede depender de la experiencia psicológica del espacio.

La oscuridad del cuarto del muerto se describe como en «penumbra». Este sustantivo sugiere, inmediatamente, una tensión que se puede explicar como una dialéctica espacial o, de acuerdo con Bachelard, una dialéctica entre «el adentro y el afuera». En la penumbra estamos en una región intermedia, en un limbo entre la luz de la vida (afuera, en la calle) y la sombra oscura de la muerte (en el rincón). En la penumbra, y enfrentándonos con la muerte, por un momento o acaso por mucho tiempo, le damos la espalda a la vida. Aunque esta tensión dialéctica entre el adentro y el afuera, entre muerte y vida, sea más bien implícita que explícita en este primer párrafo, se halla expresada en forma más clara en el segundo. Afuera se puede oír el «zumbido del sol por las calles», indicando, naturalmente, sonido y movimiento. Dentro, en la «pieza cerrada»,

---

[27] Gabriel García Márquez, *La hojarasca* (Buenos Aires, 1972), pág. 11. En adelante las citas se incluyen en el texto.

el calor es «sofocante» y el aire «estancado». Es difícil respirar. No se mueve nada. Otra tensión dialéctica, ya menos importante, existe entre el «*sol* por las calles» afuera, y la «redonda *luna* manchada» de adentro.

Debido a que todo el relato transcurre en este cuarto sofocante, una lucha continua se establece entre los temas del adentro y del afuera, del sol y de la luna, de la vida y de la muerte. De estos temas, el más constante es el de la muerte. Nosotros, como lectores, nos informamos no sólo de la muerte del doctor, sino que también nos damos cuenta, poco a poco a través de las meditaciones de los tres personajes principales (el abuelo, su hija, su nieto), de la muerte del pueblo mismo. Los tres personajes lamentan una muerte doble y presencian dos velorios. El muchacho, siendo tan joven e inocente en cuestiones tan graves, sólo experimenta vagamente lo que su madre y su abuelo sufren con tanta intensidad. El muchacho posee obviamente una memoria y sensibilidad extraordinarias: muchos años después, siendo ya escritor (Gabriel García Márquez), ha de recordar esas horas y ese calor en la penumbra de aquel cuarto cerrado.

Hemos dicho que las claves de *Cien años de soledad* se encuentran en las primeras obras. Las claves más importantes que destacamos de *La hojarasca* no son las técnicas, sino más bien las históricas. Es decir, aquí se comienza la historia de Macondo; pero sus detalles se presentan sin orden cronológico y sin que García Márquez esté consciente de sus dimensiones míticas. Es necesario, creemos, extraer el orden del caos y tratar de reconstruir la historia básica de Macondo.

Su fundación se presenta de una manera artificiosa. La narración es de Isabel, pero se basa sobre la narración de Meme, quien le cuenta las experiencias de los padres de Isabel:

> Me habló del viaje de mis padres [...]. Mis padres huían de los azares de la guerra y buscaban un recodo próspero y tranquilo donde sentar sus reales y oyeron hablar del becerro de oro y vinieron a buscarlo en lo que entonces era un pueblo en formación, fundado por varias familias refugiadas, cuyos miembros se esmeraban tanto en la conservación de sus tradiciones y en las prácticas

Hacia el mundo de los Buendía 39

religiosas como en el engorde de sus cerdos. Macondo fue para mis padres la tierra prometida, la paz y el Vellocino (págs. 38-39).

En *Cien años de soledad*, los primeros años de Macondo serán descritos con especial atención. Aquí, en *La hojarasca*, se salta de la fundación de la aldea a la llegada de la *United Fruit Company* (todo esto objeto del prólogo, escrito, según el autor, en Macondo, en 1909): «De pronto, como si un remolino hubiera echado raíces en el centro del pueblo, llegó la compañía bananera perseguida por la hojarasca» (pág. 9). Es una hojarasca «revuelta, alborotada, formada por los desperdicios humanos y materiales de los otros pueblos». La palabra «desperdicios», repetida unas siete veces en este prólogo de dos páginas, indica la rabia e indignación moral del autor. La decadencia del pueblo y el pesimismo de García Márquez se notan también en otros vocablos, pues la hojarasca se describe como una «catástrofe» de la naturaleza (un «remolino», un «avalanche») o una plaga (pues «contaminaba» todo). El «progreso», es decir, el capitalismo yanqui o la «civilización», resulta más bien un regreso a la «barbarie».

Este tema (la civilización y la barbarie) es muy de Hispanoamérica, ya desde el *Martín Fierro* de José Hernández, «El matadero» de Esteban Echevarría y el *Facundo* de Domingo Faustino Sarmiento. García Márquez altera la dicotomía usual al indicar que de la misma civilización proceden los desperdicios humanos. La civilización es detestable; la barbarie, beneficiosa. En el siglo XX, la distancia entre un Rómulo Gallegos, para quien Santos Luzardo, hombre de ciudad y de civilización, de luz y de bondad, es un héroe sin par, a un García Márquez, para quien la compañía bananera imperialista americana simboliza esa misma civilización, es enorme. García Márquez aparenta sentir más orgullo por lo hispanoamericano rústico y autóctono, tema tratado con gran nostalgia en *Cien años de soledad*. Hay una gran distancia también entre García Márquez y su compatriota, José Eustasio Rivera, autor de *La vorágine*, publicada en 1924 e inspiradora de *Doña Bárbara*. Para Rivera, los llanos orientales de Colombia, inhabitables, llenos de peces voraces, hormigas carnívoras, mosquitos, fiebre y calor, son un peligro mortal. En los llanos no se vive, se sufre. *La vorágine* presenta una visión agónica y pesimista de la naturaleza colombiana, visión resumida en las últimas palabras del epílogo, en las cuales nos informa el cónsul de Manaos que no hay «ni rastro de ellos [Arturo Cova y sus compañeros]. ¡Los devoró la selva!». La naturaleza es dura también en García Márquez (sólo hay que pensar en las páginas finales de *Cien años de soledad*), pero, paradójicamente, no es tan dura como el progreso civilizador.

En *La hojarasca*, la civilización trae el dinero, el oro, y con el oro los desperdicios de la sociedad. Notemos, de paso, que el tema de la coexistencia de la prosperidad económica y de la maldad es preferido por las sociedades en desarrollo, especialmente por las llamadas sociedades «del tercer mundo». Varias veces durante la novela meditan el abuelo y su hija sobre este tiempo de prosperidad. Como es de esperar, cada uno tiene una visión diferente del pasado. Para Isabel, la memoria es positiva:

> Nuestras vidas habían cambiado, los tiempos eran buenos y Macondo un pueblo ruidoso en que el dinero alcanzaba hasta para despilfarrarlo los sábados en la noche, pero Meme vivía aferrada de un pasado mejor (pág. 41).

Para el abuelo, la memoria es negativa:

> Me acordé de Macondo, de la locura de su gente que quemaba billetes en las fiestas; de la hojarasca sin dirección que lo menospreciaba todo, que se revolcaba en su ciénaga de instintos y encontraba en la disipación el sabor apetecido (pág. 95).

Primero se ve una decadencia moral y luego, ya lejos la compañía bananera, la decadencia económica. De la prosperidad se pasa a la ruina: «Para entonces [alrededor de 1918], la compañía bananera había acabado de exprimirnos, y se había ido de Macondo con los desperdicios que nos había traído» (página 110). El pueblo se queda cansado, débil, sin esperanza, arruinado. Al llegar 1928, fecha de la muerte del doctor francés y también, no por coincidencia, del nacimiento de García Márquez, yace el pueblo en un polvoriento abandono y en un sofocante calor. Vive de las memorias muertas, aguardando solamente su fin, como había de vivir Macondo en las páginas finales de *Cien años de soledad*.

La casa (y por extensión Macondo mismo) en que vive el niño es, al final del libro, «sacudida por el soplo invisible de la destrucción [...] en las vísperas de un silencioso y definitivo derrumbamiento» (pág. 129). Poco después, con palabras apocalípticas que prefiguran el fin de *Cien años de soledad*, García Márquez describe el fin del pueblo mismo:

> Veo la casa por la ventana y pienso que mi madrastra está allí, inmóvil en su silla, pensando quizás que antes de que nosotros regresemos habrá pasado ese viento final que borrará este pueblo (pág. 129).

Se presenta aquí, pues, en forma esquemática y sugestiva, una historia de Macondo. Esta historia particular, de un solo pueblo, en un olvidado rincón de un país hispanoamericano, se tornará en *Cien años de soledad* en la historia universal del hombre mismo, vista a través de las hazañas de hombres típicamente hispanoamericanos. En el mismo mundo e historia de *La hojarasca* imperarán leyes no naturalistas, sino míticas; imperará también una versión diferente y más amplia de la realidad.

Ya en *La hojarasca* aparece uno de los temas predilectos de García Márquez: la soledad. Se presenta directa e indirectamente. Directamente: García Márquez describe «la soledad [del doctor francés], de sus espantosos disturbios espirituales» (página 92), y menciona «el secreto de su laberíntica soledad» (pág. 92). En alguna ocasión, el coronel le indica al doctor que está preocupado «por su soledad» (pág. 95). Indirectamente: el niño, que es un poco el García Márquez de esa edad, es una figura solitaria, sin hermanos y con pocos amigos. Piensa siempre en cosas y ocupaciones preferidas por niños solitarios: casas abandonadas; cuartos y rincones desocupados; el jugar solo; el sentarse quieto y por largos ratos. Pues bien: un cadáver y las experiencias de un niño de siete años no se pueden considerar como un testimonio meditado y profundo del propio García Márquez sobre la soledad. Además, el tema queda sin desarrollar en *La hojarasca*, pues no es importante en la caracterización de otros personajes como el abuelo e Isabel. ¿Existirá el tema, en otras manifestaciones, en otros cuentos, relatos y novelas de aquella época (los años 1950-1957)? Opinamos que sí: por ejemplo, en «Isabel viendo llover en Macondo», en el «Relato de un náufrago...» y en *El coronel no tiene quien le escriba*.

En «Isabel viendo llover en Macondo», cuento publicado en *El Heraldo* (Barranquilla), en diciembre de 1952, e incluido allí como un capítulo de *La hojarasca*, el tema de la soledad se une a la técnica de la imagen motivadora [28]. La soledad se circunscribe al estado psicológico de un solo personaje, Isabel, no al de una población entera. La imagen motivadora tampoco pasa del nivel psicológico; ésta —una lluvia tropical que dura desde un domingo hasta el siguiente jueves— afecta la condición emocional de unas pocas personas, no de una civilización (como será el caso en *Cien años de soledad*). Al principio, los protagonistas se alegran de ver caer el agua después de un sábado sofocante. Sin embargo, la lluvia, al durar toda la tarde del domingo y al caer «en un solo tono [... con] intensidad uniforme y apacible» (pág. 98), empieza a penetrar «demasiado hondo» en los «sentidos» de la gente. Se deja de sonreír; comienza la abulia. Mientras más llueve, más se deprime la gente, que, con la depresión, pierde el sentido del tiempo y «el orden de las comidas» (pág. 100). Todos quedan, en fin, «narcotizados por la lluvia, entregados al derrumbamiento de la naturaleza» (pág. 100). La narcotización llega a tal punto que el padre de Isabel sale de la casa y se pierde «en el tiempo» (pág. 103). Toda la acción del relato, pues, se construye alrededor de la imagen de la lluvia tropical, imagen que es, simultáneamente, símbolo de la soledad y causa de la abulia, del sopor mental y físico.

---

[28] Gabriel García Márquez, «Monólogo de Isabel viendo llover en Macondo», en *Todos los cuentos por Gabriel García Márquez (1947-1972)* (Barcelona, 1975), págs. 97-104. En adelante incluimos las citas en el texto.

Notemos, de paso, que esta lluvia tropical anticipa la que, en *Cien años de soledad*, dura cuatro años, once meses y dos días. La lluvia de la novela es mítica, no sólo por la exageración temporal, sino también por el contexto: simula el diluvio bíblico que lava y purifica la gran corrupción humana. La exageración temporal es menos fuerte en «Isabel viendo llover en Macondo»; y los efectos de la lluvia, menos exagerados.

Si el cuento de «Isabel viendo llover en Macondo» se construye alrededor de una imagen, el relato verídico (publicado por primera vez en *El Espectador*, periódico de Bogotá) del náufrago que estuvo diez días a la deriva en una balsa sin comer ni beber, se construye alrededor de un solo tema: el de la soledad [29]. Por primera vez, dicho tema está completamente difundido en el relato, pero sin que el náufrago ni García Márquez se den cuenta de su sugestivo poder mítico. Para el marinero, la soledad es poco más que un sufrimiento entre otros —angustia, hambre, sed (pág. 69)— padecidos en el mar. En *Cien años de soledad*, el mismo tema se presentará como índice existencial de una condición universal humana.

Este tema es también importante en *El coronel no tiene quien le escriba*, novela terminada en enero de 1957 y diferente, estilísticamente, de las ficciones que la preceden [30]. El coronel (el personaje central) padece de la soledad debido a las dos obsesiones que lo aíslan del pueblo entero: una, la espera de la pensión que nunca llega; la otra, el cuidado de su gallo de

---

[29] Su pomposo título completo (y dieciochesco) es el siguiente: *Relato de un náufrago que estuvo diez días a la deriva en una balsa sin comer ni beber, que fue proclamado héroe de la patria, besado por las reinas de la belleza, hecho rico por la publicidad, y luego aborrecido por el gobierno y olvidado para siempre* (Barcelona, 1972). Las citas se incluyen en el texto.

[30] En el estilo directo y severo de *El coronel no tiene quien le escriba* —estilo de pocos adjetivos, de frases cortas, ligadas todas con una atención precisa al ritmo del lenguaje— se ven los rastros de Hemingway, autor también leído por García Márquez en Barranquilla. La relación se ha discutido. Véanse, por ejemplo, los comentarios de Vargas Llosa, *Deicidio*, págs. 38-39, 150-156.

pelea, preparándolo para el combate que nunca ocurre [31]. De más importancia para nuestro argumento en general es, empero, la historia del origen de la novela. Al igual que *Cien años de soledad*, publicada diez años más tarde, *El coronel no tiene quien le escriba* procede de una sola imagen. «Lo primero que vi [de esta novela]», dice García Márquez, «fue al hombre contemplando las barcas en el mercado de pescados en Barranquilla [32]. Vargas Llosa relata una versión más amplia:

> En Barranquilla, García Márquez había visto algunas veces, frente al mercado de pescados, a un hombre apoyado en una baranda, en actitud de espera. Esta figura enigmática le sugirió un personaje: un anciano que espera algo, inacabablemente. Luego, de una manera natural, esa imagen vino a calzar en un viejo recuerdo de infancia: la figura del abuelo. El anciano que espera sería un coronel, sobreviviente de la guerra civil, que aguarda reconocimiento de servicios [...] [33].

Cuando reflexiona sobre el pasado, el coronel sueña con su servicio militar, con su juventud de hace más de cincuenta años. La idealización del pasado se torna ilusión de un futuro ideal, que viene a ser tan inaccesible como el pasado remoto. Hacia el futuro crea fantasías sobre cómo gastar el dinero una vez realizadas sus dos obsesiones: el reconocimiento de sus servicios por el gobierno y el triunfo de su gallo de pelea.

Conscientemente, como en *La hojarasca*, o inconscientemente, como deducimos de las observaciones de Vargas Llosa, Gar-

---

[31] Algunos críticos ensayan interpretaciones tan rebuscadas que terminan por enredarse lógicamente. Por ejemplo, Graciela Maturo considera que el gallo es «esa semilla de salvación, esa incarnación de vida nueva —el Cristo resucitado»: *Claves simbólicas de Gabriel García Márquez* (Buenos Aires, 1972), pág. 110. Continuando su interpretación religiosa, Maturo opina que el coronel se parece a Job y que sus problemas confirman la importancia de la fe en la vida del individuo. Por lo tanto, el coronel, como todo cristiano bueno, se convierte en un Cristo nuevo (v. *Claves simbólicas*, pág. 114). Ahora bien: de esta identificación de «coronel» y «Cristo» resulta un problema interesante. Dado que el gallo de pelea es también igual a Cristo, ¿será el coronel su gallo de pelea?

[32] Fernández-Braso, *Soledad*, pág. 130.

[33] Vargas Llosa, *Deicidio*, págs. 47-48.

Hacia el mundo de los Buendía

cía Márquez retorna repetidas veces a los dos polos opuestos de la vida: la infancia por un lado (el pasado) y, por otro, la vejez y la muerte (el futuro). La dialéctica entre estos polos se presenta en forma mucho más compleja en *Cien años de soledad*. Serán diferentes los términos: mirar hacia el pasado es mirar hacia los principios, sean individuales como nacimientos, o colectivos como la fundación de un pueblo. Mientras más se incline el pensamiento hacia el pasado, más mitológico resulta. Mirar hacia el futuro es mirar hacia el fin, ya sea individual como la muerte, o universal como el apocalipsis. El pensamiento inclinado completamente hacia el futuro resulta apocalíptico, teleológico.

En *La mala hora*, novela comenzada en 1956, terminada hacia 1959 y publicada en 1962, la técnica de la imagen central y el tema de la obsesión convergen en la imagen de escritos anónimos de censura: pasquines. Éstos aparecen misteriosamente, desde el principio hasta el fin de la novela, en las puertas de los inquilinos. Son más que mera chismería. Al igual que la letra «A» había marcado la frente de Hester y Prynne en la novela de Hawthorne, o que la señal de Dios a Caín[34], los pasquines marcan a cada ciudadano con su defecto peculiar, alarmando de esta manera a la población entera. Por lo tanto, los carteles llegan a convertirse en obsesión colectiva. A diferencia de Vargas Llosa, quien interpreta los pasquines como una transición de «la realidad real» a «la realidad imaginaria», nosotros los vemos como la transición de «la realidad individual» a «la realidad colectiva» porque se convierten en imagen de la colectividad. Su poder sobre la vida del pueblo prefigura el que tendrán los pergaminos de Melquíades en *Cien años de soledad*.

Cuando los pasquines aparecen por primera vez, son solamente otra molestia más en la vida del padre Ángel. «Anoche hubo algo mejor que la serenata», le dice su sirvienta Trinidad. «¿Qué fue?», pregunta el padre. «Pasquines», dice Trinidad,

---

[34] La señal de Dios, aunque interpretada por muchos como maldición, es más bien un signo de la protección divina. En el *Génesis* se lee: «Y Yahveh puso una señal a Caín para que nadie que le encontrase le atacara» (4.15).

soltando «una risita nerviosa»[35]. Por el momento, al padre le interesan más los ratones que habitan la iglesia; pero en la risita de la sirvienta se documenta el inicio de un gran problema psicológico, social y moral.

La obsesión por los pasquines comporta la ruina moral del pueblo. Cada persona en la novela tiene su propia explicación. Los pasquines «sólo dicen lo que ya anda diciendo la gente», según las palabras de Roberto de Asís (pág. 37) y del juez Arcadio (pág. 29). Son «síntomas de descomposición social», dice el señor Benjamín (pág. 122). Obra de Dios, piensa la viuda de Montiel (pág. 93); de las brujas, afirma el peluquero (pág. 134); de todo el pueblo y de nadie, comenta Casandra (pág. 149).

El primer problema serio que causan es un crimen: enojado por un pasquín que acusa a su esposa de ser la amante del músico Pastor, César Montiel lo mata (págs. 13-14). Aparecen más pasquines, y el padre Ángel le pide al alcalde que le ayude a controlar el problema, implicando a la Iglesia en una situación que llega hasta la imposición de la ley marcial. Desde este momento, el alcalde puede cometer cualquier atropello en nombre de la paz y el orden. *La mala hora* demuestra cómo de una obsesión colectiva puede resultar el caos y el colapso total del orden civil. Aunque este pueblo no se destruye por completo, otro, según cuenta el secretario, sí «fue liquidado en siete días por pasquines. Sus habitantes terminaron matándose entre sí. Los sobrevivientes desenterraron y se llevaron los huesos de sus muertos para estar seguros de no volver jamás» (pág. 33).

La mala hora —a modo de anticipación de *Cien años de soledad*— narra la historia de una dinastía familiar y la historia de una casa. La familia es la de «los turbulentos Asís» (pág. 38), fundadora del pueblo. Al igual que los Buendía, sus hijos «llevan el infierno en la imaginación» (pág. 97). La matriarca de la familia es la viuda de Asís, que reina sobre su mundo y sus ocho hijos en forma tan magistral como lo hará Úrsula en *Cien años de soledad*. Al prosperar el pueblo, prospera la fami-

---

[35] Gabriel García Márquez, *La mala hora* (Buenos Aires, 1972), páginas 9-10. En adelante incluimos las citas en el texto.

lia, y su riqueza material se refleja en el lujo de su casa con dormitorios enormes, en sus camas «tronales» y en sus numerosas sirvientas. Como en cualquier hacienda rica colombiana, se cuenta con muchas gallinas, caballos y vacas, con grandes establos y tierras extensas. También, y al igual que los Buendía, los varones Asís tienen muchos hijos naturales y «protegidas de todas edades» (pág. 38). Sin embargo, ni esta familia ni su casa ocupan en la novela el puesto central e importantísimo que, en *Cien años de soledad*, ocuparán los Buendía con la suya. García Márquez todavía no ha descubierto cómo mitificar su material. Aún se encuentra dentro de la escuela realista.

La transición de la escuela realista a la mítica se efectúa en «Los funerales de la Mamá Grande», cuento influido por *El gran Burundún Burundá ha muerto* (1955), de Jorge Zalamea. El cuento se publica en 1962 y concluye una colección, con el mismo título, de ocho relatos. Este cuento, junto con «El mar del tiempo perdido», sirve de introducción básica al mundo mítico de García Márquez, y a unas técnicas específicas de la mitificación. Ambos cuentos, como bien se verá, son algo afectados. Analicemos, primero, el comienzo de «Los funerales de la Mamá Grande»:

> Ésta es, incrédulos del mundo entero, la verídica historia de la Mamá Grande, soberana absoluta del reino de Macondo, que vivió en función de dominio durante 92 años y murió en olor de santidad un martes del septiembre pasado, y a cuyos funerales vino el Sumo Pontífice [36].

Aquí nos parece evidente una inseguridad momentánea en su nuevo estilo a lo Rabelais: exagerado, exuberante, barroco. En adelante, por lo menos hasta *Crónica de una muerte anunciada* (1981), el «barroquismo» será el signo característico de la prosa narrativa de García Márquez. La afectación y la inseguridad se perciben en la manera paradójica en que se inicia el relato. Se acusa a los lectores («incrédulos del mundo entero») de no creer

---

[36] Gabriel García Márquez, «Los funerales de la Mamá Grande», en *Todos los cuentos por Gabriel García Márquez (1497-1972)*, pág. 193. En adelante incluimos las citas en el texto.

en esta historia verídica. Tal vocablo («verídica») contradice la exageración del argumento. Inmediatamente, pues, se establece una tensión dialéctica entre la exageración y la realidad. Dicha tensión se manifiesta en la continua mezcla de detalles precisos e imprecisos. Por ser tan precisa, la cifra de noventa y dos años nos inclina hacia la realidad histórica; pero su inverosimilitud nos hace confrontar, a la vez, una realidad mítica. Noventa y dos años es demasiado tiempo para indicarse con tanta precisión. La exactitud de su reino contrasta con la imprecisión de su muerte: fallece *un* martes del septiembre pasado. Esta tensión dialéctica entre lo definido y lo indefinido se asemeja a la existente entre la historia y el mito.

Otra técnica de mitificación es la transformación de lo histórico o particular en lo mítico o universal por medio de la exageración y de la abstracción. «Exageración y perspectiva mítica» son el título de las páginas de Vargas Llosa sobre éste y los otros relatos de esta colección. La palabra clave aquí es la conjunción «y». Para Vargas Llosa, la mitificación ocurre en conjunción con la exageración; para nosotros, por lo menos en este relato, ocurre *por medio* de esta misma exageración. Es decir, la exageración es una técnica básica con que García Márquez universaliza a un personaje o un tema. El reino de noventa y dos años de una sola persona sólo puede ser un reino mítico. También se utiliza la abstracción como técnica de mitificación. Aunque el nombre verdadero de la Mamá Grande es María del Rosario Castañeda y Montero, solamente se conoce por el epíteto de «La Mamá Grande», abstracción de sus cualidades esenciales: su feminidad matriarcal y una grandeza a la vez física y mental, es decir, una grandeza en la imaginación de la gente. Otra abstracción es la palabra «reino», que hace de Macondo, simbólicamente, un país de maravillas. No obstante los poderes de la literatura, ¿quién habría de pensar que un día el Sumo Pontífice visitaría un pueblito como aquél? Sin embargo, como ha notado el mismo García Márquez, así sucedió.

Aunque en la primera oración de «Los funerales de la Mamá Grande» se presenta a la Mamá Grande como una figura mitológica ya desarrollada, es interesante destacar el proceso de

Hacia el mundo de los Buendía 49

su mitificación durante su vida y aún después de su muerte. Además de la leyenda de su apariencia física imponente, su «rigidez matriarcal [...] había cercado su fortuna y su apellido con una alambrada sacramental» (pág. 194), de la cual casi nadie había logrado escaparse. Inclusive su persona se identifica con el mismo Macondo: «Durante el presente siglo, la Mamá Grande había sido el centro de gravedad de Macondo, como sus hermanos, sus padres y los padres de sus padres lo fueron en el pasado, en una hegemonía que colmaba dos siglos. La aldea se fundó alrededor de su apellido» (pág. 195). Parece ser dueña de todo, «de las aguas corrientes y estancadas, llovidas y por llover», de los postes del telégrafo, de todas las haciendas y hasta de la vida misma (pág. 195). Parecía «en verdad infinitamente rica y poderosa, la matrona más rica y poderosa del mundo» (pág. 195). Tan poderosa era que nadie pensaba que fuera mortal. Hasta la edad de setenta años se celebraban sus cumpleaños con «las ferias más prolongadas y tumultuosas de que se tenga memoria» (pág. 196). En medio del caos de este rito anual, se vendían «estampas y escapularios con la imagen de la Mamá Grande» (pág. 197). Era, pues, como una santa digna de adoración. La imagen sobrevive a su muerte. Así, tan pronto como muere la Mamá Grande, su retrato aparece, en la primera página de los periódicos, tal y como era a los veinte años: bellísima. Esta negación fotográfica del paso del tiempo y de la muerte cubre cuatro columnas en los periódicos (pág. 201). Aquella imagen, aquella ficción, aquel mito estaban destinados «a perdurar en la memoria de las generaciones futuras» (páginas 201-202). Sobrevive en la memoria oficial de la república gracias también a un acto del Congreso:

> En el vasto hemiciclo del Congreso, enrarecido por un siglo de legislación abstracta, entre óleos de próceres nacionales y bustos de pensadores griegos, la evocación de la Mamá Grande alcanzó proporciones insospechables, mientras su cadáver se llenaba de burbujas en el duro setiembre de Macondo. Por primera vez se habló de ella y se la concibió sin su mecedor de bejuco, sus soporés a las dos de la tarde y sus cataplasmas de mostaza, y se la vio pura y sin edad, destilada por la leyenda (pág. 204).

Figura ya legendaria cuando vivía, su mitificación, intensificándose después de la muerte, llega a crear una imagen contradictoria, pues al mismo tiempo que la Mamá Grande se identifica como una reina de belleza, mujer pura y sin edad, es también «La Gran Vieja» (pág. 205), a cuyos funerales asiste hasta el Presidente de la República. Cumplidos los catorce días de «plegarias, exaltaciones y ditirambos», sellada la tumba, «una nueva época» (pág. 208) comienza. Esta matriarca es la prefiguración y el prototipo del tirano mítico de *El otoño del patriarca*. Aunque son muchas las diferencias entre las dos obras, *El otoño del patriarca* ya se prefigura en este cuento funerario. Al decir esto, nos diferenciamos de la mayoría de los primeros críticos de la novela del patriarca, quienes la destacaron como obra única, sin genealogía o relación alguna con las obras anteriores del escritor. En el capítulo que titulamos «Entre dos mundos», veremos, por medio de un análisis de la cuentística de García Márquez entre los años 1968 y 1972, los vínculos de *El otoño del patriarca* con las ficciones previas.

El relato de «Los funerales de la Mamá Grande» concluye con una descripción quizás algo autobiográfica de la función del narrador y del escritor. Al morir, la mayoría de los hombres yacen en un olvido eterno. Todo escritor lucha contra su destino: resucita a los muertos; trata de asegurar que se recuerden sus hazañas y sus personajes por medio del arte:

> sólo faltaba entonces que alguien recostara un taburete en la puerta para contar esta historia, lección y escarmiento de las generaciones futuras, y que ninguno de los incrédulos del mundo se quedara sin conocer la noticia de la Mamá Grande, que mañana miércoles vendrán los barrenderos y barrerán la basura de sus funerales, por todos los siglos de los siglos (págs. 208-209).

¿No pertenecerá el taburete a García Márquez? Y, aunque el Macondo histórico (Aracataca) haya dejado de existir en la forma en que lo había conocido García Márquez cuando niño, ¿no serán «las generaciones futuras» los miles de lectores para quienes tal mundo de Macondo perdurará para siempre?

Hacia el mundo de los Buendía

Si «Los funerales de la Mamá Grande» es una mitificación por medio de la exageración y de la abstracción, «El mar del tiempo perdido», cuento escrito en 1961 pero incluido en una colección de relatos que se publica en 1972, puede considerarse como mitificación por medio de un viaje al mundo del inconsciente y del mito, simbolizado por el mar. Es algo irónico que «el señor Herbert», representante del capitalismo americano tan aborrecido por García Márquez, sea uno de nuestros primeros guías, en la obra del colombiano, hacia el mundo del mito. (Es, además, prefiguración de Melquíades.) El señor Herbert lleva a Tobías, el héroe de «El mar del tiempo perdido», a un lugar en el fondo del mar, donde puede ver y hasta experimentar una Edad de Oro marítima. Aunque este otro mundo en el fondo del mar es extraño y tiene poco que ver con la realidad cotidiana, se relaciona, de manera natural, con el mundo conocido por Tobías [37].

Un psicólogo quizás se admiraría de ver el proceso por el cual el señor Herbert introduce a Tobías al mundo mítico. Tobías y el señor Herbert se han echado al mar en busca de unas tortugas para hacer una sopa. Nadan, al principio, en «línea recta» [38], permaneciendo, simbólicamente, al nivel de lo cotidiano. Luego se sumergen «hacia abajo, muy hondo, hasta donde se acabó la luz del sol, y luego la del mar, y las cosas eran sólo visibles por su propia luz» (pág. 236). Esta inmersión implica un descenso al mundo inconsciente y, al mismo tiempo, al mítico.

Al dejar la luz del sol y del mar, es decir, el mundo conocido y racional, Tobías y el señor Herbert exploran un nuevo territorio menos racional. Primero se encuentran con «un pueblo sumergido, con hombres y mujeres de a caballo que giraban en

---

[37] En los cuentos juveniles de «la prehistoria morbosa», García Márquez también describe «otra realidad». Ésta, sin embargo, no es mítica, sino más bien psicológica. Es decir, la otra realidad de los primeros cuentos pertenece a los sueños, en especial a las pesadillas.

[38] Gabriel García Márquez, «El mar del tiempo perdido», en *Todos los cuentos por Gabriel García Márquez (1947-1972)*, pág. 236. En adelante las citas se incluyen en el texto.

torno al quiosco de la música. Era un día espléndido y había flores de colores vivos en las terrazas» (pág. 236). Como esta escena aparece inmediatamente después de que los dos han dejado «el mundo antiguo» y bien conocido, el señor Herbert da una explicación algo científica: «se hundió un domingo, como a las once de la mañana. Debió ser un cataclismo» (pág. 236). Separado del tiempo y del espacio de los hombres por un acto definido (el cataclismo), el pueblo existe en un «ahora estático» mítico, un *nunc - stans,* donde son siempre las once de la mañana y donde cada día es domingo. A Tobías le gusta el primer «nuevo mundo» que descubre porque tiene cosas que reconoce y que quiere compartir con otros. «Allí hay rosas», dice Tobías, desviándose hacia el pueblo. «Quiero que Clotilde las conozca.» Sin embargo, el señor Herbert lo hace descender aún más en el mar. Poco a poco dejan «el mar de las catástrofes comunes» (pág. 236) y entran en «el mar de los muertos» (pág. 236). Éstos «flotaban inmóviles, bocarriba, a diferentes niveles, y todos tenían la expresión de los seres olvidados» (pág. 236). Ahora la explicación del señor Herbert, aunque «lógica», es más extraña: «Son muertos muy antiguos. Han necesitado siglos para alcanzar este estado de reposo» (pág. 236). En otro nivel todavía más profundo se encuentran «en aguas de muertos recientes». Aquí el señor Herbert se detiene, atónito: una mujer joven y bella pasa flotando de costado, «perseguida por una corriente de flores» (pág. 236). Ahora no es el señor Herbert quien explica, sino más bien Tobías: «Es la esposa del viejo Jacob. Está como cincuenta años más joven, pero es ella» (pág. 236). El guía se convierte en alumno, el alumno en guía, intercambio común en los viajes mitológicos o de aprendizaje, y también en los libros de caballería, estos últimos siempre incluidos por García Márquez en las listas de sus libros favoritos.

Al llegar al fondo, descubren lo que habían buscado desde el principio: millares de tortugas para hacer la sopa. El señor Herbert voltea una, enviándola hacia arriba con un impulso suave. Siguiendo la tortuga con los ojos, Tobías «vio todo el mar al revés» (pág. 237). La descripción tiene dos justificaciones, una real (pues así se ve todo desde el fondo de una piscina o en el océano), y otra mítica. Según indica Lévy-Bruhl, en *L'âme primitive* (*El alma primitiva*), el hombre primitivo, cuya interpretación del mundo es completamente mitológica, considera que en el reino de los muertos todo se ve y se hace al revés («tout y est à l'envers [...] tout s'y fait à rebours»)[39]. Tobías explica su reacción con las palabras, «parece un sueño» (pág. 237); esta explicación es simultáneamente psicológica y mítica. Para un psicólogo de la escuela freudiana, el ver al revés es una ley perteneciente al sueño o, por lo general, al inconsciente. Vemos al revés, según Freud, para proteger nuestro consciente de los deseos violentos y primitivos del inconsciente. Para un psicólogo de la escuela de Jung, el sueño pertenece al mundo del arquetipo, es decir, al mundo del mito en sí. En una sola frase, y de manera fácil y casual, Tobías ha hecho una conexión entre el sueño y el mito, establecida con dificultad, y apoyada con un sinnúmero de ejemplos y pruebas, por los grandes psicólogos y mitólogos.

La experiencia de Tobías es tan singular que se debe mantener secreta, le dice el señor Herbert. La gente «en el mundo» cotidiano seguramente no podría entender este mundo extraño en el mar. Lo marítimo es, por tanto, hermético, oculto, cerrado a todos los que no han sido iniciados propiamente. Al fin, los dos regresan al pueblo donde espera Clotilde, la esposa de Tobías, y entre los tres se comen una magnífica sopa de tortuga.

Al final del cuento, lo inverosímil se delimita, otra vez, de lo real. Desobedeciendo el consejo del señor Herbert, y compartiendo el secreto con su esposa, le dice Tobías: «en el fondo del mar hay un pueblo de casitas blancas con millones de flores en las terrazas» (pág. 238). «Ay, Tobías», le contesta su mujer, dando la respuesta del mundo cotidiano y anti-mitológico, «por el amor de Dios, no vayas a empezar ahora otra vez con estas cosas» (pág. 238). Esta separación de lo real y lo inverosímil no ocurre en *Cien años de soledad*, novela en que todo es posible.

---

[39] Lucien Lévy-Bruhl, *L'âme primitive* (Paris, 1927). Véase, en especial, el capítulo XI. Traducción nuestra.

No obstante esta diferencia importante, existen grandes semejanzas entre las dos obras, no solamente en los personajes, sino también en los episodios y hasta en el lenguaje. Por ejemplo, el señor Herbert reaparece en *Cien años de soledad* como «Mr. Herbert», hombre decadente y destructivo, el gringo que trae consigo las plagas de bananos, la opulencia y el imperialismo yanqui. Señalemos otros dos ejemplos de semejanzas. En el cuento, Tobías «llevó a Clotilde a conocer el dinero» (página 229), frase y episodio que se asocian con la ya famosa oración primera de *Cien años de soledad*: «muchos años después [...] el coronel Aureliano Buendía había de recordar aquella tarde remota en que su padre lo llevó a conocer el hielo». También el episodio de la muchacha que hace el amor con cien hombres de seguido para que éstos fueran «los últimos cien hombres de mi vida» (pág. 232) se repite, en otro contexto, en *Cien años de soledad*. (Se repetirá, una vez más, en el cuento sobre la cándida Eréndira.) García Márquez utiliza, en *Cien años de soledad*, casi las mismas palabras:

Ella quitó de la cama la sábana empapada y le pidió a Tobías que la tuviera de un lado. Pesaba como un lienzo. La exprimieron, torciéndola por los extremos, hasta que recobró su peso natural. Voltearon el colchón, y el sudor salía del otro lado. Tobías hizo las cosas de cualquier modo.	La muchacha quitó la sábana empapada y le pidió a Aureliano que la tuviera de un lado. Pesaba como un lienzo. La exprimieron, torciéndola por los extremos, hasta que recobró su peso natural. Voltearon la estera, y el sudor salía del otro lado. Aureliano ansiaba que aquella operación no terminara nunca.
(«El mar del tiempo perdido», pág. 232.)	(*Cien años de soledad*, página 51.)

De los otros relatos de la colección que se titula «Los funerales de la Mamá Grande», dos caen dentro de nuestro enfoque: «La siesta del martes» y «Un día después del sábado», ambos de 1962. Consideremos primero «La siesta del martes», cuento que debe su origen a una imagen y a una experiencia de la adolescencia. En palabras de García Márquez:

Hacia el mundo de los Buendía

El origen de todos mis relatos es siempre una imagen simple. Todo el argumento de «La siesta del martes», que considero mi mejor cuento, surgió de la visión de una mujer y una niña vestidas de negro, con paraguas negro, caminando bajo el sol abrasante de un pueblo desierto [40].

Lo que no ha dicho García Márquez es que esta misma «imagen simple» data de una experiencia suya de la adolescencia: el regreso a Aracataca después de una larga ausencia. Según él, en cierto sentido, el pueblo no había cambiado en absoluto; en otro, el «poético», había cambiado por completo. Esta alteración poética de la realidad le despierta el impulso creador. He aquí las palabras de García Márquez:

[...] cuando yo tenía quince años [41], encontré a mi madre que iba a Aracataca a vender la casa esa de que hemos hablado, que estaba llena de muertos. Entonces yo, en una forma muy natural, le dije: «yo te acompaño». Y llegamos a Aracataca y me encontré con que todo estaba exactamente igual pero un poco traspuesto, poéticamente. Es decir, que yo veía a través de las ventanas de las casas una cosa que todos hemos comprobado: cómo aquellas calles que nos imaginábamos anchas, se volvían pequeñitas, no eran tan altas como nos imaginábamos; las casas eran exactamente iguales, pero estaban carcomidas por el tiempo y la pobreza, y a través de las ventanas veíamos que eran los mismos muebles, pero quince años más viejos en realidad. Y era un pueblo polvoriento y caluroso; era un mediodía terrible, se respiraba polvo. Es un pueblo donde fueron a hacer un tanque para el acueducto y tenían que trabajar de noche porque de día no podían agarrar las herramientas por el calor que había. Entonces, mi madre y yo, atravesamos el pueblo como quien atraviesa un pueblo fantasma: no había un alma en la calle; y estaba absolutamente convencido que mi madre estaba sufriendo lo mismo que sufría yo de ver cómo había pasado el tiempo por ese pueblo. Y llegamos a una pequeña botica, que había en una esquina, en la que había una señora cosiendo; mi madre entró y se acercó a esta señora y le dijo: «¿Cómo está, comadre?» Ella levantó la vista y se abrazaron y lloraron durante media hora [...]. En

---
[40] Fernández-Braso, *Soledad*, pág. 130.
[41] Vargas Llosa opina (*Deicidio*, págs. 96-97) que esta experiencia no sucedió a los quince años, sino a los veintiuno o veintidós.

ese momento me surgió la idea de contar por escrito todo el pasado de aquel episodio [42].

Como ya hemos dicho, cada escritor, quizás cada persona, impulsado por una nostalgia inacabable, desea regresar al pueblo y a la casa de su niñez. En el caso de García Márquez, ese deseo —que conlleva su imagen propia— es tan inquietante que conduce a la creación de otra casa, de otro pueblo y de otro mundo, basados todos en la nostalgia por el pasado y por la niñez. Vargas Llosa opina que este proceso es, por lo general, «un saqueo de la realidad», procedente de un impulso al deicidio (ésta es la gran tesis de su amplio estudio). Por nuestra parte, sin embargo, el impulso creador de García Márquez no tiene su origen en un deseo tan violento; deriva más bien del deseo, potencialmente presente en todos, de recobrar un pasado irrecuperable. Éste puede cobrar existencia sólo en la memoria, sea en la «inédita» y personal del individuo, o escrita y pública del escritor. También, a diferencia de Vargas Llosa, opinamos que la mitificación es un acto menos radical y negativo que el deicidio; implica, no la muerte, sino más bien la vida. Además, la creación estética de una realidad viviente y total motiva a cada escritor mitológico, sea europeo como Joyce o Mann, americano como Faulkner, o suramericano como Fuentes o García Márquez. También, como hemos visto en nuestra introducción, tal impulso es parte de la conciencia mítica.

Madre e hijo (en la anécdota citada) se tornan madre e hija en «La siesta del martes». En vez de viajar al pueblo con motivo de vender una casa, las dos llegan con el fin de visitar una tumba. Tal paralelismo estructural conlleva el paralelismo en los detalles. En el cuento, por ejemplo, hacía calor, un calor tan intenso que «el pueblo flotaba» [43] y el «viento ardiente y seco» (pág. 109) se mezclaba con el «estrépito de los viejos vagones» (pág. 109) del tren. Después del ruido, silencio. El pueblo

---

[42] Vargas Llosa, *Deicidio*, págs. 90-91.
[43] Gabriel García Márquez, «La siesta del martes», en *Todos los cuentos por Gabriel García Márquez (1947-1972)*, pág. 109. En adelante incluimos las citas en el texto.

Hacia el mundo de los Buendía 57

«hacía la siesta» (pág. 109). Las casas tenían «las puertas cerradas por dentro y las persianas bajas» (pág. 109). Unos habitantes dormían la siesta sentados en los asientos, en plena calle (pág. 109); otros almorzaban en los patios. Sintiéndose como extranjeros en su propio pueblo, madre e hija, al caminar por él, buscaban «siempre la protección [del sol] de los almendros» (pág. 109), hasta llegar a la casa cural. Alienador y solitario es el ambiente, tema que se profundizará en la ficción venidera.

Parece que con cada cuento aumenta el número de prefiguraciones —de estilo o de contenido— de *Cien años de soledad*. En «Un día después del sábado», García Márquez utiliza la idea del apocalipsis, asociándola por primera vez con la idea de «cien años». El padre Antonio Isabel del Santísimo Sacramento del Altar Castañeda y Montero tiene cien años de edad. Vagas ideas apocalípticas, especialmente como explicación de una lluvia de pájaros muertos que cae sobre el pueblo, circundan su cerebro senil:

> Allí mismo, mientras la viuda lo veía abandonar la casa con el pájaro muerto entre las manos y una expresión amenazante, él asistió a la maravillosa revelación de que sobre el pueblo estaba cayendo una lluvia de pájaros muertos y de que él, el ministro de Dios, el predestinado que había conocido la felicidad cuando no hacía calor, había olvidado enteramente el Apocalipsis [44].

Momentos más tarde, este anciano no puede recordar si «había lluvia de pájaros en el Apocalipsis» (pág. 171). Sólo «sabía confusamente que algo estaba ocurriendo en el mundo» (pág. 171) [45]. Está tan confundido que llama a todos los poetas de Grecia y de Roma, con ternura y sin diferenciar a los unos de los otros, «los ancianitos de antes». Sufre, además, de una imaginación

---

[44] Gabriel García Márquez, «Un día después del sábado», en *Todos los cuentos por Gabriel García Márquez (1947-1972)*, pág. 171. En adelante las citas se incluyen en el texto.
[45] En otras novelas colombianas, quizás leídas por García Márquez, también aparecen lluvias de aves. Véase, por ejemplo, la lluvia de patos en *El gran Burundún Burundá ha muerto*, de Jorge Zalamea (Bogotá, 1966), págs. 126-127.

excesiva o acaso inspirada. Por ejemplo, a los noventa y cuatro años informa al público, en uno de sus sermones, que ha visto al diablo tres veces. En cada sermón se llena la iglesia, no tanto por el temor al diablo o al infierno como por el deleite de aquellos sermones graciosos. Al final del cuento, el padre anuncia que ha visto al «Judío Errante» (pág. 184). Algunos ciudadanos consideran sus visiones como los chistes más divertidos del mundo, actitud compartida por el autor mismo. Más adelante, en *Cien años de soledad*, ninguna versión de la realidad, por más inverosímil que parezca, se condenará. Cada suceso será simplemente parte de la realidad. Esta perspectiva, que trata de manera objetiva lo extraño y lo normal, se ha llegado a denominar «realismo mágico», concepto que discutiremos en otro capítulo [46].

Algunos detalles y personajes de «Un día después del sábado» anticipan otros de *Cien años de soledad*. La plaga de los pájaros muertos prefigura otras plagas de la novela. El nombre de «Macondo» se encuentra en «El Hotel Macondo» (pág. 174). El tren de banano es símbolo aquí del pasado glorioso del pueblo; en la novela, de la masacre de 1928. El padre Antonio Isabel se convierte en el padre Nicanor de *Cien años de soledad*. En el cuento se menciona ya a los Buendía. Por ejemplo, Rebeca, la viuda que aparece en la primera página del cuento,

---

[46] En Colombia, como en muchos países latinoamericanos, lo nocotidiano se considera frecuentemente con la misma objetividad que lo cotidiano. Es difícil, a veces, separar lo extraordinario de lo ordinario. Esta actitud puede observarse, cada día, en los periódicos. Aparto un ejemplo que noté durante una visita a Colombia. En el verano de 1975 leí esta anécdota en *El Occidente*, periódico de cierta reputación. Con su tono objetivo, el reportaje pertenece al mejor realismo mágico colombiano:

> 8 de mayo de 1975. Barranquilla, 8 (EFE). El diablo fue sindicado aquí como responsable del incendio que consumió parcialmente el teatro «ABC-1» en momentos que se exhibía la película «El Exorcista». El fuego comenzó misterosamente, según los asistentes a la función, en los telones cuando se proyectaba la escena de la levitación. Los bomberos no creen que fue Satanás el culpable.

Ejemplos de esta índole se encuentran por todas partes.

es la misma Rebeca Buendía que, después de la muerte de su esposo, José Arcadio Buendía, se encierra en su casa inmensa «enterrándose en vida» (v. *Cien años de soledad*, pág. 119 y sigs.). José Arcadio ya existe también:

> [el sacerdote] sentía la extraña humedad de esa casa que no había vuelto a sosegarse desde cuando sonó un pistoletazo, hacía más de cuarenta años, y José Arcadio Buendía, hermano del coronel, cayó de bruces entre un ruido de hebillas y espuelas sobre las polainas aún calientes que se acababa de quitar (pág. 170).

En *Cien años de soledad* se repetirá parte de la misma descripción. Úrsula, al descubrir el suicidio de su hijo José Arcadio, lo encuentra «tirado boca abajo en el suelo sobre las polainas que se acababa de quitar» (*Cien años de soledad*, pág. 118).

Otros miembros de la familia Buendía aparecen con frecuencia —aunque brevemente— en algunas ficciones anteriores a *Cien años de soledad*. El coronel Aureliano Buendía, por ejemplo, se menciona dos veces en «Los funerales de la Mamá Grande» (págs. 195, 197), la segunda vez acompañado por «el duque de Marlborough». Ya figura, inclusive, en *La hojarasca* (págs. 28, 57, 120), apoyando el comentario de García Márquez de que había comenzado *Cien años de soledad* a los dieciséis años, pero que a esa edad «no podía con el paquete»[47].

III

Como hemos visto, las primeras ficciones de García Márquez son simultáneamente autónomas e interdependientes, porque, más allá de su existencia individual, también preparan el camino para la gran novela *Cien años de soledad*. En sus primeras obras, García Márquez menciona o crea muchos de los personajes que sólo al existir en *Cien años de soledad* cobrarán dimensiones verdaderamente míticas. Pero ya en las primeras ficciones se encuentran patriarcas y matriarcas, idealistas jóve-

---

[47] Véase Vargas Llosa, *Deicidio*, págs. 88-89.

nes y ancianos locos. Aparecen ya Macondo y «el pueblo» sin nombre; éstos se convertirán en un lugar arquetípico hispanoamericano. En *La mala hora*, figura ya también la casa de los Asís, solar sombrío y oscuro, convertida más adelante en la casa de los Buendía, alegre, abierta y llena de luz, si bien destinada a un fin trágico. Esta casa reflejará la historia de la familia, del pueblo, de Hispanoamérica, y hasta del mundo. También hemos visto cómo, desde los primeros años de su empresa creadora hasta 1962, la perspectiva individual y psicológica de García Márquez ante la realidad se desarrolla hacia una orientación colectiva y mítica.

Del arte de mitificar personajes y episodios, de descubrir las posibilidades míticas de la niñez —con el uso de imágenes que amplían la visión de la realidad y llegan a dominar, en cierto sentido, el tiempo y el espacio— surge la única perspectiva que puede coordenar estas entidades tan diferentes: la de *la conciencia mítica*. En *Cien años de soledad*, García Márquez lleva a cabo y mejora las técnicas aprendidas en «Los funerales de la Mamá Grande»; perfecciona su dominio novelístico de la visión de eternidad en que basa «El mar del tiempo perdido». Sin embargo, *Cien años de soledad*, en su totalidad, abarca más que todos los recursos aprendidos en estos dos cuentos, e incluso en todos los cuentos anteriores. Esta novela del mundo de los Buendía no es tan sólo la historia de una única familia; es también, como veremos, la historia del mito en sí, desde su principio hasta su fin.

II

EL MUNDO DE LOS BUENDÍA

HACIA «CIEN AÑOS DE SOLEDAD»

Desde el verano de 1961, hasta 1965, cuando la idea de *Cien años de soledad* se le presenta íntegra, García Márquez no escribe prosa narrativa. Según Emir Rodríguez Monegal, quien en esa época dictaba un curso en el Colegio de México, García Márquez era entonces «un hombre torturado, un habitante del infierno más exquisito: el de la esterilidad literaria. Hablar con él de su obra anterior [...] era aplicar involuntariamente las más sutiles máquinas de la Inquisición»[1]. García Márquez se cura de esta esterilidad de manera dramática, quizás aún, como indica Vargas Llosa, algo «milagrosa».

Leamos la versión de Ernesto Schóo:

> Un día de 1965, mientras guiaba su Opel por la carretera de Ciudad de México a Acapulco, se le presentó íntegra, de un golpe, su lejana novela-río, la que estaba escribiendo desde la adolescencia: «La tenía tan madura que hubiera podido dictarle, allí mismo, el primer capítulo, palabra por palabra, a una mecanógrafa.» Como no había mecanógrafa a mano, Gabo se fue a su casa, conferenció con Mercedes, y el compartimiento estanco que es «la cueva de la

---

[1] Emir Rodríguez Monegal, «Novedad y anacronismo en *Cien años de soledad*», *Revista Nacional de Cultura* (Caracas), 29, núm. 185 (julio-agosto-septiembre de 1968), 10.

mafia» se cerró sobre él. Cuando volvió a abrirse, no habían pasado seis meses, sino dieciocho. Él tenía en su mano los originales (1.300 cuartillas, escritas en ese lapso a razón de ocho horas diarias, sin contar el doble o triple de material desechado) de «Cien años de soledad»; Mercedes tenía en la suya, facturas adeudadas por 120.000 pesos mexicanos (10.000 dólares) [2].

Aunque *Cien años de soledad* se le presentó «de un golpe» aquel día de viaje, había tratado de escribir dicha novela, como indica Schóo, desde los dieciséis años. La imagen primera de *Cien años de soledad*, al igual que las primeras de muchas de sus obras, había existido ya en su imaginación por mucho tiempo. Estas imágenes, precisamente porque resisten el olvido, frecuentemente resultan ser las fuentes de su inspiración. «Durante muchos años», afirma García Márquez, «lo único que sabía de *Cien años de soledad* era que un viejo llevaba a un niño a conocer hielo, exhibido como curiosidad de circo [...]. Esas imágenes originales, para mí, son lo único importante: lo demás es puro trabajo de burro» [3]. Esta imagen del niño conociendo el hielo no puede haber sido, desde luego, la que se le «presentó» en la carretera de Ciudad de México a Acapulco. ¿Qué fue lo que experimentó aquel día de 1965? García Márquez nunca lo ha dicho. No obstante su silencio, esperamos que, al fin de esta sección, tengamos una idea probable de cómo encuentra la idea emancipadora que pone fin a su época de esterilidad literaria.

Hemos señalado ya el comentario de García Márquez de que, por lo general, escribe «con la puerta grande abierta a la invención y aun a todos los excesos de la imaginación» [4]. Decir

---

[2] Ernesto Schóo, «Los viajes de Simbad García Márquez», *Primera Plana* (Buenos Aires), 5, núm. 234 (junio de 1967), 53. Véase también Mario Vargas Llosa, *García Márquez: Historia de un deicidio* (Caracas, 1971), página 77; en adelante, *Deicidio*.

[3] Cita de Miguel Fernández-Braso, *La soledad de Gabriel García Márquez: Una conversación infinita* (Barcelona, 1972), págs. 130-131; en adelante, *Soledad*. La imagen del viejo llevando a un niño a conocer hielo se basa en un antiguo recuerdo: el día en que su abuelo, don Nicolás, lo llevó de la mano a ver el circo. Véase Vargas Llosa, *Deicidio*, pág. 111.

[4] Cita de Claude Couffon, «Gabriel García Márquez habla de *Cien años de soledad*», en *Recopilación de textos sobre Gabriel García Márquez* (La

El mundo de los Buendía   63

esto no implica que García Márquez escriba *nivolas* —por lo menos teóricamente— a lo Miguel de Unamuno. Aunque las fuentes literarias y personales del autor colombiano son muchas [5], y aunque sus novelas suelen ser «eclécticas» e «iconoclastas», éstas (en especial las grandes como *Cien años de soledad* y *El otoño del patriarca*) se escriben con una asombrosa disciplina intelectual, emocional y literaria. Ya en la primera oración de *Cien años de soledad*, García Márquez indica una manera básica en que ordenará la realidad aparentemente tan confusa del mundo de los Buendía. La primera oración indica, también, un sendero que hemos de tomar para entender la novela: es clave no sólo para el mito en *Cien años de soledad*,

---

Habana, 1969), pág. 46. Véase nuestro capítulo anterior, «Hacia el mundo de los Buendía».

[5] Emir Rodríguez Monegal opina que, en *Cien años de soledad* y en sus otras novelas, García Márquez se inspira en tres tradiciones: la hispánica, la colombiana y la occidental [cita de Klaus Müller-Bergh, en «*Relato de un náufrago*: Gabriel García Márquez's Tale of Shipwreck and Survival at Sea», *Books Abroad*, 47 (1973), 461]. En la hispánica, diríamos (aunque García Márquez no lo admite) que la figura principal es Cervantes; los géneros principales, las crónicas de la conquista y los libros de caballería. En la tradición colombiana, las obras importantes serían *El carnero*, *María*, *La vorágine* (quizás también la novela venezolana *Doña Bárbara*); las novelas de E. Caballero Calderón y *Respirando el verano* de H. Rojas Herazo. No habrá que olvidar tampoco la obra de Eduardo Zalamea, *Cuatro años a bordo de mí mismo*. Éste fue uno de los escritores ya «establecidos» que animó al joven García Márquez en Bogotá. A la lista se podría añadir los nombres de sus amigos de la época de Barranquilla, quienes, juntos con el catalán Ramón Vinyes, «educaron» a García Márquez. Existe también una tradición propiamente «hispanoamericana» y «contemporánea»: las obras de sus colegas de otros países de Sudamérica, por ejemplo, Alejo Carpentier, Carlos Fuentes, Mario Vargas Llosa, José Donoso, Augusto Roa Bastos, Jorge Luis Borges, Ernesto Sábato. Las novelas de García Márquez, especialmente *Cien años de soledad* y *El otoño del patriarca*, pueden considerarse, en parte, como novelas que son, simultáneamente, diálogos con sus amigos y sus antecedentes literarios. De la tradición occidental, podemos destacar, como los autores más importantes para él, los siguientes nombres: Sófocles (siempre mencionado en listas de autores preferidos), Rabelais, Defoe, Kafka (influencia juvenil), Woolf, Joyce, Hemingway y Faulkner. A estas tradiciones queremos añadir, por razones que serán evidentes a lo largo de nuestro capítulo sobre *Cien años de soledad*, una tradición religiosa: la apocalíptica.

sino también para la técnica que (en parte) seguiremos en nuestro análisis:

> Muchos años después, frente al pelotón de fusilamiento, el coronel Aureliano Buendía había de recordar aquella tarde remota en que su padre lo llevó a conocer el hielo [6].

La oración es, simultáneamente, concreta y simbólica, histórica y mítica. Precisemos: aparentemente, García Márquez describe un hecho histórico, es decir, un momento concreto (o, mejor dicho, dos momentos) en la vida de un individuo particular. Por otra parte, se sirve de la primera oración para presentar al lector el pensamiento mítico y las técnicas literarias características de la novela. La oración funciona como el dios Jano, con dos caras opuestas; dios, según los mitólogos, de portales y de inicios. El coronel Aureliano Buendía (y cada lector, por supuesto) se encuentra como en el umbral de una puerta, en un punto del presente histórico, desde el cual puede mirar, o hacia el futuro («muchos años después») o hacia el pasado («aquella tarde remota») a la misma vez. Desde el futuro mítico, que todavía no ha sucedido, el coronel se acuerda de un episodio en el pasado de su niñez. Significativamente estas visiones —que, como veremos, son totalizadoras— acaecen poco antes de la muerte. Se parecen, estructuralmente, a visiones apocalípticas. Obvio es que esta primera frase de la novela no es apocalíptica; la visión del coronel no es del fin del mundo, sino de su propio pasado ya mítico. Quizás García Márquez nos está diciendo que, como todo esto sucede en la vida de un individuo, no de un pueblo o de una civilización, el mito no tiene por qué existir solamente dos mil, seis mil o diez mil años atrás. También puede existir en nuestra propia vida, en nuestra niñez, en nuestra muerte y en nuestro conocimiento, en ambos niveles. El coronel, al fin de su vida, regresa a su niñez y por un momento evanescente, frente al pelotón de fusilamiento, los dos polos de su vida coexisten.

---

[6] Gabriel García Márquez, *Cien años de soledad* (Buenos Aires, 1967), página 9. En adelante las citas se incluyen en el texto.

Irónicamente, el momento frente a este pelotón no es, a la verdad, el último del coronel Aureliano Buendía: él muere en la vejez. Sin embargo, se comporta como si lo fuera en realidad. (Nunca se sabe cuál será el momento final; la única confirmación es la muerte, y sobre esa confirmación no se puede hablar.) García Márquez parece preferir el ritmo y la forma de esta primera oración, pues los utiliza por lo menos dos veces más en la novela. Cada vez, el personaje, momentos antes de morir, tiene la visión de un episodio en su pasado remoto:

> Años después, frente al pelotón de fusilamiento, Arcadio había de acordarse del temblor con que Melquíades le hizo escuchar varias páginas de su escritura impenetrable, que por supuesto no entendió, pero que al ser leídas en voz alta parecían encíclicas cantadas (pág. 68).

> Años después, en su lecho de agonía, Aureliano Segundo había de recordar la lluviosa tarde de junio en que entró en el dormitorio a conocer su primer hijo (pág. 159).

He aquí la razón principal por la cual la primera oración de *Cien años de soledad* es tan importante para nuestra interpretación: estructuralmente, tales oraciones y experiencias son *circulares*. En el círculo, como dice Heráclito en uno de sus aforismos (núm. 109), el principio y el fin son iguales. Al morir sólo comenzamos de nuevo el círculo de vida y muerte. En sus varias formulaciones, este pensamiento es un *cliché* en muchas religiones y filosofías; también en el mito. Como hemos visto en nuestra introducción, toda mitología se basa en los procesos cíclicos de la vida humana y de la naturaleza. Considerada desde una perspectiva mítica, toda acción sucede como etapa en la evolución de un proceso de metamorfosis o de transformaciones que resulta siempre circular.

Según Erich Neumann y otros mitólogos, la imagen que representa la idea de la circularidad universal es la del *Uroboros*, descrita, quizás sin saberlo, por Vargas Llosa al decir que, en *Cien años de soledad*, «los episodios se muerden en la cola»[7].

---

[7] Vargas Llosa, *Deicidio*, págs. 545 y sigs.

Neumann escribe que la imagen del *Uroboros* es la perfección «que se circunda a sí misma, la serpiente circular, el dragón primordial, auto-procreador, del comienzo de las cosas, el dragón que se muerde en la cola»[8]. De este símbolo antiguo de Egipto se ha notado lo siguiente: «*Draco interficit se ipsum, maritat se ipsum, impraegnat se ipsum*» («El dragón se destruye a sí mismo, se casa consigo mismo, se impregna a sí mismo»)[9]. Dicha figura autónoma corresponde, afirma Neumann, a los orígenes del conocimiento mismo, por cuyos portales pasamos en nuestra niñez, y que se hallan descritos en todas las mitologías del mundo.

A la imagen del *Uroboros*, especialmente a su función y estructura, se le puede dar otros nombres. El más común, como hemos señalado en la introducción, es el de «ewige Wiederkehr» (eterno retorno), término analizado de manera tan singular por Nietzsche. Mircea Eliade ha dedicado un libro entero a un análisis del *topos*[10]. Dado que más adelante tendremos amplia oportunidad para señalar los abundantes ejemplos de la circularidad en *Cien años de soledad*, no queremos detenernos ahora en un examen minucioso de ellos. Basta destacar, y aquí estamos de acuerdo con las observaciones de Vargas Llosa (págs. 545-550), la circularidad del primer capítulo y discutir algunas consecuencias literarias de esta idea.

El capítulo comienza con la memoria futura de un hombre que recuerda el día de su niñez en que conoció el hielo por primera vez. Describe después la historia de un Macondo primordial, las visitas de los gitanos de Melquíades, los proyectos locos de José Arcadio Buendía, la vida cotidiana del Macondo recién fundado, los viajes exploratorios de José Arcadio Buendía y el hallazgo, en la mitad de la selva, de «un enorme galeón español» (pág. 18). Sigue con la niñez de José Arcadio y Aure-

---

[8] Erich Neumann, *Ursprungsgeschichte des Bewusstseins*. Prólogo de C. G. Jung (Zürich, 1949), pág. 24. Traducción nuestra.

[9] Neumann, *o. c.*, pág. 24. Traducción nuestra.

[10] Véase Mircea Eliade, *Le mythe de l'éternel retour; archétypes et répétitions*. Nouvelle édition (Paris, 1969).

liano, la visita de otros gitanos que traen la noticia de la muerte de Melquíades, y el aturdimiento de los habitantes de Macondo con la «feria multitudinaria». Naturalmente, los dos niños quieren ir al circo. El capítulo se cierra con el episodio en el cual José Arcadio Buendía lleva a sus dos hijos a una carpa donde un gitano anuncia el milagro del hielo como «la portentosa novedad de los sabios de Memphis» (pág. 22). Una vez dentro de la carpa, el pequeño Aureliano pone su mano sobre el hielo y, asustado, la retira en el acto, exclamando, «está hirviendo» (pág. 23).

El *círculo* es una imagen estática; pero el *ciclo* (círculo en movimiento) es, por otra parte, una imagen dinámica. En *Cien años de soledad*, tal imagen se denomina «la rueda giratoria». De ella García Márquez escribe lo siguiente:

> [Para Pilar Ternera] un siglo de naipes y de experiencia le había enseñado que la historia de la familia era un engranaje de repeticiones irreparables, una rueda giratoria que hubiera seguido dando vueltas hasta la eternidad, de no haber sido por el desgaste progresivo e irremediable del eje (pág. 334).

Esta imagen indica, por tanto, el porqué de los nombres repetidos y de los episodios reiterados. La técnica señala, desde luego, las consecuencias de la perspectiva dinámica y determinadora de la rueda giratoria.

Por otro lado, la rueda giratoria también puede considerarse como explicación teórica del realismo mágico de García Márquez y como el enlace entre el realismo mágico y la perspectiva mítica. «Realismo mágico», a veces llamado «lo real maravilloso», es uno de los términos indispensables para el conocimiento de la moderna literatura hispanoamericana. Lo han discutido Ángel Flores y Luis Leal, entre otros [11]. La discu-

---

[11] Son tantas, y tan diferentes, las ideas y definiciones del realismo mágico que Rodríguez Monegal denomina la controversia un «diálogo de sordos» (véase Rodríguez Monegal, «Realismo mágico vs. literatura fantástica: un diálogo de sordos», en *Otros mundos, otros fuegos: Fantasía y realismo mágico en Iberoamérica*, libro editado por Donald Yates [East Lansing, Michigan, 1975], págs. 25-39. Los trabajos reunidos aquí, presen-

sión de Flores no es muy iluminadora. Para éste, que fue (se dice) el primero en definir el concepto, el realismo mágico es algo «cold and cerebral and often erudite» («frío, cerebral y frecuentemente erudito»)[12], descripción aplicable más a Borges

tados en el XVI Congreso del Instituto Internacional de Literatura Iberoamericana, constituyen una base amplia [pero, desgraciadamente, no bien definida] para cualquier estudio sobre el realismo mágico en la literatura hispanoamericana).

[12] Ángel Flores, «Magical Realism in Spanish American Fiction», *Hispania*, 38 (1955), 189. Según Rodríguez Monegal, en su ponencia sobre el diálogo de sordos, fue Uslar Pietri, no Ángel Flores, quien, en 1948, aplicó por primera vez el término a las letras hispanoamericanas (pág. 29). Luis Leal, citado por Rodríguez Monegal, indica (véase la nota siguiente) que el inventor del término fue el crítico alemán Franz Roh, quien, hacia 1925, lo usó para describir el arte post-expresionista de los años veinte. Ahora bien: «magischer Realismus» sí se puede traducir como «realismo mágico», pero los términos se refieren a cosas muy distintas y, por lo tanto, no tienen el mismo significado. Como discutimos el «realismo mágico» de la literatura hispanoamericana en nuestro texto, no es necesario repetir dicha descripción aquí. Sin embargo, sí debemos señalar en esta nota que «magischer Realismus» se refiere a «die neue Sachlichkeit» (la nueva objetividad) del arte post-expresionista. Ya no se pintaba, como se hacía en el expresionismo de los primeros años del siglo, la vida interior de los personajes o de la naturaleza por medio de colores violentos, de la destrucción de la perspectiva y del espacio mimético (véase, por ejemplo, las pinturas de Kirchner, Heckel, Kokoschka y Nolde), sino que se pintaba la vida *exterior*, de modo objetivo, casi fotográfico (véase el «Retrato de sus padres», de Otto Dix, 1921). En los Estados Unidos el ambiente de un «magischer Realismus» de este estilo puede estudiarse en la obra de Edward Hopper. Sólo con ver, *en la pintura o en la arquitectura* (donde el movimiento paralelo es el «Bauhaus»), cómo se presenta el «magischer Realismus» se aclara —o debe aclararse— la confusión. El término «realismo mágico» no tiene nada que ver, aparte del nombre, con «magischer Realismus». En el prólogo de su libro, Franz Roh escribe lo siguiente: «El título 'Magischer Realismus' no tiene ningún valor especial. Pero como 'el post-expresionismo' solamente expresaba derivación y relación temporal, y el 'niño' debía tener su nombre propio, le añadimos al título, después de haber escrito el libro, el término 'realismo mágico'. Nos pareció, por lo menos, más exacto que el 'realismo ideal', que el 'verismo' y que el 'nuevo clasicismo', porque cada uno de estos términos solamente definía parte de la escuela. Además, bajo el 'surrealismo' se entiende, provisionalmente, otra cosa [...].» Véase Franz Roh, *Nach-Expressionismus. Magischer Realismus. Probleme der neuesten Europäischen Malerei* (Leipzig, 1925). Traducción nuestra.

o quizás a Carpentier que a escritores como Rulfo o García Márquez. Luis Leal explica que el realismo mágico no es nada más que «una actitud ante la realidad» que nos deja «captar el misterio que palpita en las cosas» [13]. Ahora bien: ¿qué actitud? Estas descripciones no aclaran el misterio del realismo mágico de García Márquez, para quien el problema más importante al escribir *Cien años de soledad* fue, dice él, «el destruir la línea de demarcación que separa lo que parece real de lo que parece fantástico. Porque en el mundo que trataba de evocar esa barrera no existía» [14]. ¿Cómo destruir esa línea? Por medio de la rueda giratoria, donde, según otro aforismo de Heráclito, son idénticos el camino ascendente y el descendente. Esto significa que, para García Márquez, lo mágico puede transformarse en lo real con la misma facilidad que lo real en lo mágico. Y, todavía más importante, que todo punto en la rueda giratoria tiene la misma validez ontológica. No hay un lugar que sea más real, o más mágico, que otro, porque todo puede intercambiarse y todo es parte de la misma «realidad total». Destruir de esta manera esa línea de demarcación entre lo fantástico y lo real es, en fin, realizar lo que se llama *coincidentia oppositorum*, técnica tan mítica como mística. Sin embargo, en vez de tratar de alcanzar, a través de un misticismo cristiano y tradicional, una visión trascendente donde toda la diversidad del mundo se disuelve en unidad universal, García Márquez no distingue desde el principio entre lo trascendental y lo inmanente, entre lo extraordinario y lo ordinario, entre lo mágico o lo fantástico y lo real. Aprendió esta técnica en la vida misma, en la observación de la gente a su alrededor:

> Una vez estaba bordando [mi tía] en el corredor cuando llegó una muchacha con un huevo de gallina muy peculiar, un huevo de gallina que tenía una protuberancia. No sé por qué esta casa era una especie de consultorio de todos los misterios del pueblo. Cada vez que había algo que nadie entendía, iban a la casa y pre-

---

[13] Luis Leal, «El realismo mágico en la literatura hispanoamericana», *Cuadernos Americanos*, 153 (julio-agosto de 1967), 232.
[14] Cita de Fernández-Braso, *Soledad*, pág. 119.

guntaban y, generalmente, esta señora, esta tía, tenía siempre la respuesta. A mí lo que me encantaba era la naturalidad con que resolvía estas cosas. Volviendo a la muchacha del huevo, le dijo: «Mire usted, ¿por qué este huevo tiene una protuberancia?» Entonces ella la miró y dijo: «Ah, porque es un huevo de basilisco. Prendan una hoguera en el patio.» Prendieron la hoguera y quemaron el huevo con gran naturalidad. Esa naturalidad creo que me dio a mí la clave de «Cien años de soledad», donde se cuentan las cosas más espantosas, las cosas más extraordinarias con la misma cara de palo con que esta tía dijo que quemaran en el patio un huevo de basilisco, que jamás supe lo que era [15].

No fue su tía la única en enseñarle esta técnica. La aprendió también de sus abuelos, y cada vez que surgían problemas en su novela sólo tenía que pensar en ellos para resolverlos:

> Tuve que vivir veinte años y escribir cuatro libros de aprendizaje para descubrir que la solución estaba en los orígenes mismos del problema: había que contar el cuento, simplemente, como lo contaban los abuelos. Es decir, en un tono impertérrito, con una serenidad a toda prueba que no se alteraba aunque se les estuviera cayendo el mundo encima, y sin poner en duda en ningún momento lo que estaban contando, así fuera lo más frívolo o lo más truculento, como si hubieran sabido aquellos viejos que en literatura no hay nada más convincente que la propia convicción [16].

Todo episodio, toda hazaña, ocupa el mismo nivel o estado ontológico. El ascenso al cielo de «Remedios, la bella» es tan válido ontológicamente, tan real, como el amor sexual entre Pilar Ternera y José Arcadio. El padre Nicanor levita mientras toma una taza de chocolate, y esta hazaña es la más natural del mundo. Los gitanos insisten, al exhibir un catalejo, que «la ciencia ha eliminado las distancias», que «dentro de poco, el hombre podrá ver lo que ocurre en cualquier lugar de la tierra sin moverse de su casa» (pág. 10). ¿Qué hecho, qué hazaña, en este mundo de *Cien años de soledad*, es el más verdadero?

---

[15] Gabriel García Márquez y Mario Vargas Llosa, *La novela en América Latina: diálogo* (Lima, 1968), págs. 15-16.
[16] Cita de Fernández-Braso, *Soledad*, pág. 120.

Ninguno, porque para García Márquez lo mágico y lo real constituyen una sola realidad. ¿No será esta idea de la perspectiva —junto con su tono impertérrito— la idea por medio de la cual *Cien años de soledad* se le presentó íntegra en la carretera de Ciudad de México a Acapulco?

El proceso que determina la «vida» de cada personaje y de cada cosa en la novela, incluso el desarrollo de cada tema, es igual para todos: la ley universal de la circularidad. La circularidad define, por lo tanto, la manera en que García Márquez utiliza los mitos en sí. Precisemos: García Márquez comienza con un mito cosmogónico, continúa con mitos «históricos» (el término proviene de Mircea Eliade), y termina, cerrando el círculo, con un mito apocalíptico o escatológico. Dado que la mayor parte de la novela se desarrolla dentro del mito «histórico», nos concentraremos en éste, especialmente en dos ciclos: el de la vida y el del incesto. Seguir la evolución total del mito en sí, de los ciclos de la vida y del incesto, es repetir en cierto modo la historia de la novela misma. Dedicamos el resto de nuestro análisis de *Cien años de soledad* a esta historia. Como todo mito universal, es una historia que comienza por una creación, es decir, con un mito cosmogónico.

EL MITO COSMOGÓNICO

Los mitos cosmogónicos narran la creación del universo, sobre los primeros hombres, el paraíso, los comienzos del conocimiento racional. En cierto sentido, se podría decir que *Cien años de soledad* no presenta un mito cosmogónico, porque describe no tanto la creación del universo como la fundación de una sociedad humana dentro de un universo ya hecho. Sin embargo, desde otra perspectiva más básica y estructural, los dos inicios, el de la sociedad y el del universo, son paralelos e idénticos. Toda génesis humana forma parte de la génesis cósmica; la humana «repitiendo» o «rehaciendo» la cósmica. Las palabras de Mircea Eliade sobre esta materia son muy pertinentes:

la colonización de una tierra nueva, desconocida y yerma, equivale al acto de creación [...]. Los fundadores repiten un acto primordial: la transformación del caos en un cosmos por medio del acto divino de la creación [17].

En *Cien años de soledad* se describe una cosmogonía semejante a la bíblica. En amplios rasgos, ambas obras trazan historias parecidas, desde el comienzo hasta el fin del mundo. Sin embargo, dado que a García Márquez no le interesaba escribir «una biblia colombiana», no hay que insistir en paralelos elaborados sistemáticamente y en gran detalle entre la *Biblia* y *Cien años de soledad*. Los paralelos generales que existen son importantes, pero hay que notar, por lo menos, una diferencia radical entre el mundo de García Márquez y el judeo-cristiano: la concepción del tiempo y de la historia de la *Biblia* es lineal, desde la creación, el Paraíso Terrenal, una raza elegida, la encarnación, la crucifixión, hasta el apocalipsis. Con una sola excepción —aunque ésta sí es asombrosa—, el tiempo, en *Cien años de soledad*, es cíclico. El autor colombiano comienza, recomienza y rehace, constantemente, su historia.

En la tradición judeo-cristiana, el mito cosmogónico se encuentra en los tres primeros capítulos del *Génesis*, desde la creación del mundo hasta la expulsión de Adán y Eva del Paraíso Terrenal. En *Cien años de soledad*, los detalles cosmogónicos se hallan en los dos primeros capítulos. Según las imágenes y el contenido de la segunda y tercera oración de la novela, García Márquez parece comenzar su relato poco después de la creación universal:

> Macondo era entonces una aldea de veinte casas de barro y cañabrava, construidas a la orilla de un río de aguas diáfanas que se precipitaban por un lecho de piedras pulidas, blancas y enormes como huevos prehistóricos. El mundo era tan reciente, que muchas cosas carecían de nombre, y para mencionarlas había que señalarlas con el dedo (pág. 9).

---

[17] Mircea Eliade, *Le mythe de l'éternel retour; archétypes et répétitions*. Nouvelle édition (Paris, 1969), pág. 10. Traducción nuestra.

El mundo de Cien años de soledad —que surge de la memoria del coronel Aureliano Buendía sobre su niñez— es, por tanto, un mundo primordial. También es un mundo perfecto. Según Erich Neumann, el huevo (en García Márquez, los «huevos prehistóricos») es el símbolo arcaico y famoso de la perfección, de los orígenes del mundo y también de los orígenes del conocimiento racional:

> Lo esférico es el huevo, el Huevo Mundo filosófico, el núcleo del comienzo y el germen del cual, como nos enseña la humanidad, siempre proviene el mundo. También es el estado perfecto en el cual los contrarios se unen: el comienzo, porque los contrarios todavía no han sido separados y el mundo todavía no ha comenzado; el fin, porque en él los contrarios otra vez han sido reunidos sintéticamente y el mundo está otra vez en paz [18].

Este mundo de Macondo prehistórico y prelingüístico («muchas cosas carecían de nombre») es perfecto, entero, monístico y, por lo tanto, estático. Esta condición no perdura, ni en el *Génesis* ni en *Cien años de soledad;* ya que el lenguaje, en el sentido mítico-religioso de la «palabra», del *logos*, indica no solamente los comienzos del universo, sino también los principios del conocimiento racional. No hay pensamiento racional sin lenguaje, y no hay lenguaje, por lo menos en el mundo occidental, que se establezca sin crear a la vez la dualidad o, como diría Foucault, la ruptura o discontinuidad radical. Decir una sola palabra, no importa cuál, es conseguir la separación entre *esto* y lo *otro*. Los comienzos del pensamiento racional (y, paradójicamente, del pensamiento irracional y científico de los Buendía) coinciden con la llegada de los gitanos en la cuarta oración de la novela. Ellos traen a Macondo un lenguaje técnico y científico, es decir, un lenguaje civilizado y civilizador. Plantando su carpa cerca de la aldea, dan «a conocer los nuevos inventos» (pág. 9).

---

[18] Erich Neumann, *Ursprungsgeschichte des Bewusstseins*. Prólogo de C. G. Jung (Zürich, 1949), págs. 22-23. Traducción nuestra.

En estas primeras páginas se mezclan características de visiones edénicas, utópicas y arcádicas [19]. La arcadia es rural y mira hacia el pasado; la utopía es más urbana y se concibe con la cara volteada hacia el futuro. Ambas son trazadas por el hombre; pero un Jardín del Edén, o un Paraíso Terrenal, sólo puede ser creación divina. El Paraíso Terrenal es un *locus amoenus* en el pasado remoto de la humanidad. El Paraíso Celestial, por contraste, es un *locus amoenus* en un futuro milenario. La utopía, según Frank E. y Fritzie P. Manuel, es:

> un paraíso, hecho por el hombre, en la tierra; es una usurpación de la omnipotencia divina. Es un acto, como el de Prometeo, en contra del orden actual en el mundo, y aunque el nuevo orden tiene por lo general algo de las cualidades maternales y dulces de un paraíso religioso, su fundador es un denodado héroe humano: el Rey Utopo fue un conquistador que cortó el cordón umbilical, un pedazo de tierra que, una vez, había ligado la isla de Utopía con la tierra firme [20].

Macondo se parece ligeramente al Paraíso Terrenal. Allí viven los fundadores de la estirpe. José Arcadio Buendía sería, desde luego, un segundo Adán. Se parece a una utopía por ser fundada por hombres y por ser aldea en vez de jardín. Y se parece a una arcadia porque está aislada: la convivencia es pacífica y primitiva; su ambiente refleja el nombre de su fundador, José *Arcadio* Buendía. De todos modos, como a García Márquez evidentemente no le interesaba distinguir con precisión entre Paraíso Terrenal, Utopía y Arcadia, no hay por qué preocuparnos de clasificar a Macondo como uno de ellos principal o exclusivamente. Por ejemplo, si se persiste en clasificar a Macondo

---

[19] Estos términos han sido analizados y comparados, los unos con los otros, por el crítico norteamericano Harry Levin, en *The Myth of the Golden Age in the Renaissance* (1969; rpt. New York, 1972). Véanse, en especial, el capítulo titulado «Prehistory» y el diagrama en la página 9.

[20] Frank E. y Fritzie P. Manuel, «Sketch for a Natural History of Paradise», en *Myth, Symbol and Culture*, editado por Clifford Geertz (New York, 1974), págs. 120-121. Véase también, en general, su magnífico e inmenso estudio más reciente, *Utopian Thought in the Western World* (Cambridge, Mass., 1979), 896 páginas.

como Paraíso Terrenal, entonces se tendrá el problema de cómo entender a José Arcadio Buendía, quien, al matar a un hombre y cometer incesto, dista mucho de ser un Adán inocente. Este Buendía quizás se parece más a otros personajes bíblicos: Caín, Jacob, Moisés. Por ejemplo, la estirpe que él funda trae a la memoria —por razones que serán evidentes más adelante en nuestro estudio— a la de Caín.

Moisés y Jacob son modelos (quizás anti-modelos) en la fundación de Macondo. Después de ser expulsados de su comunidad, José Arcadio Buendía y Úrsula, en compañía de otras parejas igualmente atrevidas, buscan «la tierra que nadie les había prometido» (pág. 27), no la tierra prometida de los hebreos guiados por Moisés. El viaje dura dos años (no cuarenta, como en la *Biblia*). Los aventureros viajan por selvas inhabitables, llanuras inmensas y montañas altas, perdiéndose en los interminables pantanos de una ciénaga. Al cabo de varios meses de andar perdidos, acampan «a la orilla de un río cuyas aguas parecían un torrente de vidrio helado» (pág. 28). A José Arcadio Buendía le sucede lo que le sucedió a Jacob, quien funda la ciudad Beth-el (Luz) a consecuencia de un sueño (*Génesis*, 28: 19).

> José Arcadio Buendía soñó esa noche que en aquel lugar se levantaba una ciudad ruidosa con casas de paredes de espejo. Preguntó qué ciudad era aquella y le contestaron con un nombre que nunca había oído, que no tenía significado alguno, pero que tuvo en el sueño una resonancia sobrenatural: Macondo. Al día siguiente convenció a sus hombres de que nunca encontrarían el mar. Les ordenó derribar los árboles para hacer un claro junto al río, en el lugar más fresco de la orilla, y allí fundaron la aldea (pág. 28).

Al principio, Macondo fue una arcadia-utopía con gente contenta, una aldea bien administrada y bien planeada. José Arcadio Buendía había

> dispuesto de tal modo la posición de las casas, que desde todas podía llegarse al río y abastecerse de agua con igual esfuerzo, y trazó las calles con tan buen sentido que ninguna casa recibía más sol que otra a la hora del calor. En pocos años, Macondo fue una

aldea más ordenada y laboriosa que cualquiera de las conocidas hasta entonces por sus 300 habitantes. Era en verdad una aldea feliz, donde nadie era mayor de treinta años y donde nadie había muerto (págs. 15-16).

No existen ni la enfermedad, ni la vejez, ni la muerte. No se conocen ni el hambre ni la pobreza. La gente, al igual que en todo lugar bucólico, vive en armonía con la naturaleza. Unos árboles gigantescos dan sombra en el calor tropical, y por todos lados se oye el canto de los pájaros.

Este mundo también se parece al descubierto y descrito por muchos exploradores y españoles en el siglo XVI. La idea del nuevo mundo como arcadia-utopía-paraíso comienza con Colón, quien, en su primer viaje, describe idílicamente, en una prosa elemental, a los taínos de las Antillas y, en su tercer viaje, piensa haber descubierto el Paraíso Terrenal (véase el *Diario* de Colón, 21 de febrero de 1493). Son muchas las descripciones idílicas e idealizadas del nuevo mundo. He aquí una típica, en *De Orbe Novo*, de Pedro Mártir de Anghiera:

> Tienen ellos por cierto que la tierra, como el sol y el agua, es común y que no debe haber entre ellos *meum* y *tuum*, semillas de todos los males, pues se contentan con poco [...]. Para ellos es la edad de oro. No cierran sus heredades ni con fosos, ni con paredes, ni con setos; viven en huertos abiertos, sin leyes, sin libros, sin jueces; de su natural veneran al que es recto; tienen por malo y perverso al que se complace en hacer injuria a cualquiera [21].

---

[21] Cita de Pedro Henríquez Ureña, *Las corrientes literarias en la América Hispánica* (1949; reed., México, 1978), pág. 19. A veces la idealización del Nuevo Mundo toma la forma de alusiones directas al Paraíso Terrenal. Considérese, por ejemplo, la siguiente descripción de Américo Vespuccio:

> [...] y el canto de los otros pájaros que estaban en los árboles, era cosa tan suave y de tanta melodía que nos ocurrió muchas veces quedarnos suspensos por su dulzura. Sus árboles [es decir, los del nuevo territorio] son de tanta belleza y de tanta suavidad que pensamos estar en el Paraíso Terrenal [...].

> [...] e il canto degli altri uccelli, che istavano negli alberi era cosa tam suave, e di tanta melodia, che ci accadde molte volte istar

El mundo de los Buendía 77

Éste es el hombre natural tan elogiado por Montaigne y muchos otros, y constituido por Rousseau en centro de su teoría de la civilización. El ambiente idílico e idealizado de esta vida se parece mucho al de los Buendía. Es obvio que los Buendía no son imágenes del «buen salvaje». Ellos mismos se diferencian de los indios. Sin embargo, quizás García Márquez ve en la vida primitiva del campesino colombiano algo semejante a lo que vieron los primeros europeos en Hispanoamérica. Aunque las casas, las vidas y la organización social de los campesinos, como las de los primeros Buendía, son más «civilizadas» que las de los taínos descritos por Pedro Mártir de Anghiera, ambas visiones —la del campesino o la del taíno— se nutren de una misma nostalgia por una vida lejana y, en la mayoría de los casos, ya inexistente.

En *Cien años de soledad* inclusive la arquitectura del campesino del siglo XIX se ha idealizado. Todas las casas de Macondo fueron construidas a «imagen y semejanza» (pág. 15) de la de José Arcadio Buendía: casa típica de campesino colombiano (que todavía se encuentra), pero un poco poetizada, mejorada y ampliada:

> [La casa] tenía una salita amplia y bien iluminada, un comedor en forma de terraza con flores de colores alegres, dos dormitorios, un patio con un castaño gigantesco, un huerto bien plantado y un corral donde vivían en comunidad pacífica los chivos, los cerdos y las gallinas (pág. 15).

Los fundadores del pueblo, José Arcadio Buendía y Úrsula Iguarán de Buendía, modelos de virtud y laboriosidad, también han sido idealizados. Otra vez se nota el paralelo bíblico:

> Al principio, José Arcadio Buendía era una especie de patriarca juvenil, que daba instrucciones para la siembra y consejos para la crianza de niños y animales, y colaboraba con todos, aun en el trabajo físico, para la buena marcha de la comunidad (pág. 15).

---

parati per la dolcezza loro. Gli alberi loro sono di tanta bellezza, e di tanta soavità, che pensammo essere nel Paradiso terrestre [...].

Véase Américo Vespuccio, *El Nuevo Mundo: Cartas relativas a sus viajes y descubrimientos* (Buenos Aires, 1951), págs. 98-101.

La laboriosidad de Úrsula andaba a la par con la de su marido. Activa, menuda, severa, aquella mujer de nervios inquebrantables, a quien en ningún momento de su vida se la oyó cantar, parecía estar en todas partes desde el amanecer hasta muy entrada la noche, siempre perseguida por el suave susurro de sus pollerines de olán. Gracias a ella, los pisos de tierra golpeada, los muros de barro sin encalar, los rústicos muebles de madera construidos por ellos mismos estaban siempre limpios, y los viejos arcones donde se guardaba la ropa exhalaban un tibio olor de albahaca (pág. 15).

Sin embargo, Macondo, como la mayoría de las sociedades «ideales», parece estar destinado a fallecer. Es inevitable este proceso porque el conflicto y el dualismo existen aun en el paraíso; Frank E. y Fritzie P. Manuel destacan estas características al describir «el carácter polarizante del estado paradisíaco»:

> la inocencia de Edén y el engaño de la serpiente, el cielo y el infierno, los horrores de este mundo y las glorias de la época del Mesías y del milenio, la utopía de Atenas y la distopía de Atlantis, la felicidad del buen salvaje y las amarguras de la civilización. El carácter antitético del paraíso, la unión con la negación, quizás indica su origen primitivo, como esas palabras que, en los sueños, significan lo opuesto de lo que dicen [22].

Macondo es, al principio, una «isla» en la selva, tan separada de la vida nacional como lo fue la isla del rey Utopo de la tierra firme. «Carajo», grita José Arcadio Buendía al ver el mar al cabo de su primer viaje de exploración [24], «Macondo está ro-

---

[22] Frank E. y Fritzie Manuel, «Sketch for a Natural History of Paradise», pág. 85. Traducción nuestra.

[23] Para los colombianos del siglo XIX, el viaje a ver el mar fue una experiencia como el *Bildungsreise* de los alemanes de los siglos XVIII y XIX. Dicho viaje se consideraba simplemente necesario para completar el proceso de maduración personal. Rafael Uribe Uribe, modelo histórico para el coronel Aureliano Buendía, hizo, de joven, un viaje para «conocer el mar». Eduardo Santa describe el fenómeno: «para las gentes del interior de la república, acostumbradas a contemplar cotidianamente las altas cordilleras andinas coronadas de blancos nevados y de escarpados riscos, 'ir al mar' era algo así como una grata ilusión, un deseo que habría de

deado de agua por todas partes» (pág. 18). Imposible es que el individuo o el pueblo permanezcan «a-islados». Melquíades sólo tiene que ofrecerle a José Arcadio Buendía la fruta de su Árbol de la Sabiduría, y el patriarca juvenil pierde fácilmente su inocencia: agarra los imanes de Melquíades. Si hubiera obedecido los consejos razonables de su mujer (notemos aquí la inversión del modelo de Adán y Eva), su frágil utopía-arcadia-paraíso quizás hubiera perdurado. Pero el primer Buendía no puede resistir a las tentaciones de la sabiduría: ciencia, alquimia, inventos, tecnología.

Una vez sometido a la influencia de Melquíades, José Arcadio Buendía olvida cómo gobernar y cómo vivir. En pocos días, muchos de los habitantes del pueblo lo tienen por loco, por «víctima de algún extraño sortilegio»:

> Aquel espíritu de iniciativa social desapareció en poco tiempo, arrastrado por la fiebre de los imanes, los cálculos astronómicos, los sueños de trasmutación y las ansias de conocer las maravillas del mundo. De emprendedor y limpio, José Arcadio Buendía se convirtió en un hombre de aspecto holgazán, descuidado en el vestir, con una barba salvaje que Úrsula lograba cuadrar a duras penas con un cuchillo de cocina (pág. 16).

Desprecia a sus amigos y a su familia. Torturado por la idea de que «en el mundo están ocurriendo cosas increíbles [...] mientras nosotros seguimos viviendo como burros» (pág. 15), sin capacidad para tolerar el estado armónico y aburridor de la autosuficiencia, José Arcadio Buendía se deja seducir por las cosas «increíbles» del mundo. De un estado de armonía cae en uno de discordia; es decir, pasa de la unidad a la dualidad. Al resto del pueblo, que sigue a veces ciegamente a su patriarca juvenil, le sucede lo mismo. Todos entran en la discordia de la historia. Durante largos años, José Arcadio Buendía existe en un estado de dualidad, hasta que por fin llega el momento en que se encuentra, casi sin quererlo, una vez más, en un estado paradisíaco.

---

ser cumplido algún día en la vida». Véase Santa, *Rafael Uribe Uribe* (Medellín, Colombia, 1973), pág. 47.

Los mitos cosmogónicos son mitos, diríamos, prehistóricos. Los mitos «históricos» (que comienzan después de la pérdida de la inocencia primordial) describen, por lo general, lo que les sucede a los dioses y a los super-héroes. Como no tenemos dioses en *Cien años de soledad*, los mitos históricos de la novela narran las hazañas de sus héroes. Para seguir bien la dinámica de estos mitos, nos hemos concentrado en dos crónicas distintas pero íntimamente relacionadas: la historia de la vida de los personajes y la historia de sus amores.

EL CICLO DE LA VIDA

En *Cien años de soledad*, la vida es cíclica; también lo es la historia. Al incorporar la historia de Colombia en la vida de uno de los personajes principales, García Márquez demuestra cómo la historia (fuera de la novela) puede utilizarse para crear un mito cíclico (dentro de la novela). La concepción cíclica de la vida que tiene García Márquez se destacará claramente al analizar las biografías del coronel Aureliano Buendía y de su madre Úrsula Iguarán de Buendía. Este hombre y esta mujer, quizás los «héroes» de la novela, recorren típicas y representativas trayectorias.

El carácter del coronel Aureliano Buendía se construye a base de tres modelos. Dentro de la novela es su padre, José Arcadio Buendía, el modelo principal. Fuera, los modelos son dos: el uno, el abuelo de García Márquez; el otro, el legendario general colombiano Rafael Uribe Uribe, quien luchó (y perdió) en la causa liberal, en «la guerra de los mil días» (1899-1902). Las guerras civiles en *Cien años de soledad* se basan, en su mayor parte, en este período y en el de la historia colombiana llamado «la violencia», que, a partir del «bogotazo», en abril de 1948, duró más de dos décadas. (El «bogotazo» fue tres días de matanza y de violencia general que siguieron al asesinato de Jorge Gaitán, revolucionario liberal y candidato para Presidente de la República.) Muchos de los detalles de la vida del coronel Aureliano Buendía parecen derivados de las leyendas y de las historias sobre Rafael Uribe Uribe.

De todos los hombres de la familia, el coronel es el más marcado por la «soledad». Este destino ya se había manifestado antes de su nacimiento. Su madre Úrsula, en la lucidez de la vejez, recuerda haber pensado que los lamentos de su hijo en el vientre indicaban su incapacidad para el amor (pág. 214). De todos los Buendía, él es el que más dificultades encuentra para establecer amistades o relaciones íntimas con otro ser humano. Sigamos las etapas de la vida de este hombre solitario: primero, su nacimiento y juventud; luego, su madurez (en la cual se convierte en héroe nacional); después, su vejez (en la cual experimenta una santidad extraña); y, finalmente, su muerte.

Su nacimiento se describe así:

> Había llorado en el vientre de su madre y nació con los ojos abiertos. Mientras le cortaban el ombligo movía la cabeza de un lado a otro reconociendo las cosas del cuarto, y examinaba el rostro de la gente con una curiosidad sin asombro. Luego, indiferente a quienes se acercaban a conocerlo, mantuvo la atención concentrada en el techo de palma, que parecía a punto de derrumbarse bajo la tremenda presión de la lluvia (pág. 20).

Aunque Úrsula había temido que iba a nacer con cola de puerco, nació con todas las partes humanas: fue «el primer ser humano que nació en Macondo» (pág. 20). Los aldeanos, sabiendo que Aureliano había llorado en el vientre materno antes de nacer, opinaban que estaba destinado a ser profeta; sin embargo, su padre, José Arcadio Buendía, creía más bien que sería ventrílocuo. Su habilidad mental al nacer, y el gran futuro que le esperaba, lo asocian con el arquetipo de niño divino estudiado por Jung y sus colegas. Este arquetipo incluye, por ejemplo, al niño Jesús, al infante Krishna, a héroes clásicos como Hércules y folklóricos como Paul Bunyan, literarios y picarescos como Schelmuffsky (siglo XVII), del alemán Christian Reuter, y aun parodias, como Oskar Matzerath, personaje central de *Die Blechtrommel* (*El tambor de hojalata*) de Günter Grass (siglo XX) [24]. Sería muy interesante trazar las vicisitudes del héroe

---

[24] Véase, por ejemplo, el siguiente artículo nuestro, «The Anti-Faustian Ethos of *Die Blechtrommel*», *Journal of European Studies*, 9 (1979), 174-184.

en las culturas occidentales a través de sus relaciones con el arquetipo del niño divino. Ese trabajo, claro está, no entra en nuestro enfoque.

Regresemos al tema: como todo niño divino, Aureliano es muy precoz, y esto lo separa de otros niños «normales». Parece conocer los secretos de la naturaleza y la vida interior de las cosas. Por ejemplo, al entrar un día en la cocina, a los tres años, ve una olla de caldo hirviendo que Úrsula acababa de poner en la mesa, y dice, «se va a caer».

> La olla estaba bien puesta en el centro de la mesa, pero tan pronto como el niño hizo el anuncio, inició un movimiento irrevocable hacia el borde, como impulsada por un dinamismo interior, y se despedazó en el suelo (págs. 20-21).

Por lo tanto, la olla parece tener «alma» o vida propia. Objetos como éste pueden existir solamente en un mundo en el cual no hay diferencia esencial entre lo animado y lo inanimado, donde todas las cosas viven y tienen alma. En tal mundo impera un punto de vista primitivista y mítico-religioso. Para García Márquez, destruir de esta manera la distancia entre lo animado y lo inanimado es examinar el mundo objetivo a la luz del realismo mágico [25].

Dado que Aureliano ha «revelado desde el primer momento una rara intuición alquímica» (pág. 28), se interesa mucho por el laboratorio de su padre. Años después, ya maduro, el coronel encontrará manera de aplicar sus conocimientos: retirándose de su carrera nacional y «política», pasa el tiempo haciendo y rehaciendo pescaditos de oro. Sus intuiciones no son solamente alquímicas, pues posee, hasta cierto punto, el don de la profecía (los aldeanos habían tenido razón): profetiza, de niño, la lle-

---

[25] La animación del mundo entero es, como hemos visto en nuestra introducción, una constante en las sociedades primitivas, cuyas interpretaciones del mundo son sumamente míticas. Véanse, por ejemplo, Lucien Lévy-Bruhl, *L'âme primitive* (Paris, 1927) y Henri y H. A. Frankfort, *Before Philosophy* (1946; reed., Baltimore, 1971), especialmente el primer capítulo.

gada de Rebeca (pág. 41) y, muchos años después, en medio de una de las guerras civiles que está perdiendo, escribe una carta a su madre con estas líneas: «Cuiden mucho a papá porque se va a morir» (pág. 123). Úrsula, asustada, piensa que «si Aureliano lo dice, Aureliano lo sabe» y, con la ayuda de siete hombres, traslada a José Arcadio Buendía de su estancia «bajo el castaño» (pág. 123) a la cama. Poco después sucede lo que había anunciado Aureliano y muere el fundador de Macondo.

Al llegar a su mayoría de edad, el coronel Aureliano Buendía parece perder muchos de sus poderes heroicos y divinos. Durante algunos años, especialmente antes e inmediatamente después de su matrimonio con Remedios Moscote, es un hombre muy ordinario; y, a la verdad, José Arcadio, su hermano mayor, vive y se comporta de una manera mucho más heroica. Aureliano no se convierte en héroe sino en el momento en que se dedica a una gran causa, la guerra. Entonces experimenta una transformación enorme; se cambia el nombre; su apariencia física se altera:

> Don Apolinar Moscote [su suegro] tuvo dificultades para identificar aquel conspirador de botas altas y fusil terciado a la espalda con quien había jugado dominó hasta las nueve de la noche.
> —Esto es un disparate, Aurelito —exclamó.
> —Ningún disparate —dijo Aureliano—. Es la guerra. Y no me vuelva a decir Aurelito, que ya soy el coronel Aureliano Buendía (pág. 93).

Como lo hizo con la Mamá Grande, García Márquez enumera las hazañas del coronel. Es un largo catálogo épico:

> El coronel Aureliano Buendía promovió treinta y dos levantamientos armados y los perdió todos. Tuvo diecisiete hijos varones de diecisiete mujeres distintas, que fueron exterminados uno tras otro en una sola noche, antes de que el mayor cumpliera treinta y cinco años. Escapó a catorce atentados, a setenta y tres emboscadas y a un pelotón de fusilamiento. Sobrevivió a una carga de estricnina en el café que habría bastado para matar un caballo.

Rechazó la Orden del Mérito que le otorgó el presidente de la República. Llegó a ser comandante general de las fuerzas revolucionarias, con jurisdicción y mando de una frontera a la otra, y el hombre más temido por el gobierno, pero nunca permitió que le tomaran una fotografía. Declinó la pensión vitalicia que le ofrecieron después de la guerra y vivió hasta la vejez de los pescaditos de oro que fabricaba en su taller de Macondo. Aunque peleó siempre al frente de sus hombres, la única herida que recibió se la produjo él mismo después de firmar la capitulación de Neerlandia que puso término a casi veinte años de guerras civiles (pág. 94).

A pesar de su fama creciente, o quizás a causa de ella, el coronel sigue siendo un hombre solitario, diferente de los demás Buendía. Su aura peculiar de un ser apartado y único se debe a una experiencia específica. Relatémosla aquí. La primera vez que regresa de la guerra no llega a Macondo como héroe victorioso, sino como prisionero condenado a muerte:

> Parecía un pordiosero. Tenía la ropa desgarrada, el cabello y la barba enmarañados, y estaba descalzo. Caminaba sin sentir el polvo abrasante, con las manos amarradas a la espalda con una soga que sostenía en la cabeza de su montura un oficial de a caballo (página 109).

Al visitarlo en la cárcel, Úrsula lo encuentra «más pálido que cuando se fue, un poco más alto y más solitario que nunca» (pág. 111). Desde el momento en que entra en el cuarto donde está preso su hijo, «Úrsula se [siente] cohibida por la madurez de su hijo, por su aura de dominio, por el resplandor de autoridad que [irradia] su piel» (pág. 111).

Aunque al coronel Aureliano Buendía lo han traído a Macondo para fusilarlo, los oficiales, temiendo la venganza del pueblo, no quieren obedecer la orden de fusilamiento. Pasan los días. Pero al fin, un martes muy de mañana, lo sacan de la cárcel y lo ponen de pie, de espaldas contra el muro del cementerio. Seis soldados componen el pelotón de fusilamiento.

El mundo de los Buendía 85

«Tanto joderse uno», murmuraba el coronel Aureliano Buendía. «Tanto joderse para que lo maten a uno seis maricas sin poder hacer nada.» Lo repetía con tanta rabia, que casi parecía fervor, y el capitán Roque Carnicero se conmovió porque creyó que estaba rezando. Cuando el pelotón lo apuntó, la rabia se había materializado en una sustancia viscosa y amarga que le adormeció la lengua y lo obligó a cerrar los ojos. Entonces desapareció el resplandor de aluminio del amanecer, y volvió a verse a sí mismo, muy niño, con pantalones cortos y un lazo en el cuello, y vio a su padre en una tarde espléndida conduciéndolo al interior de la carpa, y vio el hielo. Cuando oyó el grito, creyó que era la orden final al pelotón. Abrió los ojos con una curiosidad de escalofrío, esperando encontrarse con la trayectoria incandescente de los proyectiles, pero sólo encontró al capitán Roque Carnicero con los brazos en alto, y a José Arcadio atravesando la calle con su escopeta pavorosa lista para disparar (pág. 115).

Con esta escena había comenzado García Márquez su novela. A más de cien páginas del inicio la describe minuciosamente. Esta ejecución —o no-ejecución— es la inquietante experiencia de la cual el coronel Aureliano Buendía sale alterado por completo. Desde este momento, inicio de otra guerra civil, hasta su muerte, vive sin sentir ninguna de las ordinarias emociones humanas. En medio de toda actividad, de la guerra y de la fama, crece su soledad hasta aislarlo totalmente. Después de esta ejecución fallida, la gente lo transforma en un héroe legendario. Como la Mamá Grande, y como lo habría de ser el patriarca, él también parece ser omnipresente:

Así empezó la leyenda de la ubicuidad del coronel Aureliano Buendía. Informaciones simultáneas y contradictorias lo declaraban victorioso en Villanueva, derrotado en Guacamayal, devorado por los indios Motilones, muerto en una aldea de la ciénaga y otra vez sublevado en Urumita (pág. 116).

Estos detalles y otros semejantes son tan exagerados que es difícil pensar que podrían existir fuera de la fértil imaginación de García Márquez. Sin embargo, él se apoya aquí en la historia de Colombia, en particular en la historia de la guerra de los mil días. Existía en esos tiempos un grupo de «revolucionarios urbanos» cuyo único deber era el de confundir a la gente, «trasmitir a las guerrillas falsas noticias alimentadoras de ilusiones, de pintar, a unas, imaginarios triunfos de las otras y de excitar a todas ellas a continuar la revolución»[26]. Claro está, la difusión de falsas noticias con motivo de animar a los combatientes no es un fenómeno histórico exclusivamente colombiano.

La próxima vez que el coronel Aureliano Buendía regresa a Macondo, se encuentra de nuevo cara a cara con la muerte: toma una taza de café que «tenía una carga de nuez vómica suficiente para matar un caballo» (pág. 120). Luego, mientras recobra la salud, empieza a escribir poesía para resolver «en versos rimados sus experiencias a la orilla de la muerte. Entonces sus pensamientos se hicieron tan claros, que pudo examinarlos al derecho y al revés» (pág. 121). Entiende entonces que no está luchando por «el gran partido liberal que no significa nada para nadie» (pág. 121), sino por su orgullo personal.

La conducta de la guerra del coronel Aureliano Buendía se parece en muchos detalles a las campañas del general Rafael Uribe Uribe. Al igual que Uribe Uribe (véase *RUU*, págs. 279 y sigs.), el coronel Aureliano Buendía utiliza soldados exiliados, obliga a sus tropas a resistir largas marchas por la selva (véase *RUU*, págs. 226 y sigs.), y escribe cartas a su «enemigo» en el partido conservador, José Raquel Moncada, invitándolo «a una campaña para humanizar la guerra» (pág. 130). En la historia colombiana, la figura equivalente a José Raquel Moncada es la

---

[26] Eduardo Santa, *Rafael Uribe Uribe* (Medellín, Colombia, 1973), página 131. En adelante las citas se incluyen en el texto de la siguiente manera (*RUU, pág. ...*). Véanse los siguientes trabajos sobre el uso de la historia en *Cien años de soledad*: Lucila Inés Mena, «El General Rafael Uribe Uribe como modelo histórico del coronel Aureliano Buendía en *Cien años de soledad*», *Revista Interamericana de Bibliografía* (Washington, D. C.), 25, núm. 2 (1975), 150-168 [ya habíamos escrito esta parte de nuestro estudio cuando llegó el artículo de la profesora de Mena a nuestra atención]; Lucila de Mena, *La función de la historia en «Cien años de soledad»* (Barcelona, 1979); Gustavo Alfaro, *Constante de la historia de Latinoamérica en García Márquez* (Cali, Colombia, 1979).

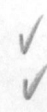

del general conservador Pedro Nel Ospina, a quien Rafael Uribe Uribe le escribe largas epístolas. En una de ellas le dice que le complace tenerlo por «contrincante», porque «entre los dos no perderemos esfuerzo por civilizar la guerra» (*RUU*, pág. 250). Cuando el coronel Aureliano Buendía retorna a Macondo una vez más, y ésta victorioso, Úrsula tiene la impresión «de que su hijo era un intruso» en su casa (pág. 138). Regresa «más alto que cuando se fue, más pálido y óseo» (pág. 138), más solitario que nunca. Además, «impartió órdenes de una severidad terminante, y no permitió que nadie se le acercara a menos de tres metros, ni siquiera Úrsula» (pág. 138). «Dios mío», se dice Úrsula, alarmada, «Ahora parece un hombre capaz de todo» (pág. 138). Y lo es. Hasta puede ordenar la ejecución del benévolo general conservador José Raquel Moncada. «En la soledad de su inmenso poder» (pág. 146), aislado por su círculo de tiza protector, solamente tiene que pensar en algo para que se cumpla [27]. Su omnipotencia es semejante a la divina. Por ejemplo, el coronel no manda matar al general Teófilo Vargas, y hasta dice, «no esperen que yo dé esa orden» (página 146). Sin embargo, quince días después de pensar tal cosa, «el general Teófilo Vargas fue despedazado a machetazos en una emboscada» (pág. 146). Úrsula opina que su abuso del poder

---

[27] La frase «en la soledad de su inmenso poder» anticipa otras semejantes en *El otoño del patriarca*. El círculo de tiza protector trae a la memoria un círculo semejante en «Los funerales de la Mamá Grande» (véase *Todos los cuentos*, pág. 194) y anticipa los círculos protectores alrededor del patriarca. En los tres casos —en el del coronel Aureliano Buendía, en el de la Mamá Grande y en el del patriarca— la imagen del círculo conlleva el mismo significado. Según Freud, en *Totem und Tabu* (*Totem y tabú*), el contacto con personas de gran poder, sea poder religioso o secular y político, suele ser muy peligroso. Estas figuras poderosas deben ser protegidas de la gente común y corriente; y la gente, por su parte, debe protegerse contra ellas. Por tanto, se construye, frecuentemente, una pared o un alambrado que rodea por completo a las figuras poderosas. Éstas llegan a constituirse en figuras «tabú». Véase Sigmund Freud, *Totem und Tabu: Einige Übereinstimmungen im Seelenleben der Wilden und der Neurotiker* (1912), en *Gesammelte Werke*, vol. 9 (Frankfurt, 1961).

demuestra una degeneración moral casi total: es como si verdaderamente hubiera nacido con cola de puerco.

Este abuso del poder ocurre en la peor época de su vida. Pero un día, de repente, mientras trabaja en su taller de platería, encuentra su verdadera vocación: «Había tenido que promover 32 guerras, y había tenido que violar todos sus pactos con la muerte y revolcarse como un cerdo en el muladar de la guerra, para descubrir con casi cuarenta años de retraso los privilegios de la simplicidad» (pág. 149). Decide vivir pacífica y simplemente como orfebre; paradójicamente, sólo puede alcanzar este objeto por medio de otra guerra civil, esta vez una guerra que asegura no la victoria sino la derrota. Aunque parezca increíble, ésta fue, históricamente, la misma motivación de las últimas campañas del general Rafael Uribe Uribe (*RUU*, páginas 285, 290 y sigs.). El coronel Aureliano Buendía «nunca fue mejor guerrero que entonces» (pág. 149). Al cabo de un año, este «guerrero mítico» (pág. 150) consigue la deseada derrota; pasa prácticamente otro año persuadiendo a sus tropas de que acepten los términos del armisticio (pág. 149). Se firma el tratado en «la sombra de una ceiba gigantesca en torno a la cual había de fundarse más tarde el pueblo de Neerlandia» (pág. 154). No obstante la sensación de exotismo y fantasía que evoca el topónimo, es vocablo que tiene su origen en la historia de Colombia, pues la guerra de los mil días termina con un tratado firmado (el día 24 de octubre de 1902) en la Hacienda de Neerlandia. En el episodio histórico, una vez completadas las formalidades, se sirve a estos antiguos enemigos «un suculento sancocho de gallina». Después del almuerzo, «el general Lacouture grabó con la punta de la espada, en el suelo que ocupaba la mesa a que se sentaron los signatarios del pacto, una cruz, como señal de que en ese sitio debía sembrarse el árbol de la Paz» (*RUU*, pág. 298).

Una vez firmado el tratado, el coronel Aureliano Buendía se retira a una tienda de campaña, se quita la camisa y se pega un tiro en el corazón, o en el lugar donde piensa que está el corazón. Pasa la bala sin tocar un solo órgano vital. Al recobrar la salud, sólo tiene que examinar la casa, otra vez renovada por

Úrsula, «para no volver a pensar en la guerra» (pág. 157). Se dedica a manufacturar pescaditos de oro (quizás, etimológica y simbólicamente, su nombre «Aureliano» tiene algo que ver con el oro, en latín, «aurum»). La artesanía se convierte, para él, en una forma de meditación, requiriendo

> tanta concentración [...] que no le quedaba un solo vacío para llenarlo con la desilusión de la guerra. Tan absorbente era la atención que le exigía el preciosismo de su artesanía, que en poco tiempo envejeció más que en todos los años de guerra, y la posición le torció la espina dorsal y la milimetría le desgastó la vista, pero la concentración implacable lo premió con la paz del espíritu (págs. 173-174).

Deliberadamente pierde «todo contacto con la realidad de la nación» (pág. 173). Cada vez que uno de sus antiguos soldados regresa a Macondo cargado de noticias, el coronel le contesta, «no me hables de política. Nuestro asunto es vender pescaditos» (pág. 173). Y ni se interesa mucho por «vender». Para él es más importante «el trabajo» que «el negocio». Al igual que el personaje de *La peste* de Camus, que se pasa la vida trasladando guisantes de un primer cuenco al segundo, y del segundo otra vez al primero, el coronel cambia los «pescaditos por monedas de oro», luego convierte «las monedas de oro en pescaditos», y así sucesivamente (pág. 173). Más tarde, decide no vender los pescaditos. Fabricando dos cada día, trabaja hasta llegar a completar veinticinco. Entonces los funde todos en «el crisol para empezar a hacerlos de nuevo» (pág. 227). De esta manera encuentra una serenidad de espíritu igual a la de un santo. Descubre que no puede escaparse ni de sí mismo ni de la soledad y que, por consecuencia, «el secreto de una buena vejez no es otra cosa que un pacto honrado con la soledad» (pág. 174). Solo, viejo, sereno, logra entenderse con la vida. Pocas son las cosas que lo pueden perturbar. Sin embargo, los asesinatos de sus diecisiete hijos le hacen perder la ecuanimidad durante algún tiempo. Y una mañana, frente al castaño donde su padre, ya muerto, había pasado tantos años, oye de éste el anuncio de su muerte inminente. Pierde entonces «el último rescoldo de soberbia que le quedaba en el corazón» (pág. 209).

En una tarde lluviosa de octubre del mismo año sale al patio a orinar. De repente oye

> los cobres lejanos, los retumbos del bombo y el júbilo de los niños, y por primera vez desde su juventud [pisa] conscientemente una trampa de la nostalgia, y [revive] la prodigiosa tarde de gitanos en que su padre lo llevó a conocer el hielo (págs. 228-229).

Ha llegado el circo otra vez, exactamente como había llegado muchos años antes, y ha llegado no en su memoria o en su imaginación, sino de verdad. Llega, además, unas horas antes de la muerte natural del coronel Aureliano Buendía. No se sabe si él reconoce que pronto morirá. De todos modos, en esta última tarde, el coronel se mezcla «con los curiosos que contemplaban el desfile». Ve a una mujer vestida de oro en el cogote de un elefante; un dromedario triste; un oso vestido de holandesa; payasos haciendo maromas. Cuando pasa el desfile queda únicamente «el luminoso espacio en la calle» (pág. 229). Ve entonces, y por última vez, «la cara de su soledad miserable» (pág. 229). Todavía pensando en el circo, va a orinar bajo el castaño y de golpe pierde la memoria: no puede encontrar ni el recuerdo del circo. Perder por última vez la memoria es perder la vida (éste es el significado verdadero y profundo de las plagas del insomnio y del olvido mucho antes en la novela). El coronel Aureliano Buendía mete entonces «la cabeza entre los hombros, como un pollito, y se [queda] inmóvil con la frente apoyada en el tronco del castaño» (pág. 229). Al día siguiente sale Santa Sofía de la Piedad a tirar la basura en el traspatio y encuentra el cadáver. El coronel muere en el lugar favorito del padre, repitiendo el hijo en la manera de su deceso la inmovilidad del padre, de pie durante tantos años bajo el castaño. También muere repitiendo en cierto modo la escena de la primera oración de la novela. Ambas escenas se unen por la muerte (la una ficticia y la otra verdadera), y por la memoria del circo y del hielo. Se cierra, pues, el círculo iniciado por esa primera frase, el círculo del tiempo, de la memoria, de la vida.

Pasemos ahora a Úrsula Iguarán de Buendía, figura que tiene como modelos a la abuela de García Márquez y, según indica Fernández-Braso, a la esposa [28]. Pero, a diferencia de nuestra discusión sobre el coronel, los paralelos biográficos o los orígenes históricos no nos parecen muy importantes en la discusión de la vida de Úrsula. Sí nos importa su relación con la casa, porque ésta refleja casi todas las vicisitudes de su vida: sus triunfos igualmente que sus derrotas. La casa, según escribe Bachelard en *La poétique de l'espace*, es «materna»; es decir, representa a «la madre» [29]. La casa verdadera —en donde todos vivimos en nuestra imaginación y en nuestra memoria— es la «construida por las mujeres, ya que los hombres sólo saben cómo construir casas desde afuera» [30]. ¿No habrá que recordar aquí las varias descripciones de García Márquez sobre las casas en su vida y en su ficción, comenzando por la de sus abuelos? ¿No habremos de tener en cuenta también el deseo de García Márquez de titular su primera novela «La casa»? No obstante su obsesión obvia con la casa, ésta, como imagen organizadora y verdaderamente significante, cobra vitalidad por primera vez en *Cien años de soledad*, donde llega a ser el índice no solamente de una vida matriarcal, sino también del proceso entero de una civilización.

Al principio la casa y la mujer son modelos de una rústica simplicidad: la casa no es más que una choza campesina y Úrsula se contenta con ser esposa de campesino, mujer buena, simple, sumisa. Una rebelión de Úrsula altera tal estado, rebelión que se asocia con la estabilidad de la casa como centro de su vida. Cuando José Arcadio Buendía, temiendo que Macondo pierda irrevocablemente los beneficios de la civilización, decide trasladar el pueblo entero a otro lugar, Úrsula se le opone. José Arcadio Buendía trata de convencerla: «todavía no tenemos muerto. Uno no es de ninguna parte mientras no

---

[28] Véase Miguel Fernández-Braso, *Soledad*, pág. 132.
[29] Véase Gaston Bachelard, *La poétique de l'espace* (Paris, 1959), páginas 27, 57.
[30] Bachelard, *La poétique de l'espace*, pág. 74. Traducción nuestra.

tenga un muerto bajo la tierra» (pág. 19). Pero Úrsula responde «con una suave firmeza: 'Si es necesario que yo me muera para que se queden aquí, me muero'» (pág. 19). Sorprendido por la terquedad de su mujer, José Arcadio Buendía se da por vencido y empieza a desempacar los cajones de su laboratorio. En ese momento pasa invisiblemente, y para siempre, el centro del poder en la familia Buendía: del marido a la esposa, de los hombres a las mujeres, del laboratorio alquímico a la casa materna, centro inmóvil de todo. Úrsula, ya contenta, sigue «barriendo la casa que ahora estaba segura de no abandonar nunca en su vida» (pág. 20).

En un sentido puramente superficial, la novela continúa siendo novela patriarcal. Es decir, sigue siendo la historia de actos y hazañas típicamente masculinos: guerras, fusilamientos, negocios, emborrachamientos, etc. También se hereda y se nombra por el lado del padre. Pero en otro sentido y, diríamos, aún más profundo, la novela se torna más y más una historia de dominio matriarcal, no solamente de Úrsula y, al principio, de la concubina Pilar Ternera, sino también de la esposa Fernanda del Carpio y de la concubina Petra Cotes. La última mujer de la estirpe, Amaranta Úrsula, reúne en sí todos los elementos y delicias de esposa y concubina. O por el sexo o por su autoridad moral, o a veces por ambos simultáneamente, las mujeres imperan sobre los hombres [31].

Ya en la primera descripción de Úrsula (*Cien años de soledad*, pág. 15) se nota que ella se asocia con la casa, lugar desde el cual llega a poseer más poder que cualquier otra persona en la familia. Cuando lo quiere, ella puede también competir con los hombres en ciertas hazañas varoniles: por ejemplo, puede soportar largas marchas mejor que los hombres. Y es ella quien encuentra la ruta que une a Macondo con la civilización, «la ruta que su marido no pudo descubrir en su frustrada búsqueda de los grandes inventos» (pág. 38). Cuando Arcadio llega a ser gobernante de Macondo, él se convierte en

---

[31] Véase el comentario de Carmen Arnau, en *El mundo mítico de Gabriel García Márquez* (Barcelona, 1971), pág. 88.

El mundo de los Buendía

un hombre tan cruel y tiránico que Úrsula, su abuela, lo persigue con un látigo y se lo lleva a casa como si fuera un niño de diez años:

> A partir de entonces fue ella quien mandó en el pueblo. Restableció la misa dominical, suspendió el uso de los brazales rojos y descalificó los bandos atrabiliarios. Pero a despecho de su fortaleza, siguió llorando la desdicha de su destino (pág. 96).

Más que nada, ella quiere dominar no en el pueblo, sino en su propia casa, y no como dominan los hombres Buendía, de manera física y brutal, sino de manera sutilmente psicológica. Años después del primer enfrentamiento con su esposo, se encuentra en los inicios de una enorme y larga batalla psicológica. Se da cuenta de que sus hijos pronto se casarán y que entonces querrán establecer domicilios independientes. En sus condiciones presentes, la casa no tiene suficiente espacio para todos. Para mantener su dominio sobre la familia y tenerla siempre a su alrededor, Úrsula amplía y renueva la casa:

> Entonces sacó el dinero acumulado en largos años de dura labor, adquirió compromisos con sus clientes, y emprendió la ampliación de la casa. Dispuso que se construyera una sala formal para las visitas, otra más cómoda y fresca para el uso diario, un comedor para una mesa de doce puestos donde se sentara la familia con todos sus invitados; nueve dormitorios con ventanas hacia el patio y un largo corredor protegido del resplandor del mediodía por un jardín de rosas, con un pasamanos para poner macetas de helechos y tiestos de begonias. Dispuso ensanchar la cocina para construir dos hornos, destruir el viejo granero donde Pilar Ternera le leyó el porvenir a José Arcadio y construir otro dos veces más grande para que nunca faltaran los alimentos en la casa. Dispuso construir en el patio, a la sombra del castaño, un baño para las mujeres y otro para los hombres, y al fondo una caballeriza grande, un gallinero alambrado, un establo de ordeña y una pajarera abierta a los cuatro vientos para que se instalaran a su gusto los pájaros sin rumbo. Seguida por docenas de albañiles y carpinteros, como si hubiera contraído la fiebre alucinante de su esposo, Úrsula ordenaba la posición de la luz y la conducta del calor, y repartía el espacio sin el menor sentido de sus límites (págs. 53-54).

Es una campaña brillante y resulta ser una victoria formidable para Úrsula. Cuando se termina de rehacer la casa, no es «sólo la casa más grande que habría nunca en el pueblo, sino la más hospitalaria y fresca que hubo jamás en el ámbito de la ciénaga» (pág. 54). José Arcadio Buendía, «tratando de sorprender a la Divina Providencia en medio del cataclismo, fue quien menos entendió» (pág. 54) lo que había logrado Úrsula. De ese momento en adelante no hay cuestión de vivir en otro lugar, ni hay cuestión tampoco de quién manda en el clan Buendía: Úrsula reina como matriarca durante mucho tiempo.

Nunca emprende otra vez la ampliación de la casa, pero la renueva con frecuencia. Y, a la verdad, la casa que refleja los triunfos y desastres de la familia, en la paz o en la guerra, sí requiere renovación. Aunque sigue siendo, durante las largas guerras civiles, un lugar de paz donde pueden hablar con seguridad los liberales y conservadores, pierde casi por completo la guerra contra el tiempo, encontrándose, después de la derrota final del partido liberal, en muy malas condiciones. Entonces, como siempre, Úrsula,

> con una vitalidad que parecía imposible a sus años [... vuelve] a rejuvenecer la casa. «Ahora van a ver quién soy yo», dijo cuando supo que su hijo [el coronel] viviría [después de su frustrado suicidio]. «No habrá casa mejor, ni más abierta a todo el mundo, que esta casa de locos» (pág. 157).

Hasta poco antes de su muerte, ella sigue siendo el centro estable en medio del caos sin fin que es la vida de los demás Buendía. Poco a poco pierde la vista y la fuerza física, pero a la vez va adquiriendo una gran fortaleza espiritual y una clara visión interior:

> en la impenetrable soledad de la decrepitud dispuso de tal clarividencia para examinar hasta los más insignificantes acontecimientos de la familia, que por primera vez vio con claridad las verdades que sus ocupaciones de otro tiempo le habían impedido ver (pág. 213).

Al igual que su hijo el coronel Aureliano Buendía, Úrsula se ensimisma; pero mientras que el ensimismamiento del hijo es proceso deliberadamente escogido y practicado casi como una forma de meditación, para Úrsula el retiro de la vida activa es involuntario.

Finalmente, vencida por la locura de la vejez, Úrsula retorna al presente eterno de su juventud. Repite cosas transcurridas en esos remotos tiempos, unos cien años atrás. Cuida a José Arcadio Segundo en el cuarto de Melquíades precisamente de la misma manera en que había cuidado a su esposo bajo el castaño. Confunde a su tresbisnieto, Aureliano Babilonia, con su hijo el coronel Aureliano Buendía, y piensa que ya es hora de que aprenda «la platería» (pág. 289). Aunque loca, puede todavía reconocer algunas de las repeticiones: después de una conversación con José Arcadio Segundo, se da cuenta de que, años antes, había tenido la misma conversación, con las mismas palabras, con el coronel Aureliano Buendía. Concluye que «el tiempo no pasaba [...] sino que daba vueltas en redondo» (página 285). Poco después pierde hasta esta consciencia del tiempo circular y, al igual que su esposo muchos años antes, vive en un «ahora-estático»:

> Llegó a revolver de tal modo el pasado con la actualidad, que en las dos o tres ráfagas de lucidez que tuvo antes de morir, nadie supo a ciencia cierta si hablaba de lo que sentía o de lo que recordaba (pág. 290).

No vuelve a recobrar la razón. «Poco a poco se fue reduciendo, fetizándose, momificándose en la vida, hasta el punto de que en sus últimos meses era una ciruela pasa perdida dentro del camisón» (pág. 290). Al final «parecía una anciana recién nacida» (pág. 290), proceso que trae a la memoria el cuento de Alejo Carpentier, «Viaje a la semilla». En su vida se ve su muerte, y en su muerte, su nacimiento. Se cierra el círculo.

Con su fallecimiento, la casa vuelve a caer «en un abandono del cual no la podría rescatar ni siquiera una voluntad tan resuelta y vigorosa como la de Amaranta Úrsula» (pág. 293). «Un musgo tierno» (pág. 303) sube por las paredes. «La maleza [rompe] por debajo el cemento del corredor» (pág. 304). A despecho de los valientes esfuerzos de Santa Sofía de la Piedad, la selva entra de nuevo en la casa. La invaden las hormigas, las arañas, los lagartos. Hacia el final, Amaranta Úrsula, embarazada con el último Buendía, no puede luchar contra «el asedio tenaz de la destrucción» (pág. 345). Como cualquier víctima humana, la casa sólo espera ese «huracán bíblico» (pág. 350) que borrará a Macondo de la faz de la tierra, completándose el gran círculo de selva-civilización-selva.

EL CICLO DEL INCESTO

«Ahora pienso», afirmó García Márquez una vez, «que lo que me interesaba en mi novela [*Cien años de soledad*] era sobre todo contar la historia de una familia obsesionada por el incesto» [32]. Y, a la verdad, este «llanto más antiguo en la historia del hombre» (pág. 334) es, junto con el tema de la soledad, el más importante de la novela. Son muchos los críticos que, aunque de paso, lo han comentado. Por ejemplo, Ernesto Völkening anota: «comienza la historia de los Buendía con un incesto y precede a la fundación de Macondo, como a la de Roma, el fratricidio», concentrándose luego en otros temas [33]. Aunque Carmen Arnau, en *El mundo mítico de Gabriel García Márquez*, afirma que «toda la historia de *Cien años de soledad* [...] está dominada por un temor y al mismo tiempo una atracción por el incesto», ella también se interesa mucho más por otros aspectos de la novela [34]. Son pocos los críticos que han analizado detalladamente el tema. El único —que sepamos— que ha escrito un

---

[32] Véase Claude Couffon, «Gabriel García Márquez habla de *Cien años de soledad*», en *Recopilación de textos sobre Gabriel García Márquez* (La Habana, 1969), pág. 46. Una versión diferente de esta sección se publicó como artículo en *Cuadernos Americanos*, XL, núm. 4 (julio-agosto de 1981), 67-81.

[33] Ernesto Völkening, «Anotado al margen de *Cien años de soledad*», en *Recopilación de textos sobre Gabriel García Márquez* (La Habana, 1969), pág. 196.

[34] Carmen Arnau, *El mundo mítico de Gabriel García Márquez* (Barcelona, 1971), pág. 85.

estudio completo sobre él es Josefina Ludmer, en «*Cien años de soledad*»: *Una interpretación* [35]. De los críticos más recientes, Suzanne Jill Levine, en *El espejo hablado*, le dedica un capítulo entero [36]. Sin embargo, le parece más valioso destacar ejemplos rebuscados del incesto sin relación alguna con García Márquez: el relato «Book-Bag» de Somerset Maugham, el drama *Tis a Pity She's a Whore* de John Ford, o el cuento «La sangre de los Walsung» (en alemán, *Wälsungenblut*) de Thomas Mann. Aunque sí le interesa el tema en dos escritores importantes (Juan Rulfo y William Faulkner) para el conocimiento de la obra de García Márquez, ignora por completo a Sófocles (este error no lo comete Josefina Ludmer), autor tan admirado por García Már-

---

[35] Josefina Ludmer, «*Cien años de soledad*»: *una interpretación* (Buenos Aires, 1972). Este crítico tiene un estilo de pensamiento tan diferente del mío que, aunque escribiéramos sobre los mismos temas, los trabajos resultarían muy diferentes.

[36] Suzanne Jill Levine, *El espejo hablado*: *un estudio de «Cien años de soledad»* (Caracas, 1975), págs. 107-126. Este capítulo, titulado «La maldición del incesto», se publicó anteriormente como artículo en *Revista Iberoamericana*, 37, núms. 76-77 (1971), 711-724. Entre los artículos que tratan del incesto en *Cien años de soledad* destacaremos dos, ambos típicos y deficientes. Rubén Cotelo, en «García Márquez y el tema de la prohibición del incesto», *Temas* (Montevideo) (julio-septiembre de 1976), páginas 19-22, solamente indica, sin analizarlo, el tema del incesto en *Cien años de soledad*. Sin embargo, el artículo, aunque muy superficial, resulta interesante por la mención del concepto del tabú (pág. 20) y del *Edipo* de Sófocles (pág. 21). El artículo de Tulia A. de Dross, «El mito y el incesto en *Cien años de soledad*», *Eco*, 19/2, núm. 110 (1969), 179-187, debe comentarse. La profesora de Dross no menciona la función de los deseos incestuosos en las vidas de *todos* los Buendía; se olvida de analizar la relación que tiene Pilar Ternera con el tema; no demuestra cómo el incesto influye sobre el lenguaje y la estructura de la novela. Nos informa, además, de que la plaga del olvido permite el incesto (pág. 182), olvidándose que la novela comienza con un incesto como *fait accompli*; piensa que el ciclo mítico del incesto se cierra con la muerte de Úrsula, aunque, lógicamente, dicho ciclo sólo puede completarse con otro incesto. Al final del artículo nos encontramos con la idea más interesante: su concurrencia con la interpretación de Otto Rank sobre el incesto como símbolo del impulso creativo. Desgraciadamente, no hemos podido consultar el siguiente estudio de María Cristina Barros Valero, *El amor en «Cien años de soledad»* (México, 1971), 27 págs.

quez, y tan importante también para cualquier estudio sobre el tema del incesto en la literatura occidental. No pretendemos aquí trazar la historia del incesto en estas literaturas, ni explicar su importancia en el *Edipo* de Sófocles; es obvia y bien conocida. Lo que sí queremos es destacar, a través de la lectura de Freud, la relación de este tema con *Cien años de soledad*. Luego seguiremos la historia de la obsesión del incesto en la vida de cada uno de los Buendía. Como se verá, la historia se conforma a la imagen del *Uroboros* [37].

Pasemos brevemente a Freud. Creemos que *Die Traumdeutung* y *Totem und Tabu*, dos de sus obras más famosas, son significativas para un estudio de *Cien años de soledad*. El primer tratado en el cual da nombre a la prohibición del incesto es *Die Traumdeutung* (*La interpretación de los sueños*), donde en el apartado sobre los «sueños típicos» utiliza el *Edipo* de Sófocles como ejemplo literario del impulso incestuoso. En este drama, según Freud, el inconsciente se hace consciente, y el sueño se transforma en realidad. Al igual que en el drama de Sófocles, cada uno de los varones de la familia Buendía quiere «matar» a su padre y hacer el amor con su madre. Conforme con el complejo de Electra, cada hembra desea lo opuesto; es decir, «matar» a su madre y dormir con su padre. (El incesto puede también ocurrir entre hermanos, o entre primos, o entre tíos y sobrinos, etc.). En Sófocles, Edipo está destinado a cometer incesto y, aunque lucha contra su destino de manera heroica e inteligente (quizás demasiado inteligentemente, como opina Yocasta), no puede ganar la batalla. Lo mismo sucede, como veremos, con los Buendía; es ésta una de las razones por la cual se podría considerar *Cien años de soledad* como una tragedia en el sentido clásico del vocablo. El luchar contra el destino (como lo hacen los Buendía) es, a la vez, realizarlo.

La otra obra de Freud de interés para el estudio de *Cien años de soledad* es *Totem und Tabu* (*Totem y tabú*), trabajo en que Freud analiza los ritos y las creencias de los aborígenes de Australia. Son éstos tan primitivos que poseen las caracterís-

---

[37] Véase nuestro capítulo, «Hacia *Cien años de soledad*», págs. 65-71.

ticas de los hombres más antiguos de la raza humana. Una de ellas es el *tabú*. Éste, indica Freud (quien se apoya en los estudios de Wundt), es por lo general la ley más básica de la civilización. Dicha creencia precede a los dioses; y precede, desde luego, a las leyes religiosas. Nota Freud además que la prohibición del incesto coincide con el comienzo de la sociedad humana. Algo parecido ha afirmado Lévi-Strauss: la prohibición del incesto indica que ya se ha formado una sociedad, pues siempre que existen reglas existe la sociedad [38].

En los salvajes australianos Freud ha observado una forma muy rigurosa de protección contra las relaciones sexuales incestuosas. Según su teoría, la prohibición del incesto (el tabú) se supervisa y controla por medio del «totem». Éste se define de la siguiente manera:

> Generalmente, [el totem] es un animal, o comestible e inocuo, o peligroso y temible; más raramente, el totem es una planta o una fuerza natural (lluvia, agua) que existe en relación peculiar con el clan entero. El totem es el primero de todos los progenitores de la tribu; también es el espíritu tutelar y su protector... [39].

Más importante que la definición del totem para la interpretación de la novela de García Márquez es su función y etimología. El totem se hereda por parte de la madre o del padre, pero no simultáneamente de los dos. Uno de los lados predomina. Además, «toda persona que desciende del mismo totem es consanguínea, pertenece a una sola familia. Y en esta familia se reconoce la consanguinidad, aunque sea mínima, como obstáculo absoluto en las relaciones sexuales» [40].

---

[38] Claude Lévi-Strauss, *Les structures élémentaires de la parenté* (Paris, 1949), pág. 606.
[39] Sigmund Freud, *Totem und Tabu. Gesammelte Werke*. Vol. 9 (Frankfurt am Main, 1944), pág. 7. Véanse, entre otros estudios sobre el incesto, los de Robert E. L. Masters, *Patterns of Incest: A Psychological Study, Based on Clinical and Historical Data* (New York, 1963); Otto Rank, *Das Inzest-Motiv in Dichtung und Saga* (Leipzig, 1912). Las traducciones de textos del alemán y del inglés en este capítulo son nuestras.
[40] Freud, *Totem und Tabu*, pág. 10.

Con una sola excepción, que veremos luego, no existen animales totémicos o plantas totémicas en *Cien años de soledad*. Sin embargo, podría decirse que los Buendía pertenecen todos al mismo totem: constituyen una sola familia en la cual todos poseen el aura de la soledad, que se hereda primariamente por el lado del padre. La etimología de la palabra «totem» nos apoya en esta interpretación. «Totem» se deriva del vocablo Ojibwa *nintōtēm*, que significa «mi marca familiar». Todo Buendía, incluso los que posiblemente no tienen sangre Buendía en las venas (como, por ejemplo, Rebeca Buendía), vive marcado por la soledad y siente profundamente la prohibición del incesto. Y a la vez, sin embargo, se sienten muy atraídos sexualmente los unos por los otros.

Freud explica esta ambivalencia hacia el incesto con el ejemplo del placer que uno siente al tocarse los órganos genitales, acto que la sociedad prohibe. Generalmente, por lo menos en público, la prohibición se observa: cada individuo controla el impulso al encarcelarlo en el inconsciente. Sin embargo, indica Freud, «el impulso y la prohibición siguen existiendo: el primero, porque solamente ha sido reprimido y no ha sido hecho objeto de la sublimación; la prohibición, porque si ésta no hubiera existido, el impulso se manifestaría en el consciente y en la acción[41]. Si sustituimos aquí las palabras «órganos genitales» por «incesto», tendremos una buena idea de la lucha interior (la «psicomaquia») que ocurre en casi todo Buendía.

Lo que diferencia a *Cien años de soledad* (y al *Edipo* de Sófocles) de casi toda la literatura sobre el incesto es que la novela comienza con un incesto ya cometido. Edipo (hijo) y Yocasta (madre) han vivido como marido y mujer y han engendrado hijos cuando comienza el drama. Igualmente José Arcadio Buendía y su esposa, Úrsula Iguarán, están «ligados hasta la muerte por un vínculo más sólido que el amor: un común remordimiento de conciencia. Eran primos entre sí» (pág. 24).

Según Freud, la violación del tabú del incesto se castiga frecuentemente con la muerte (la ejecución). El castigo de José

---

[41] Freud, *Totem und Tabu*, pág. 39.

Arcadio Buendía y de Úrsula resulta doble: el destierro y el terror psicológico. Primero, el terror psicológico: después de casarse, temen engendrar iguanas. Ese miedo, que se tornará en el temor a dar a luz un hijo con cola de puerco, impide al principio sus relaciones sexuales. Pues Úrsula, siguiendo las órdenes de su madre, «se ponía antes de acostarse un pantalón rudimentario [...] fabricado con lona de velero y reforzado con una gruesa hebilla de hierro» (pág. 25). Teme la venganza del tabú. Ésta, que segun Wundt es automática, se manifiesta por medio de poderes demoníacos [42]. Quizás por el temor a la venganza del tabú José Arcadio Buendía y Úrsula llegan a ser, en su Macondo recién fundado, una pareja ejemplar [43].

Después de un año de matrimonio, se rumorea por el pueblo que Úrsula sigue virgen, y que su marido es impotente. Cuando Prudencio Aguilar lo insulta con esta alusión, José Arcadio Buendía coge «la lanza cebada de su abuelo» (pág. 26), que tenía colgada en la pared de su casa, y mata a Prudencio. Esa misma noche, José Arcadio Buendía clava «la lanza [símbolo obvio del falo] en la tierra» (pág. 26) y Úrsula deja de ser virgen. «Si has de parir iguanas», le dice él a su esposa, «criaremos iguanas» (pág. 26). Ahora comienza la segunda parte del castigo:

---

[42] Véase Freud, *Totem und Tabu*, págs. 28-35.

[43] José Arcadio Buendía da origen a una sociedad o civilización rudimentaria y la gobierna, al principio, como un patriarca juvenil. Úrsula, esposa laboriosa y buena, es la matriarca de la familia Buendía: y hasta llega a ser la del pueblo mismo. El puente de lo primitivo a lo civilizado puede ser, pues, este temor elemental que se transforma en un remordimiento de conciencia. Según afirma Freud en *Das Unbehagen in der Kultur*, el remordimiento de conciencia es el problema más importante en el desarrollo de la civilización. También, según Róheim y otros teóricos psicoanalíticos de la cultura, la civilización se forma por medio de la «sublimación» de estos impulsos y miedos primitivos en acciones y reglas socialmente aceptadas. De todos modos, por interesantes que sean estas teorías antropológicas y psicoanalíticas, no se debe insistir mucho en el paralelo exacto entre la antropología psicoanalítica y *Cien años de soledad*. A García Márquez no le interesaba escribir un texto erudito. *Cien años de soledad* es una *novela* (de esto se olvidan demasiados críticos).

llenos de remordimientos por el doble pecado del incesto y del homicidio, huyen los dos del pueblo y, en compañía de sus amigos, fundan Macondo. Al igual que el Jardín del Edén, Macondo es «gobernado» por una pareja incestuosa. Pero, a diferencia de Adán y Eva, ya han perdido estos Buendía algo de su inocencia.

Todo Buendía, consciente o inconscientemente, siente una gran atracción por el incesto. Sus aventuras por «los laberintos más intricados de la sangre» (pág. 350) acaecen bajo la sombra inacabable de la doble hegemonía femenina de Úrsula Iguarán y de Pilar Ternera (nombre que simboliza sus cualidades típicamente matriarcales: constante sostén para varias generaciones de la misma familia, además de su «ternura» y su personalidad bovina). De Úrsula, quien impera sobre la familia (especialmente en el campo moral), procede la única generación legítima de los Buendía: José Arcadio, el coronel Aureliano y Amaranta. De Pilar Ternera y el primogénito José Arcadio nace Arcadio, y por esta línea ilegítima descienden los demás Buendía. Hay que insistir un poco en la hegemonía femenina de la familia, porque, aunque el totem se hereda por el lado del padre y el mundo de la novela parece ser patriarcal, según explicamos en el capítulo anterior, son las mujeres quienes tienen el verdadero poder.

Al nacer se examina a cada miembro de la familia para determinar si tiene partes animales. Así ocurre con el primer hijo de José Arcadio Buendía y Úrsula, quien nace en el camino hacia la tierra no prometida. Los padres agradecen su buena fortuna: todas las partes de su hijo son humanas (pág. 27). Dado que es el primogénito del fundador, José Arcadio es naturalmente el primer Buendía, en Macondo, que pasa por una iniciación sexual. A diferencia del desarrollo de los otros Buendía, el suyo se describe casi por completo en términos sexuales. Esta descripción corresponde al proceso de desarrollo de un hombre en una tribu primitiva. Erich Neumann describe muy abstractamente esta transición del niño al hombre por medio de la adolescencia: la separación del *ego* del *Uroboros*, explica Neumann, señala la entrada del *ego* en el mundo, y su encuentro con la regla de la polarización. Simultáneamente con esta regla aparece lo que Neumann denomina «la regla del falo»[44]. Más concreta es la descripción de Géza Róheim: «el miembro viril se transforma en el héroe del drama de la adolescencia»[45].

El falo es el héroe en la vida de José Arcadio, pues su miembro es tan gigantesco que despierta la admiración y el temor en las mujeres. Mirándolo «con una especie de fervor patético», le dice una bella gitana, «muchacho, que Dios te la conserve» (pág. 36). Aun siendo adolescente, el tamaño de su órgano sexual le causaba ansias a su madre (y he aquí una ansiedad causada, por lo menos inconscientemente, por temor al incesto). Sin embargo, Pilar Ternera tranquiliza a Úrsula, diciéndole que un falo tan grande es señal de la felicidad.

La relación del falo de José Arcadio con el tema del incesto es obvia, y no solamente por las ansiedades de su madre. Pilar Ternera, quien inicia a José Arcadio en el amor, puede considerarse símbolo de La Madre Terrible (el término proviene de Erich Neumann). Según este crítico, La Madre Terrible es una bruja que confunde los sentidos y enloquece a los hombres. No hay adolescente que la pueda resistir, porque se le ofrece como un falo[46]. En el mundo confuso de la adolescencia, José Arcadio, deseando a Pilar Ternera, casi sin saberlo, quiere que sea su madre (pág. 29). Y una noche la busca en el lóbrego laberinto de su casa. En el momento preciso de la unión sexual, tratando de acordarse de su rostro, se encuentra —en su imaginación— con el rostro de su propia madre (pág. 31). Como vemos, en un solo acto coinciden el incesto psicológico con la madre (Úrsula) y con La Madre Terrible (Pilar Ternera).

Al regresar José Arcadio de sus numerosos viajes, se casa con su «hermanita», Rebeca Buendía. (Rebeca, se recordará, fue la chiquilla que apareció un día en Macondo, llevando una carta

---

[44] Véase Erich Neumann, *Ursprungsgeschichte des Bewusstseins*, páginas 46-52. No hemos podido encontrar una versión española.
[45] Véase Géza Róheim, *The Eternal Ones of the Dream* (1945; rpt. New York, 1971), pág. 16. Traducción nuestra.
[46] Véase Neumann, *Ursprungsgeschichte des Bewusstseins*, pág. 75. Traducción nuestra.

en donde se indicaba que era prima segunda de Úrsula. Aunque ni Úrsula ni su marido jamás habían oído de esta familia, criaron a Rebeca como a un miembro más de la familia, como hermana de José Arcadio, Aureliano y Amaranta.) La primera vez que José Arcadio habla con Rebeca después de su vuelta, le dice, mirándole el cuerpo con desvergüenza: «Eres muy mujer, hermanita» (pág. 85). Inmediatamente Rebeca pierde el dominio de sí misma y, una tarde durante la siesta, incapaz de resistirlo más, va a su cuarto; él viola a su «hermanita» de tal manera que ella casi se muere de placer. Tres días después, en la misa de las cinco, se casan. Pietro Crespi, hombre pusilánime y novio de Rebeca, protesta ante José Arcadio: «Es su hermana, es contra la natura [...] y, además, la ley lo prohibe» (pág. 86). La respuesta de José Arcadio destruye el último valor que le había quedado al novio: «Me cago dos veces en la natura» (pág. 86). Aunque el padre Nicanor revela «en el sermón del domingo que José Arcadio y Rebeca no eran hermanos» (pág. 86), la seducción y el matrimonio han sido por lo menos psicológica y metafóricamente incestuosos.

Un incesto subconsciente ocurre también cuando Pilar Ternera inicia a Aureliano, el hermano menor de José Arcadio, en el amor; lo llama «mi pobre niñito» y se comporta de manera «maternal» (pág. 65). Aureliano continúa la historia del incesto, pues aunque su matrimonio con Remedios Moscote no es incestuoso, sí tiene algo de extraño: la relación parece ser más de padre e hija que de hombre y mujer. Cuando Aureliano se enamora de Remedios, ésta tiene sólo nueve años, y él, ya hombre maduro, podría haber sido su padre. Al enterarse de las intenciones de Aureliano, Pilar Ternera le dice, «tendrás que acabar de criarla» (pág. 65). Pero debajo de la burla hay «un remanso de comprensión» (pág. 65). Y, a la verdad, ¿por qué no? Pues ella ha sentido —y sentirá— hacia hombres mucho más jóvenes que ella esa especie de amor que Aureliano siente por Remedios.

Pilar Ternera da a luz a otro José Arcadio, designado Arcadio (el padre es José Arcadio), y más tarde a Aureliano José (cuyo padre es el futuro coronel Aureliano Buendía). A Arcadio

El mundo de los Buendía

y a Aureliano José los reconoce la familia; se crían en ella como miembros legítimos del clan de los Buendía. Al entrar en la adolescencia, sienten, como todo verdadero Buendía, pasiones incestuosas.

La pasión de Arcadio es hacia su madre (él no conoce su relación de parentesco con ella): «Pilar Ternera, su madre, que le había hecho hervir la sangre en el cuarto de daguerrotipia, fue para él una obsesión tan irresistible como lo fue primero para José Arcadio y luego para Aureliano» (pág. 101). Horrorizada, también ella se encuentra atraída por su hijo. Una tarde, mientras pasa cerca de él, Aureliano trata de meterla en la hamaca. «No puedo, no puedo», grita ella. «No te imaginas cómo quisiera complacerte, pero Dios es testigo que no puedo» (página 101). Escapándose esa vez y para siempre, le pide que deje esa noche la puerta sin trancar. Él la espera ansiosamente, pero cuando al fin se abre la puerta, quien entra no es Pilar Ternera, sino una joven y nerviosa virgen, Santa Sofía de la Piedad (pág. 102).

Aureliano José, el medio hermano de Arcadio, se enamora de su tía Amaranta, y ésta, por su parte, también lo desea. Esta «madura doncella» casi se abandona por completo a su «pasión otoñal, peligrosa y sin porvenir» (pág. 127). Duermen los dos juntos, «desnudos, intercambiando caricias agotadoras»; se persiguen por la casa durante el día, encerrándose «en los dormitorios a cualquier hora, en un permanente estado de exaltación sin alivio» (pág. 127). Un día Úrsula, al verlos empezar a besarse, le pregunta a Aureliano José de un modo inocente: «¿Quieres mucho a tu tía?» Cuando él contesta que sí, Amaranta se da cuenta del peligroso estado de sus relaciones y sale de su delirio. Para Aureliano José, el asunto resulta más difícil. Se marcha a la guerra tratando de aniquilar por medio de la violencia su recuerdo de Amaranta. No puede. Regresa a casa «con la secreta determinación de casarse con Amaranta» (página 131).

Una noche, meses después de su regreso, se mete desnudo en la cama de Amaranta. Así se inician de nuevo «las sordas batallas sin consecuencias que se prolongaban hasta el amanecer» (páginas 131-132). «Soy tu tía», le repite ella, agotada por los combates nocturnos, negándose a hacer el amor o a casarse con él. Enloquecido, él promete ir a Roma a pedir una dispensa «especial del Papa». Pero Amaranta le rebate con que los hijos nacerán con cola de puerco. La respuesta de Aureliano José es una repetición de la que le había dado José Arcadio Buendía a Úrsula, años atrás: «Aunque nazcan armadillos» (pág. 132). Ella no se rinde y él, finalmente derrotado por la terquedad de su tía, busca en la tienda de Catarino (un prostíbulo local) «una mujer de senos fláccidos, cariñosa y barata» (pág. 132), sustitución obvia de Amaranta y también de la figura maternal.

De los tres hijos de Arcadio y Santa Sofía de la Piedad, solamente uno —y es el único Buendía en la novela entera— existe fuera de la red incestuosa de la familia: José Arcadio Segundo. Es un caso singular [47] en esta familia de locos, al ser el único que no parece haber pasado por la niñez. He aquí la razón:

> En realidad, José Arcadio Segundo no era miembro de la familia, ni lo sería jamás de otra, desde la madrugada distante en que el coronel Gerineldo Márquez lo llevó al cuartel, no para que viera un fusilamiento, sino para que no olvidara en el resto de su vida la sonrisa triste y un poco burlona del fusilado. Aquél no era sólo su recuerdo más antiguo, sino el único de su niñez (pág. 225).

La memoria del fusilamiento le había robado la niñez.

Se distingue además de los otros miembros de la familia en sus preferencias sexuales. Es el único aficionado por algún tiempo a la bestialidad (¿habría una conexión, en la novela, entre su falta de niñez y la bestialidad?), práctica sexual en que lo inicia un sacristán llamado Petronio. Pero, a despecho de sus preferencias sexuales, José Arcadio Segundo llega a ser, ya entrado en edad, casi un «santo». Quizás ha heredado al menos, y por parte de su madre, «la piedad», pues según leemos es «el

---

[47] José Arcadio Segundo podría ser, en verdad, su hermano mellizo Aureliano Segundo, pues como lamenta Úrsula al no poder distinguir uno del otro, están «barajados desde la infancia» (pág. 160).

que más se [parece] a su madre, Santa Sofía de la Piedad» (pág. 224).

Pasemos al episodio de «Remedios, la bella», quien en su inocencia total no se parece a ningún otro Buendía, y además no toma parte activa en los incestos de la familia. Sin embargo, aunque ella no vive cautivada por pasiones incestuosas, las causa en otros Buendía. El amor que los diecisiete Aurelianos sienten por ella los caracteriza como típicos Buendía. Desde el momento en que llegan a Macondo, Úrsula les teme por la consanguinidad de su parentesco y, estremecida «con un espanto olvidado», le dice a Remedios, la bella: «Abre bien los ojos. Con cualquiera de ellos, los hijos te saldrán con cola de puerco» (págs. 199-200). Totalmente inocente de los efectos de su extraordinaria belleza, Remedios, la bella, se anima mucho en las fiestas de esos tiempos, casi enloqueciendo a los diecisiete Aurelianos. Sigue inocente a lo largo de su corta vida, y su muerte se lleva a cabo en completa armonía con su comportamiento virginal, pues simplemente abandona la tierra una tarde del mes de marzo, ascendiendo al cielo «entre el deslumbrante aleteo de las sábanas que subían con ella» (pág. 205).

El deseo incestuoso de Aureliano Segundo es subconsciente pero, de todos modos, es obvio al lector. Aureliano Segundo y su hija, Renata Remedios, se comportan a veces casi como si fueran amantes. Por ejemplo, para pedirle dinero (cosa que hace con frecuencia), ella mete la mano en el bolsillo de su padre (pág. 233). Él le amuebla el cuarto «con una cama tronal, un tocador amplio y cortinas de terciopelo, sin caer en la cuenta de que [está] haciendo una segunda versión del aposento de Petra Cotes» (pág. 233), su concubina. Cada vez que Fernanda del Carpio, la madre de Renata Remedios, entra en el dormitorio de la hija, se escandaliza «con la idea de que el tocador de la hija [debe] ser igual al de las matronas francesas» (pág. 233). Petra Cotes entiende muy bien lo que siente Aureliano Segundo por su hija, y tan celosa se pone de la «camaradería de su amante con la hija que no [quiere] saber nada de ella» (pág. 233). Sabe que Renata Remedios podría conseguir fácilmente lo que

no puede la esposa: «privarla de un amor que ya consideraba
asegurado hasta la muerte» (pág. 233).

Aureliano Segundo y su esposa Fernanda del Carpio tienen
dos hijos más: Amaranta Úrsula y José Arcadio. El anhelo incestuoso de José Arcadio se muestra hacia la ya madurísima
doncella Amaranta, su tía-abuela. El enamorarse de ella viene
a ser casi un rito en la adolescencia de las últimas generaciones de los Buendía, como lo fue con Pilar Ternera y los primeros Buendía. En la vida y en el temperamento de José Arcadio se nota la creciente decadencia de la familia. Destinado
por las mujeres de la familia a ser cura, y hasta mandado a
Roma con este propósito, José Arcadio no se preocupa por
hacer carrera eclesiástica. Se preocupa más bien por refinar su
gusto en asuntos de muebles, ropa y perfumes; se vuelve tan
afeminado que, según leemos, es «imposible concebir un hombre
más parecido a su madre» (pág. 309). Al regresar a Macondo,
ya muerta ésta (Fernanda), llena la casa de muchachos y sustituye su pasión por Amaranta, ya finalmente muerta, por otras
dos: la pederastia y un decadente apetito por la decoración
interior. Convirtiendo «la casa en un paraíso decadente», cambia «por terciopelo nuevo las cortinas y el baldaquín del dormitorio» (pág. 314). Llenando la alberca de champaña, nada en
ella con sus muchachos. Y todo esto por amor a Amaranta:
«Al contrario de Aureliano José, que trató de sofocar aquella
imagen [de Amaranta] en el pantano sangriento de la guerra,
él trataba de mantenerla viva en un cenagal de concupiscencia»
(pág. 311). Ni en la vida ni en la muerte hubo un Buendía tan
fiel a su amada. Sigue su amor aún después de morirse. Una
tarde el último Aureliano (Babilonia), echando de menos a José
Arcadio, lo busca por toda la casa, encontrándolo ahogado por
sus muchachos, «enorme y tumefacto, y todavía pensando en
Amaranta» (pág. 317).

La otra hija de Aureliano Segundo, Amaranta Úrsula, reúne
en sí características de muchas de la mujeres Buendía. Es «casi
tan bella y provocativa como Remedios, la bella» (pág. 319).
Como indica su nombre, combina las cualidades de Úrsula y
Amaranta. Al igual que Úrsula, es «activa, menuda, indomable»

(pág. 319) y dedicada al hogar; y al igual que Amaranta, experimenta un violento deseo sexual por su sobrino Aureliano Babilonia. Pero, a diferencia de Amaranta, se rinde totalmente a su pasión.

Al principio, sin embargo, ella no parece sentir nada por él; lo desconcierta en cambio con sus 'inocentes' gestos de cariño. Al verlo cuando ella regresa a Macondo, después de una larga ausencia, lo abraza con fuerza y lo llama «mi adorado antropófago». Este abrazo ocasiona «un cambio radical» en la pacífica y casi hermética existencia de Aureliano Babilonia:

> Aureliano seguía siendo virgen cuando Amaranta Úrsula regresó a Macondo y le dio un abrazo *fraternal* que lo dejó sin aliento. Cada vez que la veía, y peor aún cuando ella le enseñaba los bailes de moda, él sentía el mismo desamparo de esponjas en los huesos que turbó a su tatarabuelo cuando Pilar Ternera le puso pretextos de barajas en el granero (pág. 325; cursiva **nuestra**).

Trata en vano de sofocar su tormento, sumergiéndose en el estudio de los pergaminos. Torturado por los sonidos del amor entre Amaranta Úrsula y su esposo Gastón, no puede ni siquiera dormir. Se pasa todo un día «sollozando de rabia» (página 325). Para acallar su pasión, hace el amor con Nigromanta, una negra bella y benévola a quien le cuenta su frustración. Pero como le pide a Nigromanta que «chillara como una gata [hacía así Amaranta Úrsula el amor] y sollozara en su oído gastón gastón gastón» (pág. 322), la sustitución sólo «le iba torciendo cada vez más las entrañas a medida que la experiencia ensanchaba el horizonte del amor» (pág. 326).

Nada puede extinguir su pasión. Una mañana, estando Amaranta Úrsula y Aureliano Babilonia solos en la casa, ella entra en su cuarto de trabajo, le llama «antropófago» otra vez y le hace una serie de preguntas, agarrando su «índice con la inocencia cariñosa con que lo hizo muchas veces en la infancia» (pág. 330). Mientras hablan —y hablan por largo tiempo esa mañana— permanecen «vinculados por un índice de hielo» (pág. 330). Días después, ya incapaz de resistirla más, Aureliano

Babilonia se desborda y confiesa su pasión. «Bruto», le dice ella, «me voy a Bélgica en el primer barco que salga» (pág. 332). Pero se queda. Por algún tiempo no se ven. Aureliano Babilonia decide al fin hablar de su problema con Pilar Ternera. Ella, en su infinita sabiduría, había reconocido ya «el llanto más antiguo de la historia del hombre» (pág. 334). Consuela a Aureliano Babilonia: «en cualquier lugar en que esté [Amaranta Úrsula] ahora, ella te está esperando» (pág. 334). Esa misma tarde, a las cuatro y media, «tambaleándose de la borrachera» de su pasión, Aureliano Babilonia entra en el cuarto de Amaranta Úrsula cuando ésta acababa de bañarse. Al principio, aunque impulsada por una intensa curiosidad, lo resiste. Luego, mientras su esposo escribe una carta en el próximo cuarto, Aureliano Babilonia «la [inmoviliza] en su centro de gravedad, la [siembra] en su sitio» (pág. 335). Así es como, después de varias generaciones de búsqueda por los laberintos de la sangre, se completa el ciclo del incesto. Se había iniciado la historia de los Buendía con un incesto, y se terminaba con otro.

Gastón regresa a Bruselas, dejándolos solos en su «universo vacío, donde la única realidad cotidiana y eterna era el amor» (pág. 342). Con el paso del tiempo se extingue la pasión sexual entre estos dos últimos Buendía; el dinero ya no alcanza para mantenerlos, y Amaranta Úrsula se encuentra embarazada. Pero las dificultades crean entre ellos un «vínculo de solidaridad» que les permite ser tan «felices como en los tiempos alborotados de la salacidad» (pág. 343). Quizás llegan a experimentar «un incesto espiritual», semejante (por lo menos estructuralmente) al que experimenta una persona totalmente narcisista, pues «a medida que avanzaba el embarazo se iban convirtiendo en *un ser único, se integraban* cada vez más en la soledad» (página 345). He aquí una de las variaciones importantes del tema de la soledad, pues se iguala al incesto. *Cien años de soledad* es, simultáneamente, *Cien años de incesto*. Es, además, la mitificación de dos de las realidades más inherentes a nuestra cultura hispanoamericana: la de la soledad y la del incesto.

Pero si bien Aureliano Babilonia y Amaranta Úrsula ignoran su exacta consanguinidad, la averiguan en los «archivos rezumantes y apolillados» de la casa cural (pág. 344). Tornando sus caras hacia el pasado, viven en la nostalgia. Recordando su juventud, reconocen «que habían sido felices juntos desde que tenían memoria» (pág. 344). Solos en su pasión y en su nostalgia, se han convertido en «niños» otra vez, por lo menos metafóricamente. Amaranta Úrsula juega a las muñecas «con la portentosa criatura de Aureliano» (pág. 341). Riéndose, Amaranta Úrsula dice en otra ocasión, «Quién hubiera pensado que de veras íbamos a terminar viviendo como antropófagos» (página 345). Los niños y los hombres primitivos comparten la misma perspectiva mítica e inocente sobre el mundo. Ambos experimentan, quizás más fácilmente que otras clases de individuos, sentimientos incestuosos. A la verdad, estos dos últimos Buendía son los más infantiles y los más primitivos de todos ellos. Se va también cerrando, de esta manera, el círculo [48].

Llega el momento del parto. Nace un varón formidable:

> era un Buendía de los grandes, macizo y voluntarioso como los José Arcadios, con los ojos abiertos y clarividentes de los Aurelianos, y predispuesto para empezar la estirpe otra vez por el principio y purificarla de sus vicios perniciosos y su vocación solitaria, porque era el único en un siglo que había sido engendrado con amor (pág. 346).

Dado que este último varón combina las características de los José Arcadios y de los Aurelianos, repite, física y mentalmente, la constitución del primer José Arcadio Buendía, fundador de Macondo y progenitor de la estirpe. Sin embargo, el último Buendía no está destinado a empezar la estirpe de nuevo, pues lo que Úrsula había temido desde el principio, y lo que impidió muchas veces los amores de los Buendía entre sí, ha sucedido: este niño nace con «cola de cerdo» (pág. 347). El tabú, a través de cinco generaciones, ha cobrado su venganza.

---

[48] Al igual que en el *Edipo* de Sófocles, en *Cien años de soledad* cuanto más huyen los personajes de sus inclinaciones incestuosas (huida que se parece a la búsqueda), más se determina su destino inevitable.

Hemos llegado al fin de la estirpe, pero no al fin de nuestro análisis. Hay que añadir otro capítulo, éste sobre las consecuencias del incesto, completando de esta manera nuestra interpretación y el ciclo mítico. Hasta ahora no hemos dicho nada sobre el fin de la novela y, para entenderla, hay que analizar lo que ocurre en «la última madrugada de Macondo» (pág. 348). Es decir, hay que analizar «el mito apocalíptico».

EL MITO APOCALÍPTICO

«Toda buena novela es una adivinanza del mundo»[49]. Esta frase, pronunciada por García Márquez con respecto a *Cien años de soledad*, señala el sendero que tomaremos al terminar nuestro capítulo sobre la novela de los Buendía. En las siguientes páginas nos proponemos meditar las consecuencias de la definición de García Márquez.

«Adivinanza» tiene dos acepciones principales. Una, de «adivinación», con el significado de predecir el futuro, lo oculto o lo desconocido; de resolver el enigma. La otra, la de «acertijo»: presentar un problema o enigma que se propone como pasatiempo. En ambos casos, algo oculto o desconocido ha de ser traído a la luz, ha de ser «conocido»; descifrado. El acto de descifrar presupone la existencia de la cifra; y ésta se descifra por medio de la clave. Y la clave de la cifra de *Cien años de soledad* ha de buscarse en los pergaminos de Aureliano Babilonia o, mejor dicho, en la metáfora de éstos. Críticos como

---

[49] Armando Durán, «Conversaciones con Gabriel García Márquez», *Revista Nacional de Cultura* (Caracas), 29, núm. 185 (julio-agosto-septiembre de 1968), 28. Véase también las siguientes palabras de García Márquez en una entrevista con Plineo Apuleyo Mendoza (1972): «Yo creo que toda novela es una representación cifrada de la realidad —o como he dicho alguna vez: una adivinanza del mundo—, pero esta representación, a cualquier profundidad y a cualquier latitud, tiene una naturaleza propia, con sus leyes precisas e inviolables.» En Alfonso Rentería Mantilla (editor), *García Márquez habla de García Márquez* (Bogotá, 1979), pág. 87. La mayor parte de esta sección sobre «El mito apocalíptico» se publicó en la *Revista Iberoamericana*, XLIX, núms. 123-124 (abril-septiembre de 1983), 403-417.

Rodríguez Monegal —el mejor sobre los enigmas de la novela— han contribuido a nuestro análisis, y no intentamos entrar en polémica con él o con ellos. Reconocemos la deuda. Ahora bien: nuestro análisis nos llevará no sólo a una consideración del concepto del *Aleph* de Borges (la comparación esencial de Rodríguez Monegal), sino también a la relación entre la profecía y el apocalipsis; a los temas de la circularidad, la eternidad y el amor; a la idea del «espejo hablado» (que da título a un libro sobre la novela); al papel de Melquíades en la obra y, finalmente, a la relación de *Cien años de soledad* con dos autores importantes para la interpretación de García Márquez: Cervantes y Sófocles.

El enigma de *Cien años de soledad* no está en sus temas (por ejemplo, la soledad o el incesto), por interesantes que sean, sino en su forma, y ésta, como se ha afirmado varias veces, es circular [50]. En la última madrugada de Macondo, el incesto de Amaranta Úrsula y Aureliano Babilonia hace pensar en ese primer incesto, el de José Arcadio Buendía y Úrsula Iguarán de Buendía, y también en ese otro Macondo que existió unos cien años antes (tal vez más) cuando «el mundo era tan reciente, que muchas cosas carecían de nombre» (pág. 9). Aunque algo trastornado por el transcurso aparente del tiempo, al final de la novela todo parece regresar al principio. En el círculo, según uno de los aforismos de Heráclito, el comienzo y el fin son idénticos. Sin embargo, el principio y el fin de *Cien años de soledad* no son idénticos, sino homólogos: y esto se debe a que, como en los grandes mitos del mundo, la novela relata el comienzo y el fin de todas las cosas [51].

---

[50] Hemos mencionado ya que el tema de la circularidad es central en el argumento de Mario Vargas Llosa, *García Márquez: Historia de un deicidio* (Caracas, 1971). Otros críticos también han señalado la importancia de la circularidad: por ejemplo, Ricardo Gullón, Carmen Arnau, **Josefina Ludmer,** Suzanne Jill Levine, Julio Ortega.

[51] La homología de los relatos del comienzo del mundo (la cosmogonía) y los del fin (la escatología) es idea fundamental de Mircea Eliade, de muchos otros críticos de la mitología y de muchos antropólogos. Véase, por ejemplo, Mircea Eliade, *Le Mythe de l'éternel retour: Archétypes et répétition* (Paris, 1949).

Quizás otro novelista se contentaría con dejar que el ciclo se completara sin complicaciones: que Macondo y sus Buendía —como Arturo Cova y sus compañeros en *La vorágine*— se hundieran silenciosamente en esa naturaleza de donde salieron. Pero García Márquez no es «otro» novelista, y no se puede escribir hacia 1965 como se escribía en la década de 1920. A diferencia de *La vorágine*, que es una obra esencialmente lineal, *Cien años de soledad* abunda en «complicaciones circulares», en técnicas como la repetición de los nombres; en problemas como la relación entre el individuo y su destino, como la función de Melquíades en la novela, o inclusive como la metáfora de los pergaminos.

Para entender dicha metáfora —y todo lo demás— naturalmente hay que descifrar los pergaminos. Aquí ayuda la venganza del tabú del incesto, es decir, el hijo nacido con cola de cerdo. Después de la muerte de Amaranta Úrsula, Aureliano Babilonia, quien había pasado la noche emborrachándose y quejándose de su mala fortuna, recuerda de repente a su niño. Buscándolo por toda la casa, lo encuentra al fin convertido en un pellejo hinchado y reseco, arrastrado por las hormigas, por el sendero de piedras del jardín:

> Aureliano no pudo moverse. No porque lo hubiera paralizado el estupor, sino porque en aquel instante prodigioso se le revelaron las claves definitivas de Melquíades, y vio el epígrafe de los pergaminos perfectamente ordenado en el tiempo y el espacio de los hombres: *El primero de la estirpe está amarrado en un árbol y al último se lo están comiendo las hormigas* (pág. 349).

La clave de los pergaminos es simultáneamente la clave de su destino (pág. 349) y de la novela: la adivinanza del mundo.

Los pergaminos contienen la historia de los Buendía, «escrita por Melquíades hasta en sus detalles más triviales, con cien años de anticipación» (pág. 349). Con la clave a mano, Aureliano Babilonia puede leerlos «sin la menor dificultad, como si hubieran estado escritos en castellano» (pág. 349), aunque realmente estaban escritos en sánscrito. Además, Melquíades había cifrado los versos pares e impares con dos claves distintas y «no había ordenado los hechos en el tiempo convencional de los hombres, sino que concentró un siglo de episodios cotidianos, de modo que todos coexistieran en un instante» (pág. 350), esto es, en el tiempo presente (gramatical) del epígrafe de los pergaminos. Al igual que Joyce en *Finnegans Wake*, novela que se desarrolla en un solo momento durante el sueño de HCE, Melquíades (o García Márquez) ha escrito un libro en que todo existe simultáneamente. El filósofo inglés Thomas Hobbes llamaría a esta simultaneidad total la identidad del *hic-stans* y del *nunc-stans* (del aquí y del ahora) [52]; idea, por supuesto, religiosa. El único tiempo cronológico («el tiempo convencional de los hombres» o «la historia») es el que experimentamos *nosotros* al leer la novela o los Buendía al vivir sus vidas. Por necesidad, el primero es un tiempo lineal: pero el tiempo de la novela misma, dado que cada momento es idéntico a cada otro, es el de la eternidad [53].

A lo largo de la novela, García Márquez ha ido preparando la idea de la eterna coexistencia del tiempo y del espacio. Por ejemplo, esta idea precipita la locura de José Arcadio Buendía. Una mañana, él entra al taller de su hijo Aureliano y le pregunta: «¿Qué día es hoy?» (pág. 73). Al oír la respuesta («hoy

---

[52] «Pero quieren enseñarnos que la eternidad es la detención del tiempo presente, un *nunc-stans*, como lo llaman los escolásticos; ni ellos ni nadie más entienden eso, ni entenderían un *hic-stans* como la infinidad del espacio.» Thomas Hobbes, *Leviathan*, editada por Michael Oakeshott de la versión de 1651 (Oxford, 1957), pág. 443. Véanse los comentarios sobre el *nunc-stans* y el *hic-stans* en la introducción a nuestro estudio.

[53] Josefina Ludmer, en *Cien años de soledad: una interpretación* (Buenos Aires, 1972), considera en su último capítulo (págs. 215-222) lo que ella denomina «cierre de la ficción». Según ella, el fin de la novela demuestra la coexistencia de la 'profecía' (el presente volteado hacia el futuro) y de la 'narración' (el presente volteado hacia el pasado), la coexistencia de los tiempos futuro, presente y pasado «produciendo un precipitado total» (pág. 217). Ahora bien: por razones que indicamos en nuestro texto, la tradición en la cual se fundamenta *Cien años de soledad* no es la profética, sino la apocalíptica. También, de la coexistencia de todos los tiempos resulta, no su «aniquilación», y sí su elevación al tiempo eterno, su apoteosis.

es martes»), José Arcadio Buendía le contesta: «eso mismo pensaba yo. Pero de pronto me he dado cuenta que sigue siendo lunes, como ayer» (pág. 73). Como prueba, señala el espacio circundante: «mira el cielo, mira las paredes, mira las begonias. También hoy es lunes» (pág. 73). El día próximo (miércoles), el aire y el sol le siguen indicando «lunes». Y el jueves, el fundador de Macondo, sollozando que «la máquina del tiempo se ha descompuesto» (pág. 73), se pone a examinar las cosas durante seis horas, tratando de descubrir en ellas el transcurso del tiempo. El viernes enloquece por completo, y se necesitan veinte hombres para arrastrarlo al castaño y amarrarlo. Allí lo dejan, «ladrando en lengua extraña y echando espumarajos verdes por la boca» (pág. 74). Úrsula y Amaranta, al regresar a la casa, lo encuentran en un lunes eterno, «en un estado de inocencia total» (pág. 74). Preso e inmóvil bajo el castaño, José Arcadio Buendía se transforma para siempre en una especie de santo loco, en una metáfora viviente en el espacio atemporal y en el tiempo ahistórico.

Las varias descripciones del cuarto de Melquíades también anticipan la metáfora de la eternidad expuesta al final de la novela. Por ejemplo, cuando el adolescente Aureliano Segundo abre las ventanas del «cuarto clausurado» de Melquíades, que nadie había abierto desde que habían sacado el cadáver de éste, se indica:

> entró una luz familiar que parecía acostumbrada a iluminar el cuarto todos los días, y no había el menor rastro de polvo o telaraña, sino que todo estaba barrido y limpio, mejor barrido y más limpio que el día del entierro, y la tinta no se había secado en el tintero ni el óxido había alterado el brillo de los metales, ni se había extinguido el rescoldo del atanor donde José Arcadio Buendía vaporizó el mercurio. En los anaqueles estaban los libros empastados en una materia acartonada y pálida como la piel humana curtida, y estaban los manuscritos intactos. A pesar del encierro de muchos años, el aire parecía más puro que en el resto de la casa (págs. 160-161).

El mundo de los Buendía

Es aquí, en este cuarto eterno [54], que parece existir al otro lado del tiempo y del espacio, donde Aureliano Babilonia descifra los pergaminos. Al leerlos, empieza a darse cuenta de que el momento eterno de los pergaminos es simultáneamente el momento en que vive él y en que los descifra. Su acto de leer es eterno:

> empezó a descifrar el instante que estaba viviendo, descifrándolo a medida que lo vivía, profetizándose a sí mismo en el acto de descifrar la última página de los pergaminos, como si se estuviera viendo en un espejo hablado (pág. 350).

La imagen del espejo hablado confirma lo que ya sabemos: *Cien años de soledad* y los pergaminos de Melquíades son, en todo detalle, el mismo libro. De la misma manera, el lenguaje de los pergaminos (sánscrito) es a la vez castellano; y el castellano, sánscrito. Los pergaminos están escritos en nuestra propia lengua. Como ésta, simultáneamente, es sánscrito (símbolo del mundo prehistórico) y castellano (símbolo del moderno), los pergaminos incluyen toda la prehistoria y la historia, coexistiendo en un solo momento, que es el presente, y éste es eterno.

Analicemos el significado de esta imagen cósmica (pergaminos = *Cien años de soledad* = el mundo = la prehistoria = la historia = el momento presente = la eternidad). Invoquemos por el momento la ayuda de dos guías expertos en asuntos hispanoamericanos: a Emir Rodríguez Monegal y a Jorge Luis Borges. Rodríguez Monegal ha llamado a los pergaminos de

---

[54] Admitimos, sin querer insistir en ello, la inconsecuencia de García Márquez en sus varias descripciones del cuarto. No sabemos —y, a la verdad, no nos parece importante— si estas inconsecuencias (¿una de las 42 contradicciones en la novela, según el autor?) fueron intencionales o no. Cuando se describe el cuarto de Melquíades, éste parece existir, la mayoría de las veces, fuera del tiempo: el aire es fresco y puro; los pergaminos están muy bien conservados. Algunas veces, sin embargo, el cuarto, igual a cualquier otra parte de la casa, cambia con el tiempo. Un cambio de ese estilo ha ocurrido cuando Aureliano Babilonia entra en el cuarto por última vez. Encuentra los pergaminos intactos «entre las plantas prehistóricas y los charcos humeantes y los insectos luminosos que habían desterrado del cuarto todo vestigio del paso de los hombres por la tierra» (pág. 349).

Melquíades «an Aleph image of the world» (una imagen Aleph del mundo)[55]. Rodríguez Monegal ha tomado el vocablo *Aleph*, que es la primera letra del alfabeto hebreo, del cuento de Borges del mismo nombre. Posiblemente existe influencia, en este caso, de Borges en García Márquez. Se dice que el colombiano ha leído la obra entera del argentino. Dejamos la cuestión de influencia a un lado porque, de una manera o de otra, la didáctica lucidez de «El Aleph» contribuye mucho a una explicación de *Cien años de soledad*.

El cuento trata de un narrador, llamado Borges, que establece amistad con el poeta Carlos Argentino Daneri. Argentino, después de algún tiempo de amistad, le revela a Borges que en el ángulo del sótano de cierta casa hay un *Aleph*. Éste, explica Argentino, es «uno de los puntos del espacio que contienen todos los puntos»[56]. Al ver que Borges-narrador no entiende, Argentino le explica un poco más: el *Aleph* es «el lugar donde están, sin confundirse, todos los lugares del orbe, visto desde todos los ángulos» (pág. 209). Más tarde amplía su definición original: el *Aleph* es «el microcosmos de alquimistas y cabalistas..., el *multum in parvo*» (pág. 211). Curioso, el narrador se deja encerrar en dicho sótano. Después de unos momentos de duda y de terror (piensa que Argentino está loco y que quiere matarlo) ve de repente el *Aleph*. Despreciando su habilidad de describir lo indescriptible, escribe:

> En ese instante gigantesco [57] he visto millones de actos deleitables o atroces; ninguno me asombró como el hecho de que todos ocuparan el mismo punto, sin superposición y sin transparencia.

---

[55] Véase Emir Rodríguez Monegal, «*One Hundred Years of Solitude*: The Last Three Pages», *Books Abroad*, 47 (1973), 487. Nuestra interpretación coincide en ciertos aspectos con la suya, pero utilizamos la obra de Borges para subrayar más las diferencias que las semejanzas entre Borges y García Márquez.

[56] Jorge Luis Borges, *El Aleph: relatos* (Barcelona, 1969), pág. 209. Incluimos las citas en nuestro texto.

[57] En *Cien años de soledad* la epifanía de Aureliano Babilonia se describe como «aquel instante prodigioso» (pág. 349).

Lo que vieron mis ojos fue simultáneo: lo que transcribiré, sucesivo, porque el lenguaje lo es. Algo, sin embargo, recogeré. En la parte inferior del escalón, hacia la derecha, vi una pequeña esfera tornasolada, de casi intolerable fulgor [58]. Al principio la creí giratoria; luego comprendí que ese movimiento era una ilusión [59] producida por los vertiginosos espectáculos que encerraba. El diámetro del Aleph sería de dos o tres centímetros, pero el espacio cósmico que estaba ahí, sin disminución de tamaño. Cada cosa (la luna del espejo, digamos) [60] era infinitas cosas, porque yo claramente la veía desde todos los puntos del universo. Vi el populoso mar, vi el alba y la tarde, vi las muchedumbres de América, vi una plateada telaraña en el centro de una negra pirámide, vi un laberinto roto (era Londres) [...], vi el Aleph, desde todos los puntos, vi en el Aleph la tierra, y en la tierra otra vez el Aleph y en el Aleph la tierra [61], vi mi cara y mis vísceras, vi tu cara y sentí vértigo y lloré, porque mis ojos habrían visto ese objeto secreto y conjetural, cuyo nombre usurpan los hombres, pero que ningún hombre ha mirado; el inconcebible universo [62] (págs. 212-214).

Este lúcido pasaje se compara fácilmente —aunque sentimos no tener el espacio para llevar a cabo una comparación a fondo— a *Cien años de soledad*. El «instante gigantesco» del *Aleph*, cuya descripción cubre dos páginas en Borges, se extiende, en la novela de García Márquez, a unas trescientas cincuenta pá-

---

[58] Northrop Frye denomina esta visión «el punto de la epifanía»; ocurre, según él, la mayoría de las veces en lugares como la cumbre de una montaña, torres, faros, escaleras o escalones. Véase *The Anatomy of Criticism* (New York, 1967), pág. 201.
[59] Lo mismo podría decirse de «la rueda giratoria» (pág. 354) en *Cien años de soledad*.
[60] Esta imagen recuerda la de la luna y el espejo en el primer párrafo de *La hojarasca*.
[61] He aquí «el espejo hablado» de la pág. 350 de la novela. Suzanne Jill Levine utiliza esta metáfora como título de su libro: *El espejo hablado: un estudio de «Cien años de soledad»* (Caracas, 1975). Véase también el artículo de Aleyda Roldán de Micolta, «*Cien años de soledad*: una novela contruida sobre espejos», *Explicación de Textos Literarios*, 6, anejo 1 (1976), 239-258.
[62] Aunque José Arcadio Buendía tenía una idea intuitiva de lo que era «el inconcebible universo», Aureliano Babilonia fue el único Buendía que lo vio verdaderamente.

ginas. Borges relata la visión como un momento *EN* la narración, pero para García Márquez la visión *ES* la narración. Borges describe el *Aleph;* García Márquez lo crea. Borges lamenta que la simultaneidad total de su visión no pueda reducirse al lenguaje, que es parcial y lineal; García Márquez, sin quejarse, simplemente escribe *Cien años de soledad.* No hay mejor ejemplo, nos parece, que destaque tan claramente las diferencias de talento e inclinación temperamental entre el argentino y el colombiano.

Ahora bien: ¿cómo se puede captar tal visión entre las tapas de un libro? ¿No será imposible? Teóricamente, sí; en la práctica, no. García Márquez lo ha hecho. Apoyándonos primero en el crítico canadiense Northrop Frye, digamos que la técnica de tal visión describe «un universo compuesto totalmente de metáforas, donde cada cosa es, potencialmente, idéntica a cada otra, como si existiese todo dentro de un solo cuerpo infinito»[63]. Según Frye, tal visión es *apocalíptica.* Al unir la idea del apocalipsis con la de la «imagen cósmica», se descifran sin gran dificultad casi todos los enigmas de *Cien años de soledad.*

Como hemos visto en las primeras páginas de «La primera parte» de nuestro estudio, definimos «la imagen cósmica» de acuerdo con las observaciones de Gaston Bachelard[64]. Dicha imagen capta un mundo entero o un inmenso universo. Tales imágenes o visiones, aunque generalmente raras, se encuentran frecuentemente en los sueños de la niñez y en las concepciones míticas del hombre primitivo. (Hemos comentado también la importancia de la niñez para García Márquez.) En *Cien años de soledad* la técnica de la «cosmicidad» de la imagen se une a la idea religiosa del apocalipsis, utilizada ya por García Márquez en «Un día después del sábado» y en «Los funerales de la Mamá Grande».

Tradicionalmente, la literatura apocalíptica es secreta; está escrita en libros «ocultos» que se revelarán a «los hombres

---

[63] Frye, *The Anatomy of Criticism,* pág. 136.
[64] Véase especialmente el libro de Bachelard titulado *La poétique de l'espace* (Paris, 1958).

justos» o «rectos» al fin del mundo. Nadie en la familia Buendía, notémoslo, puede descifrar los pergaminos antes del tiempo designado por Melquíades [65]. Aureliano Babilonia, que domina el idioma cabalístico (sánscrito) de los pergaminos y es, quizás paradójicamente, el único Buendía «recto» o «justo» (pues es el único que ha engendrado un hijo «por el amor»), sí puede descifrarlos. Además, conforme con las tradiciones apocalípticas, los descifra en la última hora de la existencia de Macondo [66].

A diferencia de la tradición profética, que es oral, la tradición apocalíptica es escrita [67]: termina siendo literatura. Se recordará que Melquíades se preocupa mucho por *escribir* sus revelaciones, por hacer literatura. La numerología es también importante en la tradición apocalíptica: los «cien años» del título, y su significado dentro de la novela, confirman la importancia de dicha tradición.

La literatura apocalíptica interpreta la historia desde un punto de vista determinista. Como se explica en *Daniel* (11.36), lo que se ha precisado, ocurrirá. Es solamente al leer los per-

---

[65] Lo mismo ocurre en *Daniel*, libro «apocalíptico» del Antiguo Testamento. A Daniel se le ordena cerrar las palabras y sellar el libro hasta «el tiempo del fin» (*Daniel*, 12.4). Y cuando Daniel le pregunta a Dios por qué, Éste le contesta: «Anda, Daniel, que estas palabras están cerradas y selladas hasta el tiempo del cumplimiento» (*Daniel*, 12.9). A excepción de un artículo, como el de Lois P. Zamora, «The Myth of Apocalypse and Human Temporality in García Márquez's *Cien años de soledad* and *El otoño del patriarca*», *Symposium*, 32 (1978), 341-355, la mayoría de la crítica, inclusive la mítica, se concentra en otros aspectos míticos de la novela. Por ejemplo, Germán Darío Carrillo, en su artículo «Mito bíblico y experiencia humana en *Cien años de soledad*», *Explicación de Textos Literarios*, 6, año 1 (1976), 79-100, considera solamente el mito adánico del Paraíso Terrenal y de la caída. No nos dice nada sobre el fin del mito bíblico: el apocalipsis.

[66] La revelación de San Juan sólo ocurre cuando «el tiempo está cerca» (*Apocalipsis*, 1.3). Además, el apellido de Aureliano Babilonia recuerda, obviamente, la ciudad de Babilonia en el *Apocalipsis*, la ciudad que se destruye «en una hora» (*Apocalipsis*, cap. 18). También la confusión de lenguas sugerida por el término «Babel» indica simbólicamente las múltiples lenguas que conlleva la metáfora de los manuscritos de Melquíades.

[67] Véase nuestro comentario en la nota núm. 53.

gaminos cuando Aureliano Babilonia entiende que el ciclo del incesto ha sido predeterminado:

> Sólo entonces descubrió que Amaranta Úrsula no era su hermana, sino su tía, y que Francis Drake había asaltado a Riohacha solamente para que ellos pudieran buscarse por los laberintos más intrincados de la sangre, hasta engendrar el animal mitológico que había de poner término a la estirpe (pág. 350).

«Todo se sabe», había dicho Aureliano Babilonia muchas veces, repitiendo lo que había dicho Melquíades en su tiempo y José Arcadio en el suyo (v. pág. 322). Diríamos que sí, que todo se sabe, pero a su tiempo. Sabemos ahora, por ejemplo, que la repetición en la novela sirve como índice del destino, de la predestinación [68]. El nombre de cualquier personaje predetermina su personalidad y la trayectoria de su vida. Como hay solamente dos tipos esenciales de varones Buendía, se repiten constantemente los nombres; esto lo sabía Úrsula. Como ella misma dice, «mientras los Aurelianos eran retraídos, pero de mentalidad lúcida, los José Arcadios eran impulsivos y emprendedores, pero estaban marcados por un signo trágico» (pág. 159).

Según la versión apocalíptica de la historia del mundo, todo procede hacia la destrucción inevitable. Pilar Ternera entiende este aspecto como un proceso predeterminado en el mundo de los Buendía, pues ella reconoce, mejor quizás que cualquier otra persona en la novela, «que la historia de la familia era un engranaje de repeticiones irreparables, una rueda giratoria que hubiera seguido dando vueltas hasta la eternidad, de no haber sido por el desgaste progresivo e irremediable del eje» (pá-

---

[68] La predestinación por medio de la repetición del nombre es ejemplo biográfico del «eterno retorno» (v. nota núm. 51). Esta idea se asocia con la de «*gelebte vita*» (vida experimentada), concepto básico del mito que se encuentra en la literatura moderna en forma ejemplar en la novela *Joseph und seine Brüder* (*José y sus hermanos*) de Thomas Mann. En esa novela hay, en cada generación, un criado llamado Eliezer, cuya personalidad es siempre igual. Mann comenta este fenómeno con su acostumbrada lucidez didáctica.

gina 334). En el mundo de la novela, un factor que contribuye muchísimo a ese desgaste del eje son las numerosas plagas (recordemos, también, las plagas del *Apocalipsis* de San Juan). La primera plaga es la del insomnio y del olvido; la segunda, las guerras civiles que casi destruyen al pueblo; la tercera, la decadencia con la explotación del banano y la predeterminada masacre de tres mil personas frente a la estación del ferrocarril [69]; la cuarta, el diluvio que dura cuatro años, once meses y dos días; la quinta, la de la selva devoradora al final de la novela; la sexta, ese «huracán bíblico» que convierte a Macondo en «un pavoroso remolino de polvo y escombros» (pág. 350). Generalmente, las plagas, en el *Apocalipsis* de San Juan, o destruyen al hombre físicamente, o destruyen la naturaleza: diviesos y llagas, vientos, fuegos, diluvios, pestilencias. Pero una de las plagas que aflige a la Babilonia bíblica es la psicológica: la del llanto. Aficionados por el momento a la numerología, digamos que en *Cien años de soledad* debe haber siete plagas en total (el siete es número místico y bíblico) [70]. La séptima sería la plaga de la soledad, que es la única que es mental, pero también la más constante: todo Buendía vive condenado a ella. Semejante al signo de la prostituida Babilonia, en cuya frente se encuentra escrito «Misterio, Babilonia la Grande, la madre de las fornicaciones y de las abominaciones de la tierra» (*Apoca-

---

[69] Este episodio se basa en un hecho histórico. En 1928, una huelga de peones bananeros, en la Costa Atlántica de Colombia, fue terminada por una masacre frente a la estación del ferrocarril de Ciénaga, un pueblo en la zona bananera. El número de muertos varía, según las simpatías del narrador, de cero a miles. Los datos históricos pueden encontrarse en el siguiente artículo de Lucila I. Mena, «La huelga bananera como expresión de lo 'Real Maravilloso' americano en *Cien años de Soledad*», *Bulletin Hispanique*, 74 (1972), 379-405; o en muchos libros de la historia de Colombia, por ejemplo en el de Diego Montaña Cuéllar, *Colombia: país formal y país real* (Buenos Aires, 1963), págs. 126-129. Esta huelga —junto con su masacre— es tema de una novela (*La casa grande*, 1967), escrita por un amigo de García Márquez, Álvaro Cepeda Samudio.

[70] En el *Apocalipsis* también hay siete plagas: «Y fue el templo lleno de humo por la majestad de Dios, y por su potencia; y ninguno podía entrar en el templo, hasta que fuesen consumadas las siete plagas de los siete ángeles» (*Apocalipsis*, 15.8).

lipsis, 17.5), todo Buendía lleva el signo de la soledad, o inscrito en la frente (los 17 Aurelianos), o como cicatriz en el corazón, o como llaga en el alma. Este signo es índice simultáneamente de su consanguinidad, del juicio final y de la condenación[71].

Circular es la novela: en sus últimos momentos de vida, cada Buendía regresa o a su nacimiento o a un episodio en el pasado remoto. El amor de Amaranta Úrsula y de Aureliano Babilonia, que ocurre en un «paraíso» (vocablo que se encuentra varias veces en las páginas finales), repite en cierto sentido la vida de un Macondo primitivo. La ciudad ruidosa de Macondo vuelve a ser un pueblo, una aldea; y la casa, la selva de donde salió. He aquí, pues, el *Uroboros*, el dragón que se muerde la cola. Analógicamente, el mito apocalíptico es también el mito del *Uroboros* (el de la circularidad), pues de una destrucción total nace otro mundo nuevo, completándose el círculo e iniciándose otro. En el apocalipsis cristiano, ese mundo nuevo es la Nueva Jerusalén, ciudad de piedra «resplandeciente como cristal», con una plaza de «oro puro como vidrio transparente» (*Apocalipsis*, 21.11, 21). Por esta ciudad corre «un río limpio de agua de vida, resplandeciente como cristal» (*Apocalipsis*, 22.1); las aguas del río que pasa por Macondo son «diáfanas», parecidas a «un torrente de vidrio helado» (pág. 28). La Nueva Jerusalén es ciudad de espejos, de cristales; Macondo había de ser —según el sueño profético de José Arcadio Buendía— «una ciudad ruidosa con casas de paredes de espejo» (pág. 28). Siendo una especie de Paraíso Terrenal al comienzo de *Cien años de soledad*, Macondo podría llamarse la Nueva Jerusalén hispanoamericana. Pero como se destruye —y en la *Biblia* tal destrucción es preludio de la Nueva Jerusalén— podría llamarse al fin una Babilonia hispanoamericana (he aquí, quizás, el significado del apellido del último Buendía). O podríamos decir con Borges que Macondo es una ciudad *Aleph*: una ciudad en la cual se reflejan todas las ciudades de la tierra; y ella en todas

---

[71] Véase nuestra explicación sobre el *totem* y el *tabú* en «El ciclo del incesto».

El mundo de los Buendía 125

las ciudades. Todo parece ser un espejo hablado y todo, en esta novela de espejismos, obedece a la ley de la circularidad.

Desde la perspectiva mítica, el tiempo es también cíclico; por lo que García Márquez viene a ser un escritor mítico. Pero al decir esto nos enfrentamos con lo que parece ser una contradicción fundamental en la obra de García Márquez, pues desde el punto de vista del apocalipsis judeo-cristiano el tiempo es esencialmente lineal. La historia del hombre, según esta interpretación, transcurre sucesivamente sin constantes repeticiones cíclicas, hasta culminar en la destrucción del mundo, el juicio final y la Nueva Jerusalén. En las últimas palabras de la novela, García Márquez parece aliarse con esta interpretación lineal de la historia del hombre:

> todo lo escrito [en los pergaminos] era irrepetible desde siempre y para siempre, porque las estirpes condenadas a cien años de soledad no tenían una segunda oportunidad sobre la tierra.

¿Habrá palabras más lineales que éstas?

Sin embargo, no nos dejemos convencer sólo por estas líneas, pues deben señalarse dos detalles importantes que no están en ellas. Primero, estas últimas palabras de la novela se incluyen también en los pergaminos; y éstos existen en un presente eterno. Quizás nunca se repiten, pero tampoco dejan de existir. Por lo tanto, los Buendía no tendrán una segunda posibilidad de existencia porque ellos, al igual que los pergaminos, son eternos. Segundo, la sentencia con que termina la novela no es la última oración en los pergaminos, sino la penúltima. Aureliano Babilonia se ha detenido al leerla:

> antes de llegar al verso final ya había comprendido que no saldría jamás de ese cuarto, pues estaba previsto que la ciudad de los espejos (o los espejismos) sería arrasada por el viento y desterrada de la memoria de los hombres en el instante en que Aureliano Babilonia acabara de descifrar los pergaminos (pág. 351).

¿Termina Aureliano Babilonia de leer los pergaminos? Nosotros diríamos que no. Al igual que un mago todopoderoso interesado en salvar la novela y a los Buendía de la nada del olvido, García Márquez frena el tiempo y detiene el ciclo para siempre el momento antes de que se lea el verso final de los pergaminos. Metafóricamente la novela resulta inacabable; la completamos *nosotros*, si es que la completamos (¿quién puede terminar de leerla?) cada vez que la leemos. En efecto, el lector, al igual que Aureliano Babilonia, tiene que descifrar los pergaminos: y éstos son *Cien años de soledad*. Estamos con Aureliano Babilonia en el juego; existimos y nos vemos en «el espejo hablado». Es como si al ver *Las Meninas* de Velázquez, cuadro construido a base de la metáfora de los espejos, entráramos en un cuarto donde nos encontráramos simultáneamente en el cuadro, reflejados en otro espejo. Mientras nos quedamos en el cuarto existimos en el espejo de Velázquez[72].

Quedémonos en el Siglo de Oro por unos momentos. La autonomía creadora de García Márquez nos recuerda a Cervantes. En *Don Quijote*, Cervantes, con asombrosa autonomía, interrumpe la batalla entre Don Quijote y el Vizcaíno, dejándolos con las armas en alto mientras él discute otros asuntos. Regresa a la batalla y termina sólo cuando *él* quiere y no antes (*DQ*, I, 8, 9). Teóricamente, la digresión podría durar unos cien años. García Márquez se parece también a Cervantes en otras técnicas (y no por casualidad, notémoslo de paso, García Márquez era, o es todavía, aficionado a los libros de caballería). Igual al Manco de Lepanto, quien tenía a Cide Hamete Benengeli, el colombiano tiene a Melquíades. Es a través de la traducción del árabe del libro de Cide Hamete Benengeli (*Historia de Don Quijote de la Mancha, escrita por Cide Hamete Benengeli, historiador arábigo* — *DQ*, I, 9) como Cervantes, sirvién-

---

[72] Así vi yo por primera vez *Las Meninas* en el Prado; pero, según tengo entendido, ya no está ese cuadro en el cuarto de espejos. Lástima; porque en ese cuarto y con ese cuadro vivimos la metáfora de Velázquez y también la que da estructura a *Cien años de soledad;* experimentamos además un *topos* renacentista muy común. *Las Meninas* es una obra muy discutida. Véase, por ejemplo, el primer capítulo de Michel Foucault, *Les mots et les choses* (Paris, 1966), y el artículo del filósofo americano John R. Searle, «*Las Meninas* and the Paradoxes of Pictorial Representation», *Critical Inquiry*, 6, núm. 3 (1980), 477-488.

dose de un «morisco aljamiado» (quien traduce la historia), le da su héroe al mundo. Melquíades escribe los pergaminos que García Márquez ha titulado *Cien años de soledad*. Sin embargo, a diferencia de Cervantes, García Márquez ha designado a Melquíades como autor de los pergaminos y, a la vez, como personaje en ellos (¿habría que indicar que el mismo Melquíades ha elegido este doble papel? —¿o que García Márquez se ha puesto la misma máscara doble de autor y de gitano-personaje?). Y como Cervantes, quien utilizaba la técnica de la novela intercalada (por ejemplo, la novela del Curioso Impertinente), que tiene sus equivalencias en otras literaturas europeas, García Márquez se sirve de la misma técnica. Pero a su modo. Es decir, su novela intercalada es la novela *Cien años de soledad*, que existe dentro de —y es la novela de Melquíades [73].

El papel de Melquíades como personaje en la novela-pergaminos (*El Quijote* de «cartapacios») es de suma importancia. Al igual que el señor Herbert en «El mar del tiempo perdido» y Pilar Ternera con los muchachos Buendía en el amor, Melquíades es un iniciador. A través de él los Buendía se enteran de los misterios de la magia, de la ciencia, de la alquimia y del sánscrito. Como todo iniciador en los misterios del mundo, Melquíades también conoce íntimamente a la muerte, pues ha «sucumbido a las fiebres en los médanos de Singapur, y su cuerpo ha sido arrojado en el lugar más profundo del mar de Java» (pág. 22). Después de algún tiempo de muerto, regresa a Macondo (pág. 39); y muerto por segunda vez, ésta en Macondo, regresa constantemente para enseñar los misterios a los varones de la familia. Los prepara poco a poco para la revelación final sobre su destino. Al iniciar a José Arcadio Buendía en la «ciencia» con el milagro de los imanes, Melquíades da el primer gran impulso a una aventura de búsqueda espiritual que culminará con el desciframiento de los pergaminos (y del destino de la familia) por Aureliano Babilonia.

---

[73] Carmen Arnau afirma que los pergaminos son la imagen de «la novela dentro de la novela»: *El mundo mítico de Gabriel García Márquez* (Barcelona, 1971), pág. 67.

El tema de la búsqueda espiritual se une desde luego con el del destino: al descubrir quiénes son, los Buendía (en realidad, un Buendía solamente, pero éste —Aureliano Babilonia— representante de la familia entera) descifran o descubren su destino. El doble y simultáneo descubrimiento del destino y de la identidad trae a la memoria el caso de Edipo (de Sófocles), discutido en el capítulo anterior. Aunque cada Buendía encarna —a su modo— la obsesión doble de Edipo, es solamente el último (Aureliano Babilonia) quien verdaderamente entiende y experimenta el carácter simultáneo de identidad y destino. Otro espejo hablado, pues; otro *Aleph;* otro *Uroboros*.

Concluyamos la SEGUNDA PARTE de nuestro estudio. *Cien años de soledad* termina en lo que Northrop Frye llama «el punto de la epifanía». Según Frye, en este punto «se encuentran alineados el mundo apocalíptico y el mundo cíclico»[74]. Este punto de epifanía —y el vocablo nos recuerda las teorías de James Joyce y la festividad que celebra la Iglesia Católica el 6 de enero— es una imagen cósmica. Nos parece que, como matriz operante en la obra de García Márquez y en la tradición apocalíptica, se encuentra una visión tan rara y poderosa que se le puede ocurrir a un hombre —si es que se le ocurre— una vez en la vida. Aunque poderosa, la idea de esta visión es simple: el único momento en que se puede captar *in toto* a una persona, una ciudad o una civilización, es el momento antes del fin irrevocable, porque éste es el único momento sin futuro. Para una persona, éste es el momento antes de morir; para una civilización, el último momento apocalíptico. En tales momentos, la visión es cósmica, estática, eterna, total; quizás mística y sí sumamente mítica. No puede dejar de serlo. Invoquemos, para terminar, las palabras de Platón, y describamos a *Cien años de soledad* como «una imagen moviente de la eternidad».

[74] Frye, *Anatomy of Criticism*, pág. 203.

III

ENTRE DOS MUNDOS

LA CUENTÍSTICA DE GARCÍA MÁRQUEZ (1968-1972)

Después de un esfuerzo tan grande como fue *Cien años de soledad*, García Márquez necesitó tiempo para descansar. El éxito descomunal de esta novela creó en el mundo entero, no sólo en Hispanoamérica, un vivo interés por las obras que la seguirían. De 1967 en adelante, García Márquez, mundialmente famoso, ha vivido asediado por entrevistas, investigadores y turistas, aislado —como lo había de ser su patriarca— en su palacio de la fama. Años antes, en 1958, en Venezuela, había concebido la idea de *El otoño del patriarca* y hasta había escrito, en México, en los años sesenta, unas cuatrocientas cuartillas, rompiéndolas luego «porque no se sentía listo todavía para la tarea»[1]. No encontraba el tono, el punto de vista. Después de 1967 García Márquez comenzó a redactar lo que él llamaría «cuentos infantiles», escritos para descubrir la novela

---

[1] V. Luis Harss, «Gabriel García Márquez o la cuerda floja», en *Los nuestros* (Buenos Aires, 1969), pág. 409. Esta entrevista se publicó por primera vez en 1966. El número de páginas varía según el entrevistador. En una entrevista con Plineo Apuleyo Mendoza, publicada en *Libre* (Paris) en 1972, García Márquez indica que había escrito «300 cuartillas». Esta entrevista se recoge en *García Márquez habla de García Márquez*, entrevistas compiladas por Alfonso Rentería Mantilla (Bogotá, 1979), pág. 82.

futura. Éstos— que al escribirse dejaron de ser cuentos para niños— se coleccionaron en 1972 bajo el título de *La increíble y triste historia de la cándida Eréndira y de su abuela desalmada*. En una entrevista en 1971, García Márquez los llamó «ejercicios de piano, buscando el estilo que emplearía en el nuevo libro»[2].

Esta búsqueda sugiere que García Márquez anda por otros senderos al escribir *El otoño del patriarca*. Macondo y los Buendía han desaparecido, quizás para siempre. Ahora bien: ¿cuáles son esos senderos nuevos? ¿Cómo se distinguen del mundo de las ficciones anteriores? ¿Cómo utilizó García Márquez unos pocos cuentos como ejercicios de piano?

Para llegar al mundo del patriarca tuvo que «exorcizar» todos los demonios de ese mundo macondiano que todavía existían en su cabeza. El exorcismo le resultó difícil, ya que, como indicó en una entrevista en 1967, «después de *Cien años* siento como si hubieran muerto mis amigos. Pienso escribir unos cuentos donde me ocuparé de lo que les ocurre a los descendientes de la gente de Macondo»[3]. Dos años más tarde, en 1969, expresó algo diferente y, además, aparentemente contradictorio: por una parte, *El otoño del patriarca* había de ser «la continuación de *Cien años*», y, por otra, lo único que se había propuesto en la nueva novela era «romper con el estilo anterior»[4]. La contradicción aparente desaparece si consideramos las palabras de García Márquez en otra ocasión, dos años más tarde (en 1972): «En realidad, uno no escribe sino un libro [...]. El libro que yo estoy escribiendo no es el libro de Ma-

---

[2] Entrevista con Ernesto González Bermejo (noviembre de 1971), publicada en *Triunfo* (Madrid). V. en *García Márquez habla de García Márquez*, pág. 57.

[3] Entrevista con Ernesto Schóo (junio de 1967), publicada en *Primera Plana* (Buenos Aires). V. en *García Márquez habla de García Márquez*, página 16.

[4] «Continuación de *Cien años*»: de una entrevista con Miguel Torres (1969), publicada en *Revista de Cine Cubano;* v. en *García Márquez habla de García Márquez*, pág. 48. «Romper con el estilo anterior»: de una entrevista con Nativel Preciado (1969), publicada en el diario *Madrid;* v. en *García Márquez habla de García Márquez*, pág. 43.

condo, sino el libro de la soledad»[5]. *El otoño del patriarca* añadiría desde luego otro capítulo a este inmenso libro. Sin embargo, las cosas no son tan simples como quizás pretendemos, porque García Márquez no es, ni será nunca, escritor «monotemático». Paradójicamente —y una paradoja no es lo mismo que una contradicción—, *El otoño del patriarca* continúa *Cien años de soledad* y acaba con ella. La clave de este doble movimiento está en los cuentos escritos entre los dos mundos.

Desde la perspectiva de 1977, dos años después de publicar *El otoño del patriarca*, García Márquez dijo que en 1967

> tenía que despojarme de un modo de escribir dentro del cual había estado sumergido durante mucho tiempo y sin ninguna pausa para respirar [el modo que pertenece a *Cien años de soledad*], y la simplicidad estilística de los cuentos infantiles me pareció buen purgante para la indigestión del pasado, y para emprender luego la tarea tremenda de comerme ese caimán barbudo que debía ser *El otoño del patriarca*. Empecé entonces con «Un señor muy viejo con unas alas enormes». Se lo leí a mis niños, y sentí que me tenían mucha lástima. Me dijeron: «No creas que los niños son tan tontos.» Como de todos modos yo tenía un plan de escribir siete cuentos, seguí escribiéndolos como purgante, sin pensar en los niños, y a través de ellos fui encontrando el lenguaje y el estilo de *El otoño del patriarca*[6].

El purgante —o el exorcismo— se convirtió en seis cuentos, no siete, reunidos y publicados en 1972 en la colección ya indicada. Según el índice, cuatro de los cuentos provienen del año 1968; uno, de 1970, y otro, de 1972. Vargas Llosa afirma que los cuentos escritos en 1968 se redactaron en el siguiente orden:

---

[5] Entrevista con Ernesto González Bermejo (noviembre de 1971), publicada en *Triunfo* (Madrid). V. en *García Márquez habla de García Márquez*, pág. 51.

[6] Esta explicación se encuentra en la respuesta a una pregunta hecha por Germán Vargas (amigo de García Márquez en la época de Barranquilla), en un artículo titulado «Intelectuales interrogan a Gabriel García Márquez», publicado en la revista *Hombre de Mundo* (México) en 1977. V. en *García Márquez habla de García Márquez*, pág. 154.

«Un señor muy viejo con unas alas enormes», «El ahogado más hermoso del mundo», «Blacamán el bueno, vendedor de milagros», «El último viaje del buque fantasma»[7]. Tal orden difiere un poco del sugerido por el índice de la colección de 1972. También indica Vargas Llosa que la historia de la cándida Eréndira —que según la fecha de publicación se redactó en 1972— existía como guión cinematográfico por lo menos dos años antes: se publicaron fragmentos en dos revistas en 1970[8].

«UN SEÑOR MUY VIEJO CON UNAS ALAS ENORMES»

El doble movimiento hacia el pasado y hacia el futuro —denominémoslo doble intertextualidad— existe ya en «Un señor muy viejo con unas alas enormes» (1968), el cuento que ocasionó tanta lástima a los hijos de García Márquez. Como es de esperar, este cuento pertenece más al ambiente y al ámbito de *Cien años de soledad* que al del futuro patriarca. Persisten semejanzas en los ritmos de frases, en las técnicas de mitificación, en el tono narrativo y en los detalles surrealistas o mágicorealistas. Al igual que en *Cien años de soledad* y en la ficción anterior, hay alternancia constante entre frases largas y cortas. Por ejemplo, después de la frase inicial, que «dura» unas cinco líneas, la siguiente ocupa menos de una. Esta frase, además, repite el tono de muchas frases de *Cien años de soledad*, de «Isabel viendo llover en Macondo» y de otros cuentos: «El mundo estaba triste desde el martes»[9].

«El mundo» aquí no es más que un pueblito en la costa de Colombia o en cualquier costa de la zona del Caribe. (El único

---

[7] Mario Vargas Llosa, *García Márquez: Historia de un deicidio* (Caracas, 1971), pág. 617. En adelante citado como *Deicidio*.

[8] Existen muchas diferencias entre estos dos fragmentos y el cuento publicado. Sería un bonito estudio analizarlas, lo que no podemos llevar a cabo en el presente trabajo.

[9] Gabriel García Márquez, «Un señor muy viejo con unas alas enormes», en *Todos los cuentos por Gabriel García Márquez (1947-1972)* (Barcelona, cuarta impresión, 1978), pág. 214. En adelante las citas de este y de los otros cinco cuentos estudiados en este capítulo se incluyen en el texto.

lugar nombrado es Martinica, de donde vienen unos curiosos a ver al viejo señor.) O se agranda el pueblo en un mundo, o se reduce el mundo a un solo pueblo; de cualquier manera, de esta técnica metonímica —que indica la correspondencia entre el macro y el microcosmos— resulta una narración con elementos míticos.

Desde cierta perspectiva, la mitificación en el relato se cumple por medio de la ampliación de lo individual a lo universal, es decir, de lo histórico a lo mítico. Desde otra, la mitificación procede de manera inversa: lo universal o lo mítico sólo cobra existencia por medio de lo concreto, de lo histórico, de las hazañas de un personaje singular (por ejemplo, Pelayo o su esposa Elisenda). Precisemos: teniendo en cuenta el título del relato, el mito de la caída de los ángeles (en especial, de Lucifer) viene a concretarse en la historia de UN señor muy viejo dotado de alas. Paradójicamente, dicha concretización del mito produce simultáneamente su desmitificación, ya que es difícil considerar a este viejo, «tumbado boca abajo» (pág. 214) en el lodo, como uno de esos seres que según Tomás de Aquino consisten en pura esencia, fuera del tiempo y del espacio humano. Mito sí, pero mito a la vez desmitificado. Por otra parte, si insistimos con George R. McMurray [10] en la correspondencia del cuento con los mitos clásicos, y en particular con el mito de Ícaro —opinión que nos parece algo rebuscada—, resultaría el mito igualmente desmitificado. Este señor es viejo, no joven; naturalmente, no tiene padre a quien desobedecer; difícilmente imaginamos que en algún momento hubiera poseído o habría de poseer la fuerza para volar cerca del sol; y cae, no en el mar, sino en el barro de un gallinero. Se parece no tanto a un ángel o a un héroe de la mitología griega, como a un enorme pájaro viejo y enfermo que ya no puede ni volar.

Una desmitificación general ocurre por medio de otros detalles. ¿Qué hacen los esposos con el ángel caído? Convirtién-

---

[10] V. George R. McMurray, *Gabriel García Márquez*, traducido por Hernando Valencia Goelkel (Bogotá, 1978), pág. 117.

dolo en espectáculo de circo, cobran la entrada para verlo. Cuando han reunido suficiente dinero, construyen una casa cómoda «con barras de hierro en las ventanas para que no se metieran los ángeles» (pág. 218). Todas las personas del pueblo —menos una— consideran al viejo como ángel, y las descripciones que de él hacen revelan, irónicamente, la inocencia de los ciudadanos. Tiene «alas de gallinazo grande» (pág. 214); se parece a «una enorme gallina decrépita» (pág. 215), a un «pajarraco viejo» (pág. 219); y, al fin del cuento, cuando logra escaparse, vuela sobre las tapias de las casas con un «azaroso aleteo de buitre senil» (pág. 220). Gallinazos, pajarracos, buitres: todas aves feas y en cierta manera repugnantes. Hasta los milagros de este ángel caído contribuyen a su desmitificación, pues revelan «un cierto desorden mental» (pág. 218): al ciego no le da la vista, sino tres dientes nuevos; al leproso le siembra girasoles en las llagas (pág. 218). La única persona que no cree que el viejo sea un ángel es el padre Gonzaga, pero su manera de comprobarlo demuestra otra forma de inocencia provincial, la religiosa. El padre sospecha de su origen divino cuando, al entrar en el gallinero, le da «los buenos días en latín» y comprueba que el viejo no «entendía la lengua de Dios ni sabía saludar a sus ministros» (pág. 215), cosas que, se supone, todo ángel entiende y sabe hacer.

Algunos detalles rememoran la ficción anterior o anticipan la futura. Por ejemplo, en *Cien años de soledad* habíamos leído sobre la locura de José Arcadio Buendía, quien, preso bajo el castaño, habla un idioma extraño que ningún otro Buendía puede entender; en el cuento, este señor de las alas habla «un dialecto incomprensible» (pág. 214), que más tarde se describe como «noruego viejo» (pág. 219). Ambos —el uno bajo el castaño y el otro en el gallinero— son inocentes y hasta santos en cierto sentido. La rememoración o anticipación puede ser simultánea. Por ejemplo, «el espectáculo triste de la mujer que se había convertido en araña por desobedecer a sus padres» (pág. 217) repite, con alteración mínima, el episodio en *Cien años de soledad* de ese «triste espectáculo del hombre que se convirtió en víbora por desobedecer a sus padres» (*Cien años de soledad*)[11]; se encontrarán alusiones a esta mujer convertida en «La increíble y triste historia de la cándida Eréndira y de su abuela desalmada» (pág. 307), y otra vez en *El otoño del patriarca*, aquí como «la mujer que se había convertido en alacrán por desobedecer a sus padres»[12]. Esta técnica de entrelazar la ficción por medio de alusiones o repeticiones —García Márquez había hecho lo mismo con la figura del coronel Aureliano Buendía en la ficción anterior— contribuye a la creación de un solo mundo ficticio.

Entre paréntesis, notemos que Faulkner y Joyce utilizaron técnicas semejantes: el uno para crear el mítico «Yoknapatawpha County»; el otro, para recrear y mitificar su Dublín natal. Notemos también que el mundo de García Márquez no es un solo pueblo, Macondo, como opinan (u opinaban) muchos críticos, por lo menos antes de publicarse *El otoño del patriarca*. Es más bien esa zona geográfica que incluye Aracataca, Riohacha, Santa Marta, Cartagena, La Guajira y las varias islas del Caribe. Esta zona da origen a Macondo, al pueblo sin nombre de unas ficciones primeras, al pueblo costeño de algunos cuentos, al gran desierto del cuento de la cándida Eréndira, a la ciudad capital de la isla o del país donde gobierna el patriarca, y, finalmente, al pueblo donde tiene lugar *Crónica de una muerte anunciada*.

Ciertas anticipaciones, aunque interesantes, no tienen mucha importancia. Al ángel del gallinero el pueblo lo quiere nombrar «alcalde del mundo» y ascenderlo a «general de cinco estrellas» (pág. 215). Para el patriarca de la novela el nombramiento es aún mayor, pues se le considera igual a un dios, todopoderoso y hasta comandante del tiempo. La gente lo asciende al rango de «general del universo [por medio de la condecoración de] diez soles tristes [que matemática y metafóricamente son más que cinco estrellas] para darle una jerarquía mayor que la de la muerte» (pág. 219). Irónicamente,

---

[11] Gabriel García Márquez, *Cien años de soledad* (Buenos Aires, 1967), página 35. En adelante incluimos las citas en el texto.
[12] Gabriel García Márquez, *El otoño del patriarca* (Barcelona, 1975), páginas 18, 229. En adelante las citas se incluyen en el texto.

la promoción militar ocurre después de la muerte del patriarca; el pueblo mismo —débil, mortal y aterrorizado por el patriarca— lo nombra «general del universo». Es ésta una burla metafísica y satírica sobre el honor, la fama y el poder, temas éstos importantes en la novela. Lo que en *El otoño del patriarca* será tema central es en el cuento tema auxiliar que queda sin desarrollar. Otras anticipaciones no necesitan comentarios. Por ejemplo: la correspondencia con el Vaticano sobre el ángel caído anticipa de cierta manera el contacto con el Vaticano, en *El otoño del patriarca*, con el fin de canonizar a la madre del patriarca.

Una anticipación importante no es de detalle, sino de ambiente o de «localidad»[13]. El cuento tiene lugar en la costa, y por todas partes predomina ese ambiente de vida caliente y algo decadente del Caribe: «el cielo y el mar eran una misma cosa de ceniza, y las arenas de la playa, que en marzo fulguraban como polvo de lumbre, se habían convertido en un caldo de lodo y mariscos podridos» (pág. 213). El mar —que había cobrado importancia por primera vez en la ficción de García Márquez en «El mar del tiempo perdido»— figura como localidad de la acción en cinco de los seis cuentos discutidos en este capítulo. Inclusive en el último cuento de la colección, el de la cándida Eréndira, se nota la presencia del mar, ya que las aventuras de Eréndira terminan en la playa. En *El otoño del patriarca* el mar llega a ser una obsesión constante del personaje principal.

«EL AHOGADO MÁS HERMOSO DEL MUNDO»

En cada uno de los tres cuentos que siguen, «El ahogado más hermoso del mundo», «Blacamán el bueno, vendedor de milagros», «El último viaje del buque fantasma», disminuyen las referencias a *Cien años de soledad*, y aumentan las antici-

---

[13] Vargas Llosa ha notado la importancia de la «localidad marina» en estos cuentos (*Deicidio*, págs. 619-620). Claro está: en 1970 ó 1971 Vargas Llosa no puede saber el enorme significado que tendrá el mar en *El otoño del patriarca*.

paciones de *El otoño del patriarca*. En cada cuento figura además el mito —o la mitificación, que no es lo mismo— como tema o técnica.

Analicemos primero «El ahogado más hermoso del mundo» (1968). Este cuento, que narra el descubrimiento del cadáver de un ahogado, su velorio y luego su entierro en el mar, tiene más en común con «Los funerales de la Mamá Grande» que con *Cien años de soledad*. Casi los únicos elementos que traen a la memoria la novela son el tamaño del cadáver (este aspecto es quizás eco del coronel Aureliano Buendía), y el tema del incesto o, por lo menos, del incesto potencial, ya que los habitantes del pueblo se hacen parientes entre sí (pág. 244) para dar una familia al muerto desconocido, a quien ponen el nombre de Esteban [14]. Pero estos detalles, como hemos indicado, son ecos débiles. Algo más fuertes son las relaciones que tiene el cuento con el de la Mamá Grande. Al igual que ella, Esteban es un gigante, y no sólo físicamente: ocupa mucho espacio mental en la vida del pueblo, cambiando hasta su carácter esencial. También son reminiscentes de «Los funerales de la Mamá Grande» frases como la siguiente: «le hicieron los funerales más espléndidos que podían concebirse» (pág. 244).

A despecho de estas relaciones con la ficción previa, más importantes son las anticipaciones. Al igual que «Un señor muy viejo con unas alas enormes» y que la novela del patriarca, el cuento se ubica en el Caribe o en la costa (colombiana o venezolana); por todas partes se respira el aire del mar. Como en la novela futura, la historia parte del descubrimiento de un cadáver. Este cadáver también está cubierto de vida marítima: lleva encima «los matorrales de sargazos, los filamentos de medusas y los restos de cardúmenes y naufragios» (pág. 239).

---

[14] ¿Sería el acto de ponerle al cadáver el nombre de Esteban una críptica referencia a James Joyce, especialmente a su novela *A Portrait of the Artist as a Young Man*, donde la figura principal es un joven llamado Stephen Dedalus (Esteban Dedalus)? Nuestra opinión sería solamente invento crítico si no fuera por la siguiente frase, dos líneas antes de nombrar al cadáver «Esteban»: «Andaban [las mujeres en el velorio del cadáver] extraviadas por esos *dédalos* de fantasía» (pág. 51).

Al igual que en la novela, pero por motivos diferentes, la gente lo limpia: «le quitaron el lodo con tapones de esparto, le desenredaron del cabello los abrojos submarinos y le rasparon la rémora con fierros de desescamar pescados» (pág. 240)[15]. Cuando el pueblo acaba de limpiarlo se da cuenta de lo hermoso que es; además, debido a su fuerza, su virilidad y su tamaño gigantesco, el cadáver «no cabía en la imaginación» (pág. 240). El patriarca tampoco cabe en la imaginación del pueblo, pero allí, como se sabe, por razones distintas. Al ahogado del cuento la gente le quiere asegurar la dignidad de su existencia en la muerte. Este tema —el de la vida o la existencia después de la muerte— es uno de los favoritos de García Márquez; por ejemplo, se encuentra en «La tercera resignación» (quizá su primer cuento, publicado en 1947), en «El mar del tiempo perdido» y en *Cien años de soledad;* y además se puede decir que la acción entera de *El otoño del patriarca* parte de la muerte del personaje central.

También en otros detalles hay anticipación: las manos de doncella del patriarca recuerdan en cierto sentido «las tiernas y rosadas manos» (pág. 242) de Esteban; e igual que al patriarca, la gente le dice una cosa a la cara y otra a la espalda. De más importancia es la técnica del cambio de punto de vista narrativo. En entrevista, y refiriéndose a *El otoño del patriarca*, García Márquez llamó a dicha técnica el uso de «puntos narrativos [...] múltiples»[16]. He aquí el cambio de perspectiva en el cuento:

> Bastó con que *le* quitaran el pañuelo de la cara para dar*se* cuenta que estaba avergonzado, de que no tenía la culpa de ser tan grande, ni tan pesado ni tan hermoso, y si hubiera sabido que

---

[15] Compárese, por ejemplo, las descripciones del cadáver en el cuento con ésta del patriarca (vivo) en la novela: «Había adquirido un tamaño descomunal de ahogado y una placidez lenta de ahogado a la deriva y se había abierto la camisa para mostrarme el cuerpo tenso y lúcido de ahogado de tierra firme en cuyos resquicios estaban proliferando parásitos de escollos de fondo de mar, tenía rémora de barco en la espalda, tenía pólipos y crustáceos microscópicos en las axilas» (pág. 257).

[16] Entrevista por Prensa Latina (1976), publicada en *Triunfo* (Madrid). V. en *García Márquez habla de García Márquez*, pág. 135.

aquello iba a suceder habría buscado un lugar más discreto para ahogarse, en serio, me hubiera amarrado *yo mismo* un áncora de galeón en el cuello y hubiera trastabillado como quien no quiere la cosa en los acantilados, para no andar ahora estorbando con este muerto de miércoles, como ustedes dicen, para no molestar a nadie con esta porquería de fiambre que no tiene nada que ver *conmigo* (págs. 243-244).

Este cambio de punto de vista narrativo —de la tercera persona a la primera y, en la frase siguiente, la vuelta a la tercera— es un breve momento experimental en la narración, un momento único que no tiene consecuencias estructurales, temáticas u otras literarias. Su importancia es que anuncia una técnica futura. En *La hojarasca*, que se narra a través de varios puntos de vista, las perspectivas o las voces narrativas se mantienen claramente separadas las unas de las otras. Aquí en el cuento se inaugura esa técnica de perspectiva múltiple que llegará a ser, en *El otoño del patriarca*, un fluir instantáneo y fácil de una voz en otra [17].

Las técnicas de la mitificación —o del uso del mito en general— se reconocen en cuentos anteriores. En cuanto a estas técnicas podría decirse que García Márquez ha regresado un poco al nivel de los cuentos escritos antes de *Cien años de soledad*. Esto no deberá sorprender, ya que la extensión de los cuentos no permite el desarrollo de técnicas míticas tan complicadas como las de *Cien años de soledad*. Al igual que en «Los

---

[17] Una anticipación extraordinaria de la técnica de cambiar instantáneamente el punto de vista ocurre en «La otra costilla de la muerte», cuento publicado en 1948:

«Repasó mentalmente los minutos anteriores. Tal vez tuvo un sueño extraño. Pudo ser una pesadilla. No. No había nada de particular, ningún motivo de sobresalto en 'eso'.

»Iban en tren —ahora puedo recordarlo— a través de un paisaje —este sueño lo he tenido frecuentemente— de naturalezas muertas, sembrado de árboles artificiales, falsos, frutecidos de navajas, tijeras y otros diversos —ahora recuerdo que debo hacerme arreglar el cabello— instrumentos de barbería. Ese sueño lo había tenido frecuentemente, pero nunca le produjo ese sobresalto...» V. *Todos los cuentos por Gabriel García Márquez (1947-1972)*, pág. 20.

funerales de la Mamá Grande», Esteban se convierte en mito *por medio* de la exageración (nos diferenciamos de Vargas Llosa, para quien la exageración es algo que ocurre simultáneamente *con* la mitificación). Todo detalle asociado con Esteban es exagerado. No es solamente el ahogado más hermoso del mundo, sino también el más grande. Despierta en las mujeres un llanto tan tremendo, y es un cadáver con «tanta verdad en su modo de estar» (pág. 244) que hasta los «hombres más suspicaces [...] se estremecieron en los tuétanos con la sinceridad de Esteban» (pág. 244). Pasa como un dios por el pueblo, cambiando las vidas de la gente para siempre y tan completamente que al fin del cuento el pueblo se conoce sólo —y son éstas las últimas palabras— como «el pueblo de Esteban» (pág. 245). Al final Esteban es nada menos que todo un mito.

Mencionemos también dos referencias al mito clásico. Una es al episodio de Ulises y las sirenas de la *Odisea*: «Algunos marineros que oyeron el llanto [del pueblo] a la distancia perdieron la certeza del rumbo, y se supo de uno que se hizo amarrar al palo mayor, recordando antiguas fábulas de sirenas» (pág. 244). Otra, según el crítico norteamericano George R. McMurray, es al «mito de Prometeo, el gran héroe griego que le dio el fuego a la humanidad. Pero los dones de Esteban son la hermosura, la esperanza y la solidaridad humana, las claves de la felicidad y los mejores antídotos contra la degradación humana»[18]. Esta opinión nos parece, francamente, rebuscada: Esteban, siendo un cadáver, no posee ninguna de las cualidades de Prometeo, quien, como rebelde, es un benefactor consciente del hombre.

«BLACAMÁN EL BUENO, VENDEDOR DE MILAGROS»

Vargas Llosa opina que el lenguaje de «Blacamán el bueno, vendedor de milagros» (1968) se parece mucho al de «Los funerales de la Mamá Grande»[19] y que, temáticamente, el cuento

---

[18] McMurray, *Gabriel García Márquez*, pág. 118.
[19] Vargas Llosa, *Deicidio*, pág. 625.

se relaciona con *Cien años de soledad* por su ambiente de feria. Éste, concluye, «no es sólo tema central, sino único»[20]. El charlatán recuerda a esos gitanos que llegan a Macondo y dan a conocer los últimos inventos. A pesar de estos detalles que relacionan el cuento con el pasado, mucho más fuertes son los vínculos con la obra futura. (Vargas Llosa, naturalmente, no tenía idea firme de lo que sería *El otoño del patriarca*. Por esos tiempos, 1970, el mismo García Márquez no había avanzado tanto en la obra.) Tales correspondencias se encuentran no solamente en la localidad marina (Santa María del Darién) y en el punto de vista narrativo (anticipaciones que ya conocemos por medio de otros cuentos), sino también en la abundancia de detalles que se repetirán en cierta forma en la novela. Concentramos nuestro comentario sobre estos detalles, ya que un análisis estilístico nos parece más significativo para el cuento que analizaremos luego: «El último viaje del buque fantasma».

Agrupamos las anticipaciones bajo tres categorías: 1) el tema del imperialismo, 2) el carácter de «Blacamán el bueno» y su relación con el otro Blacamán, 3) los temas de la muerte y del recuerdo.

Notamos el imperialismo americano al leer sobre «un acorazado del norte que estaba en el muelle desde hacía unos veinte años en visita de buena voluntad» (pág. 264), que declara una cuarentena para que no se subiera a bordo el veneno de la culebra que, momentos antes, había picado a Blacamán el malo. Esta presencia militar será uno de los temas constantes de *El otoño del patriarca*, a veces con acorazados, y a veces sin ellos. En ambas narraciones se mencionan muchas veces «los infantes de marina» (pág. 264), quienes, en el cuento, «habían invadido la nación con el pretexto de exterminar la fiebre amarilla» (pág. 267). En la novela, el patriarca «había aceptado la ocupación de los infantes de marina, madre, y no para combatir la fiebre amarilla como había escrito el embajador Thompson en el comunicado oficial [...], sino para que enseñaran a ser gente decente a nuestros militares» (págs. 116-117). El acorazado

---
[20] Vargas Llosa, *Deicidio*, pág. 624.

del cuento, que en «El último viaje del buque fantasma» es «más largo que todo el pueblo y mucho más alto que la torre de su iglesia» (pág. 257), se convierte en la novela en «más largo y más sombrío que la verdad» (pág. 18). En la novela figura además como un punto inmóvil en el horizonte que día tras día recuerda el intervencionismo más grande: el de Colón. Es ésta una razón por la cual, al final de la primera sección de *El otoño del patriarca*, el patriarca abre la ventana de su dormitorio y ve «el acorazado de siempre que los infantes de marina habían abandonado en el muelle, y más allá del acorazado, fondeadas en el mar tenebroso [ve] las tres carabelas» (pág. 46). En una sola imagen se mezclan las dos presencias extranjeras más importantes en el Caribe precolombino y en el mundo hispanoamericano: la presencia europea-española (colonizadora) de los siglos XV y XVI, y la americana (imperialista) de los siglos XIX y XX. En «Blacamán el bueno, vendedor de milagros» todavía no ha encontrado García Márquez una metáfora surrealista tan exacta y completa sobre un aspecto tan básico de la realidad. hispanoamericana.

El cuento es un monólogo de Blacamán el bueno, quien llega a ser el ayudante de Blacamán el malo, un charlatán de circo. Han estado juntos «más de un siglo» (pág. 265), y tanto se parece el uno al otro que no solamente comparten el mismo nombre, sino que también manifiestan, cada uno a su manera, un sadismo semejante. Cuando Blacamán el bueno parece estar próximo a morir, el malo lo tortura mientras le vigila la agonía: [habla el bueno] «Me quitó los últimos trapos de encima, me enrolló en alambre de púas, me restregó piedras de salitre en las mataduras, me puso salmuera en mis propias aguas y me colgó por los tobillos para macerarme al sol» (pág. 268). Pero Blacamán el bueno cobra su venganza al final del cuento cuando, muerto y sepultado el malo, vuelve a resucitarlo continuamente, «pues la gracia del escarmiento es que siga viviendo en la sepultura mientras yo esté vivo, es decir, para siempre» (página 272).

Una «amistad» semejante existe entre el patriarca y su doble, Patricio Aragonés, a quien, por medio de la tortura, le han creado la misma potra descomunal y los mismos pies de elefante para que pudiera mostrarse en ceremonias públicas (algunas de ellas peligrosas) como el patriarca, y para que también pudiera hacer el amor con las concubinas del patriarca sin que ellas notaran la diferencia. (La diferencia que sí notan no es física, sino psicológica: el doble del patriarca es más generoso con sus mujeres.) En la novela hay una vigilia semejante en la muerte de uno de estos «mellizos» artificiales: cuando Patricio Aragonés queda mortalmente herido por un dardo envenenado (pág. 26), el patriarca lo acompaña en su «lenta agonía [...] dándole con su mano las cucharadas de alivio para el dolor» (pág. 27). Pero Patricio Aragonés no manifiesta la gratitud que el patriarca había esperado; al contrario, le indica, obviamente hablando la verdad por primera vez en la vida, que lo aborrece por haberlo transformado en su doble. El germen de esta relación se encuentra en «Blacamán el bueno, vendedor de milagros».

Blacamán el bueno, mencionémoslo, llega a ser como un «Mesías» (pág. 269). Ayuda a «los lazarinos a la izquierda, los epilépticos a la derecha» (pág. 269). El patriarca se describe varias veces como un Mesías que sana a la gente con sus milagros de sal (pág. 247, etc.), y no hay que olvidar tampoco que el palacio presidencial se encuentra casi siempre «asediado» de paralíticos, epilépticos y lazarinos.

Las imágenes y el lenguaje asociados con dos de los temas del relato —el recuerdo y la muerte— anticipan los utilizados en *El otoño del patriarca*. A punto, aparentemente, de morirse, Blacamán el malo «deliraba con el recuerdo de una mujer tan tierna que podía pasar suspirando a través de las paredes» (pág. 268). Algo semejante le sucede al patriarca, al menos dos veces: una no cuando está a punto de morirse, sino cuando despierta súbitamente de un sueño profundo. Son las tres menos cuarto de la mañana y el patriarca siente que unos ojos le miran. De repente ve a Manuela Sánchez, mujer de quien había estado locamente enamorado: «andaba por el cuarto sin quitar los cerrojos porque entraba y salía según su voluntad atravesando las paredes» (pág. 70). En otra ocasión, despertando también de un sueño profundo, se encuentra en los últimos momentos antes de su definitivo fallecimiento. Llamando «Nicanor [...] Nicanor», la figura de la muerte se mete «en su cuarto sin quitar las aldabas porque entraba y salía cuando quería atravesando las paredes» (págs. 268-269).

El tema de la muerte, y especialmente el del poder después de la muerte, ocurre en la siguiente frase del cuento: Blacamán el malo embalsamaba virreyes, componiéndoles «una cara de tanta autoridad que durante muchos años seguían gobernando mejor que cuando estaban vivos» (pág. 266). Algo parecido ocurre por medio del doble deceso del patriarca o, mejor dicho, de la defunción de su doble, porque la muerte verdadera del falso patriarca desconcierta muchísimo a la gente —que de ese momento en adelante nunca sabe si está vivo o no— y contribuye aún más a todas las formas del poder del patriarca viviente. Llega a tener tanto poder en la imaginación de la gente que uno de los chistes que se oyen en el palacio presidencial cuenta la muerte del patriarca y el hecho de que nadie ha tenido el coraje de decírselo (págs. 130-131).

«EL ÚLTIMO VIAJE DEL BUQUE FANTASMA»

Si bien estos detalles en «Blacamán el bueno, vendedor de milagros» anticipan otros del mundo del patriarca, la anticipación de «El último viaje del buque fantasma» (1968) consiste primordialmente en su estilo. Con una intuición que ahora llamaríamos profética, Vargas Llosa describe el rasgo estilístico nuevo que aparece con el cuento del buque fantasma: «un nuevo tipo de frase, larga, envolvente, llena de ramificaciones y de mudas en los puntos de vista espacial, temporal y de nivel de realidad, un experimento en pos de un nuevo lenguaje»[21]. Precisaremos —y modificaremos— estas observaciones en los párrafos siguientes. Primero habrá que notar que estilística-

---

[21] Vargas Llosa, *Deicidio*, pág. 618.

mente este cuento —que consta de una sola frase— documenta cierta ruptura con el pasado. García Márquez desarrollará tal estilo (que reconocemos como el «fluir de la consciencia» de James Joyce en el último capítulo de *Ulysses*, o de Virginia Woolf en varias obras) de una manera igualmente impresionante en la sexta y última sección de *El otoño del patriarca*.

Las cinco o seis líneas primeras del cuento anuncian por medio de su estilo y de su lenguaje la prosa futura, pero, a la vez, recuerdan la pasada. No hay ejemplo en todos los cuentos que indique con más precisión literaria cómo García Márquez se encuentra «entre dos mundos»:

> Ahora van a ver quién soy yo, se dijo, con su nuevo vozarrón de hombre, muchos años después de que viera por primera vez el trasatlántico inmenso, sin luces y sin ruidos, que una noche pasó frente al pueblo como un gran palacio deshabitado... (pág. 258).

Aquí García Márquez ha utilizado el ritmo y el estilo de *Cien años de soledad* ya DENTRO DE su nuevo estilo. Al igual que el *Uroboros* tragándose su propia cola, el nuevo estilo absorbe el antiguo, recreándolo y dándole nueva vida literaria. El contraste y, simultáneamente, la íntima relación entre lo nuevo y lo antiguo se notarán fácilmente si reescribimos estas líneas a la manera de la primera oración de *Cien años de soledad*: «Muchos años después, frente al pelotón de fusilamiento, el coronel Aureliano Buendía había de recordar aquella tarde remota en que su padre lo llevó a conocer el hielo»:

> Muchos años después de que viera por primera vez el trasatlántico inmenso, sin luces y sin ruidos, que una noche pasó frente al pueblo como un gran palacio deshabitado, se dijo, con su nuevo vozarrón de hombre, ahora van a ver quién soy yo.

Ambas selecciones combinan en una sola «oración» el futuro y el pasado; ambas colocan una situación o una cosa (el pelotón de fusilamiento o el trasatlántico inmenso) en el futuro remoto, y ubican en él un acto pasado. En *Cien años de soledad* es la memoria la que contiene el tiempo verbal pretérito: «lo llevó». Aquí el pretérito se contiene en el monólogo interior: «se dijo».

Pero la primera palabra del cuento («ahora») sitúa al lector en el presente de ese monólogo interior pasado, un presente que se nota otra vez en las palabras «quién *soy* yo». Este monólogo carece, desde luego, de esa nostalgia que empapa la prosa de *Cien años de soledad* y que, gramaticalmente, define su primera oración, donde *no parece* existir el presente, sino solamente el futuro o el pasado [22]. Si bien expresiones como «muchos años después» en «El último viaje del buque fantasma» rememoran la obra pasada, otras como «ahora van a ver quién soy yo» prefiguran la futura. En la novela encontramos con frecuencia al patriarca diciendo cosas a la manera de Dios en el Antiguo Testamento, como «yo soy el que soy yo» (pág. 27); o lo vemos a punto de hacer algo «para que sepan quién es el que manda» (pág. 120). Irónicamente (y al cuento le falta esta ironía), no se conoce a sí mismo, pues según nos informa una de las voces narrativas de la última sección: «ni él mismo sabía quién era él» (pág. 223).

Las palabras de la primera línea («ahora van a ver quién soy yo») se repiten en forma ampliada más adelante en el cuento: «se dijo con más decisión que nunca que ahora van a ver quién soy yo, carajo, ahora lo van a ver [...] porque ahora sí van a saber quién soy yo» (pág. 261). Esta técnica de repetición y amplificación se encuentra a menudo en *El otoño del patriarca*, y podríamos insistir —con Raymond Williams en su artículo sobre la novela [23]— que estilística y temáticamente la novela se construye por medio de una amplificación tremenda de todo lo contenido en las primeras páginas; o inclusive por medio de la elaboración de una sola frase que no se encuentra escrita de esta manera exacta en la novela, pero de la que surge la novela

---

[22] Obviamente, por medio de la metáfora del «espejo hablado», en la cual los pergaminos de Melquíades son la novela misma, cada palabra, cada oración de *Cien años de soledad* se refleja en cada otra, reduplicándose eternamente en el tiempo verbal de los pergaminos, que es el presente. V. la sección titulada «El mito apocalíptico», págs. 112-128.

[23] Raymond Williams, «The Dynamic Structure of García Márquez's *El otoño del patriarca*», *Symposium*, núm. 32 (1978), 56-75.

entera: «se descubre un cadáver»[24]. Esta técnica se asemeja en cierto modo a la del *leitmotiv;* técnica musical que consiste en la introducción de un tema importante al principio de la composición, que luego se repite, se varía o se desarrolla en movimientos futuros. Como buen aficionado a la música, García Márquez naturalmente conoce esta técnica, tan común desde Richard Wagner en adelante. Al utilizarla se asocia el colombiano, consciente o inconscientemente, con las prácticas literarias de novelistas como Thomas Mann, Hermann Hesse y Alejo Carpentier.

Al igual que en «Blacamán el bueno, vendedor de milagros», la alternancia del punto de vista narrativo figura como técnica anticipatoria, aquí desarrollada de una forma muy parecida a la de *El otoño del patriarca.* Por ejemplo, casi todo el cuento se narra en tercera persona y desde la perspectiva de ese hombre sin nombre de las primeras líneas. Pero su monólogo interior se transforma también brevemente en el de su madre: ella promete una vez «acompañarlo en la vigilia [del buque fantasma] del marzo próximo» (pág. 258). Comprándose una «poltrona de los tiempos de Francis Drake» (repetición de una alusión temporal en *Cien años de soledad,* pág. 24), la madre se sienta en ella a descansar aquella misma noche, suspirando, «mi pobre Holofernes [el marido muerto], si vieras lo bien que se piensa en ti sobre estos forros de terciopelo y con estos brocados de catafalco de reina» (págs. 258-259). Inmediatamente después reanuda García Márquez el punto de vista de la tercera persona: «pero mientras más evocaba al marido muerto más le borboritaba y se le volvía de chocolate la sangre en el corazón» (pág. 259). Al día siguiente el hijo la encuentra muerta en la silla.

No todo en este cuento debe considerarse como recuerdo o prefiguración estilística. También la mitificación, detalles de trama o tema, evocan el pasado, anticipan el futuro. La exage-

---

[24] Raymond Williams identifica a Genette como el originador del concepto de la «frase clave» o «el verbo nuclear». V. en especial *Figures III* (Paris, 1972) de Genette.

ración mítica del tamaño del buque trae a la memoria la técnica utilizada en «Los funerales de la Mamá Grande», en cuyo principio se anuncia que ella «vivió en función de dominio durante 92 años», un detalle increíble pero preciso. En «El último viaje del buque fantasma» se dice que el buque es «veinte veces más alto que la torre [de la iglesia] y como noventa y siete veces más largo que el pueblo» (pág. 262): lo fantástico consiste en precisar las dimensiones exactas (e increíbles) del buque imaginario.

Temáticamente, la imagen del círculo recuerda a *Cien años de soledad* y anticipa a *El otoño del patriarca*. El cuento se construye a base de una sola oración que, como hemos visto, contiene los tiempos pasado, presente y futuro. La circularidad temporal en *Cien años de soledad* es conocida: estructuralmente, funciona a nivel de oración, de capítulo y de la novela entera; temáticamente, como hemos indicado con anterioridad, da forma a las vidas y a los amores de los Buendía[25]. Y en *El otoño del patriarca* —aunque dista mucho de *Cien años de soledad*— también se utiliza la circularidad: cada uno de los seis capítulos comienza con el descubrimiento del cadáver del patriarca; los episodios se repiten de manera circular; y toda la acción de la novela se desarrolla, concéntricamente, alrededor del patriarca y de su palacio. Este último podría denominarse —para usar el término de Mircea Eliade— el *axis mundi* de la obra[26]. Analizaremos estas y otras circularidades en *El otoño del patriarca* en la CUARTA PARTE de este estudio.

Prefiguraciones de la obra futura son la localidad del Caribe (otra vez); las referencias a William Dampier (pág. 259) que se mencionan en la primera página de la novela del patriarca; las alusiones a las tiendas de los hindúes (pág. 260), quienes reaparecen en *El otoño del patriarca* (págs. 43, 157, 185, 221, 229), y, finalmente, frases como «su miserable rutina de huérfano» (pág. 259), ya que, en la novela del patriarca, el patriarca se

---

[25] V. «El ciclo del incesto», págs. 96-112. Véase también nuestro artículo en *Cuadernos Americanos*, XL, núm. 4 (julio-agosto de 1981), 67-81.

[26] V. el capítulo sobre el simbolismo del centro en Mircea Eliade, *Le mythe de l'éternel retour: archétypes et répétition* (Paris, 1949).

considera como huérfano al morirse su madre, Bendición Alvarado (v. págs. 78, 79, 100, 138).

Pasemos por alto «El mar del tiempo perdido» (1961) porque, aunque se incluye en esta colección, se publicó antes que *Cien años de soledad,* y no puede considerarse desde luego como un cuento «entre» el mundo de los Buendía y el del patriarca. «El mar del tiempo perdido» sí es importante como preparación técnica para la definitiva conquista del mito en *Cien años de soledad.* Sin embargo, para nosotros, y pese a las alusiones a él hechas en estos cuentos [por ejemplo: «El último viaje del buque fantasma» lo trae a la memoria con una frase como «las aguas antiguas y lánguidas de los mares de la muerte» (página 262)], el relato tiene poco interés en este contexto. Además, lo hemos tratado ya, aunque en otra perspectiva (págs. 51-54).

«MUERTE CONSTANTE MÁS ALLÁ DEL AMOR»

Con el relato que se titula «Muerte constante más allá del amor» (1970) —título que es inversión irónica del soneto de Quevedo «Amor constante más allá de la muerte»— [27] empieza García Márquez a desarrollar la historia que había comenzado con el coronel Aureliano Buendía: la figura política del gran poder. Experimenta además con la siguiente situación: ¿qué haría un hombre, ya maduro de edad y con mucha experiencia de la vida, al descubrir que muy pronto irá a morirse? Esta situación —algo como la clave oracional («se descubre un cadáver») que define a *El otoño del patriarca*— se anuncia en las primeras palabras del cuento: «Al senador Onésimo Sánchez le faltaban seis meses y once días para morirse cuando encontró la mujer de su vida» (pág. 247). ¿Qué hace el moribundo? Se enamora. El uso del coloquialismo («mujer de su vida») resulta ser ironía tremenda, porque ella es simultáneamente «mujer de su muerte» y la causa de su última experiencia vital: el amor.

---

[27] V. el artículo de Lidia Negheme Echeverría, «La ironía trágica en un relato de García Márquez», en *Eco,* 37, 168 (octubre de 1974), 639-640.

El tema del amor es fundamental en la obra de García Márquez. De los primeros cuentos (por ejemplo, «La mujer que llegaba a las seis», publicado en 1950) a *Cien años de soledad*, el tema es constante. En esa novela el verdadero amor —que se distingue quizás de un simple deseo sexual— lo sienten sólo los dos últimos Buendía, los únicos que engendran un hijo con amor (v. *Cien años de soledad*, pág. 346). Este sentimiento podría considerarse una fuerte defensa contra la soledad, pero nunca, desgraciadamente, será tan efectiva para prevenir el fin de una civilización o la muerte de un individuo. La muerte es más poderosa que el amor, y García Márquez, desde luego, ha alterado el orden gramatical del soneto de Quevedo. En *El otoño del patriarca* el tema del amor se asocia más explícitamente al de la muerte, convirtiéndose en una última y desesperada negación del deceso humano. Obsesionado y amedrentado por su futura inexistencia, el patriarca procura negarla con muestras de «machismo». Por ejemplo, continuamente intenta seducir a toda clase de mujeres: sirvientas, concubinas, reinas de belleza, putas de Amsterdam, campesinas, monjas. Para el senador Onésimo Sánchez, el enamorarse de Laura Farina es, igualmente, una forma de decirle «no» a su inminente fallecimiento y «sí» al poco tiempo de vida.

La belleza de Laura Farina recuerda a «Remedios, la bella» y anticipa a Manuela Sánchez en *El otoño del patriarca*. En los detalles textuales, sin embargo, Laura Farina trae a la memoria y prefigura dos mujeres de menos belleza: Úrsula Iguarán de Buendía en *Cien años de soledad*, Leticia Nazareno en *El otoño del patriarca*. Por ejemplo, cuando Laura Farina visita al senador para «entregarse» a él, éste descubre que el padre le ha puesto «un estorbo de hierro» (pág. 254). ¿No será este «estorbo» (un candado) una repetición de ese «pantalón rudimentario que su madre le fabricó [a Úrsula] con lona de velero y reforzado con un sistema de correas entrecruzadas, que se cerraba por delante con una gruesa hebilla de hierro» en *Cien años de soledad* (pág. 25)? Como anticipación de Leticia Nazareno podemos notar «la fragancia oscura de animal de monte» (página 254), y las «axilas de animal de monte» (pág. 255) de Laura

Farina. En la novela del patriarca Leticia tiene un rastro «oscuro de animal de monte» (págs. 152, 164), un «tufo de perra montuna» (pág. 166), un «olor de animal de monte» (pág. 175), y un «olor de perra» (pág. 133).

Al igual que el amor, el tema de la soledad siempre ha fascinado a García Márquez. Además la soledad, como el amor, tiene íntima relación con la muerte. Precisemos: el senador le dice a su amada que él —igual que ella— ha nacido bajo Aries, «signo de la soledad» (pág. 253). Sufre su aislamiento como lo había sufrido el coronel Aureliano Buendía. Sin embargo, mientras el coronel, especialmente en su época de hacer y deshacer pescaditos de oro, había hecho «un pacto honrado con la soledad» (pág. 174), el senador, atemorizado y deprimido por la inminencia de su muerte, nunca llega a conquistar la soledad. (Desesperadamente busca el antídoto en el amor.) La más absoluta soledad es naturalmente la de la muerte, ante la cual el coronel manifiesta una estoica resignación. Pero, al conocer a Laura Farina, el senador descubre lo difícil que es el desprenderse de la vida. Siente, no resignación, y sí terror y rabia, sentimientos experimentados por el patriarca al llegar a los últimos momentos de su vida.

Técnicamente, el cuento presenta una anticipación muy interesante de *El otoño del patriarca*. Termina el cuento con una variación de la oración primera, cerrando de esta manera, estilística y temáticamente, el círculo de la muerte, de la soledad y del amor: «Seis meses y once días después había de morir en esa misma posición, pervertido y repudiado por el escándalo público de Laura Farina, y llorando de la rabia de morirse sin ella» (pág. 255). Entre la primera y la última frase ocurren todos esos detalles que profundizan la situación que describe la primera y dan sentido a las amplificaciones de la última (el ser pervertido y repudiado por el escándalo público, el llorar de rabia, etc.). Una técnica semejante, desarrollada en forma mucho más compleja, se utilizará a lo largo de la novela del patriarca.

«LA INCREÍBLE Y TRISTE HISTORIA DE LA CÁNDIDA ERÉNDIRA Y DE SU ABUELA DESALMADA»

El cuento de la cándida Eréndira (publicado en 1972), el último que habremos de analizar en este capítulo, cierra definitivamente el círculo que había abierto García Márquez con los primeros Buendía y otros macondinos de la obra anterior a *Cien años de soledad*. Este larguísimo cuento (48 páginas, en nuestra edición) cierra además otro círculo: el de la misma colección. Los primeros recuerdan la ficción previa; los del medio anticipan la futura; y éste, ante todo, regresa a la previa en tierna, pero definitiva, despedida. Complejas y extensas intertextualidades aparecen a lo largo del cuento.

Sin embargo, notemos ciertas anticipaciones en la técnica, en el lenguaje y en la importancia del mito. Por ejemplo, un cambio de perspectiva narrativa se anuncia con la entrada del narrador (que parece ser el mismo García Márquez) en el relato junto con su amigo Álvaro Cepeda Samudio; por unos breves momentos la acción se narra en primera persona. Leemos algo de la vida del narrador-García Márquez, algo de esa época en la cual vendía «enciclopedias y libros de medicina por la provincia de Riohacha» (pág. 307). Frases como «los tiempos del ruido» (pág. 276) anticipan otras semejantes en *El otoño del patriarca*» (pág. 6). O la descripción de la abuela como una ballena blanca (pág. 301) semeja a la del patriarca con sus patas de elefante, ambas imágenes de gigantescos y poderosos animales.

Se habrá notado que a lo largo de nuestro análisis ha disminuido el número de alusiones al mito clásico o folklórico, y a las técnicas de la mitificación. Sin embargo, con el cuento de la cándida Eréndira hay que resucitar de nuevo el tema, porque en él recobra el mito su antigua importancia, y porque el mito *per se* tendrá una función importante en *El otoño del patriarca*. Dividimos el análisis en las siguientes categorías: la actitud ante la realidad; las técnicas de la mitificación; las alusiones míticas, y la estructura mítico-folklórica del relato.

Predomina aquí esa actitud impertérrita ante la realidad que había demostrado la abuela de García Márquez o que se manifestaba en el episodio del huevo de basilisco [28]. Completamente natural y sereno, por ejemplo, es el tono en que Eréndira le interpreta el sueño a su abuela: dado que en el sueño el día era jueves, la carta que espera la abuela trae malas noticias. Pero de todos modos no hay que preocuparse, le asegura Eréndira con serenidad, porque la carta nunca llegará (pág. 274). Cuando la abuela le exige a su nieta que pague con su propio cuerpo el accidente de quemar la casa (tiene que prostituirse), Eréndira acepta el castigo como el más lógico del mundo. También parece cosa de todos los días que la abuela tenga sangre verde «igual que la miel de menta» (pág. 318); que los contrabandistas cultiven y vendan naranjas con diamantes en el centro; que la telepatía funcione; que el abuelo de Ulises tenga alas; que los hombres hagan cola de muchas cuadras para hacer el amor con Eréndira; que en diversos momentos importantes aparezca el mismo fotógrafo, montado en bicicleta y repartiendo dichos de salomónica profundidad, etc. Son muchos los detalles de esta categoría. Algunos de ellos —como el del fotógrafo— quizás deban su existencia al género original del cuento: se escribió primero como guión cinematográfico. Varias escenas (tanto en el guión como en el cuento) recuerdan la técnica de Fellini en películas como *8 ½* y *Amarcord*: detalles surrealistas, inexplicables, eróticos, grotescos, todos presentados con ecuanimidad. Pero la técnica de García Márquez es, como veremos en los párrafos siguientes, algo más complicada.

La mítica exageración del tamaño de la abuela la convierte, en parte, en el arquetipo de «La Madre» o, como diría Erich Neumann, «La Madre Terrible» [29]: esa temible y gigantesca anciana que domina por completo las vidas de los adolescentes; que simboliza simultáneamente la angustia de la iniciación

---

[28] V. Vargas Llosa, *Deicidio*, págs. 23-24.
[29] V., en general, la obra de Erich Neumann, *Ursprungsgeschichte des Bewusstseins* (Zürich, 1949).

sexual y el dominio absoluto de la matriarca en la familia; y que quizás representa, en su metamorfosis más temible, el vacío de la muerte. Generalmente, ante La Madre Terrible no hay defensa (Eréndira no se le opone, y el único en desafiarla es el «héroe» Ulises, quien finalmente la mata). También hay exageración mitificadora en la inocencia de la «cándida» Eréndira (la misma exageración, por otros motivos, se encuentra en la novela *Candide* de Voltaire) [30]. Aunque Eréndira durmiese con diez mil hombres para pagarle la deuda a la abuela, mantendría siempre una pureza elemental; hasta se enamora de otro inocente, el joven Ulises. Si bien la pureza de Eréndira es «increíble», como lo sugiere el título, es a la vez «mítica», en vista de que la asocia con esas doncellas-princesas de las tradiciones caballerescas [31] o de los mitos folklóricos. Éstas viven encerradas en castillos encantados, esperando a que llegue el príncipe fuerte y viril para liberarlas de su prisión. Irónicamente, quizás, la prisión de Eréndira es la carpa de la abuela: y el instrumento de su tortura, «la galera mortal de la cama» (pág. 294).

---

[30] ¿Habrá influencia aquí de Voltaire? Muy posiblemente. En todo caso, si no hay influencia, hay una «confluencia» extraordinaria.

[31] Hay cierta influencia —y ha sido estudiada— de libros de caballería en García Márquez, especialmente en *Cien años de soledad*. En el relato de la cándida Eréndira las alusiones a las tradiciones caballerescas se encuentran primordialmente en los sueños de la abuela, donde aparece su esposo Amadís (alusión a Amadís de Gaula). Pero también ocurren alusiones cuando la abuela está despierta. Una vez, de noche, mientras la abuela vigila desde su carpa el convento donde Eréndira está «presa», pasa cerca un convoy de camiones. El último camión se detiene y baja un hombre a «arreglar algo en la plataforma de carga» (pág. 293). La abuela interrumpe su trabajo y le pregunta: «¿No sabes quién soy?» «Usted no es la Virgen de los Remedios», contesta el camionero. «Todo lo contrario», le dice ella. «Soy la Dama» [como en los libros de caballería]. «¡Cuál dama!» «La de Amadís el grande». La abuela quiere que los camioneros le ayuden —y su lenguaje es completamente caballeresco— «a rescatar a mi nieta, nieta de Amadís el grande, hija de nuestro Amadís, que está presa en ese convento» (pág. 293). El camionero se niega a ayudarla y se va lo más pronto posible.

Eréndira recuerda no solamente a las amadas de los Amadises, de los Esplandianes, de los Palmerines o de otros caballeros andantes, a la Bella Durmiente o a la Cenicienta; evoca también a ciertas hechiceras de la mitología clásica. Veamos el cruce de varios de estos mitos.

Los modelos clásicos principales de Eréndira parecen ser Circe, las sirenas y Ariadna. Al igual que Circe, Eréndira encanta a los hombres, trastornándolos con su cuerpo y su aura sexual. Al igual que las sirenas en la *Odisea*, puede enloquecer a hombres en lugares remotos con su canto hechicero. Así ocurre, por ejemplo, con el joven Ulises. Una noche, a una distancia de muchos kilómetros, lo llama «con toda la fuerza de su voz interior» (pág. 311). Ulises «despertó de golpe en la casa del naranjal. Había oído la voz de Eréndira con tanta claridad que la buscó en las sombras del cuarto» (pág. 311). Dado que este Ulises no tiene —ni quiere tener— la defensa de amarrarse, como su tocayo, al palo mayor del buque, sale a buscarla inmediatamente. Guiado por la voz como por un hilo en los laberínticos desiertos de la Guajira, la persigue sin necesidad de «preguntarle a nadie por el rumbo de Eréndira» (pág. 312). Finalmente la encuentra, encadenada a su cama; la contempla un largo rato antes de despertarla. Eréndira semeja aquí quizás la figura de Ariadna (notemos que Ulises le ha puesto a Eréndira el nombre privado de «Arídnere —nombre que se asocia a Ariadna—, que es precisamente la inversión, letra por letra, de «Eréndira»). En el mito clásico, Ariadna, enamorada del joven Teseo, le da un hilo para guiarlo en el laberinto donde vive el minotauro. Después de matar al monstruo, Teseo rescata a Ariadna, llevándosela consigo. En otra versión popular de la leyenda, Dioniso, al regresar de largos viajes por la India, descubre a Ariadna durmiendo; la contempla, después de un rato la despierta y se casa con ella. En los *tableaux* —de la pintura o de la escultura— los dos amantes se representan generalmente como ella durmiendo y él mirándola con ternura. Así vemos varias veces a Ulises y a Eréndira en el cuento, captados en un *tableau* mítico-legendario. Sin embargo, pese a estas semejanzas con figuras de la mitología clásica, hay que notar una diferencia importante entre Eréndira y sus prefiguraciones: aunque sin quererlo, ella vive como prostituta. La trasplantación de la *materia* clásica al suelo colombiano produce la desmitificación del mito.

Como es de esperar, el joven Ulises del cuento tiene algo que ver con el Ulises clásico (Ulises es el nombre romano de Odiseo). Cuando Eréndira le pregunta si «Ulises» es nombre de griego, el joven le contesta, «no, de navegante», clara alusión a los largos viajes de Ulises. Pero si el Ulises clásico es un héroe fuerte y valiente, éste parece ser un anti-héroe: indeciso en momentos importantes, poco más que un adolescente, enamorado de una prostituta. Terminadas sus aventuras, el héroe clásico suele acabar triunfante, vencedor de todos sus enemigos, poseedor de la mujer más bella o más fiel (como lo era Penélope, esposa del Ulises clásico). Sin embargo, al fin de este cuento, después de muerta la abuela y liberada la nieta, ésta huye para siempre de su libertador, dejándolo solo en la playa, «llorando de soledad y de miedo» (pág. 319): retrato final de un niño, no de un héroe mítico. Otra vez queda el mito desmitificado.

El joven Ulises participa también de las características de otra figura clásica: de Ícaro. Cuando la abuela le pregunta por sus alas, éste le contesta como si fuera una pregunta de todos los días: «el que las tenía era mi abuelo» (pág. 287). Si el joven simbólicamente es Ícaro, el padre será Dédalo, el mismo que había construido el laberinto donde yacía el minotauro. De dos direcciones diferentes (de la historia de Ariadna y de la de Ícaro), y de dos personajes distintos (de Eréndira y de Ulises), se converge en un solo punto, el tercero del triángulo: el punto ocupado por el monstruoso minotauro.

Con mencionar el tercer punto del triángulo llegamos a la abuela desalmada, figura que difícilmente se coloca en un panteón de héroes clásicos. La dificultad surge de la figura de la abuela misma, porque en cierto sentido no se parece a una persona o a un héroe clásico. Quizás más fácilmente se reconoce como monstruo: como un Polifemo que se come a los hombres de Odiseo; como un dragón que vigila, en su lóbrega madriguera, su tesoro o secreto; como un minotauro que exige el bárbaro tributo del sacrificio anual de siete muchachas y siete muchachos. Estructuralmente, consideradas las figuras del cuento como actores en un drama mítico-legendario, la abuela desalmada es casi un monstruo-minotauro que ha de ser matado antes de que el héroe (Teseo-Ulises) pueda rescatar y/o amar a la princesa (Ariadna-Eréndira). ¿No es la deuda de Eréndira igual a un tributo bárbaro? ¿No ha de ser ésta una razón por la cual se describe a la abuela como un ser monstruoso?

Generalmente la presencia, funcionalmente importante, de una figura cruel caracteriza no tanto el mito clásico como el folklórico. La abuela desalmada sería desde luego otra versión de la cruel madrastra; Eréndira, la víctima inocente; Ulises, el príncipe heroico que ha de salvarla de la madrastra. Elementos folklóricos, tanto temáticos como estructurales, se encuentran a lo largo del relato, ecos quizás de las primeras intenciones de García Márquez al escribir cuentos para niños. Apoyándonos en parte en las teorías de Vladímir Propp (*Morfología del cuento folklórico*), y también en parte en las observaciones del investigador norteamericano Joel Hancock [32], analicemos el cuento.

Según Propp, cada cuento folklórico comienza con el anuncio de una situación que determinará rigurosamente la dirección del argumento [33]. Así comienza García Márquez: «Eréndira estaba bañando a la abuela cuando empezó el viento de su desgracia» (273). Son nombradas dos de las tres figuras principales, y se indica el hecho que ha de unirlas: el viento de la desgracia. Inmediatamente, según Propp, se describe la situación de la figura principal: en ésta, Eréndira se parece a Cenicienta, quizás el modelo folklórico principal en las primeras páginas. Tiene no solamente que bañar y arreglar a su abuela cada día, sino también que barrer la casa, «fregar los pisos, cocinar el

---

[32] V. Joel Hancock, «Gabriel García Márquez's 'Eréndira' and the Brothers Grimm», *Studies in Twentieth Century Literature*, III (1978), 43-52.
[33] V. Vladímir Propp, *Morphology of the Folktale*, traducción de Lawrence Scott, revisada por Louis A. Wagner (Austin, 1975). Todas las citas de Propp son de esta edición. No hemos podido consultar la versión española.

almuerzo y bruñir la cristalería» (pág. 275). Antes de acostarse debe «planchar toda la ropa», «revisar los roperos», «sacar las flores al patio» y poner «su alimento al avestruz» (págs. 276-277).

Entonces sucede lo que Propp denomina el «interdicto», en este caso expresado en su forma inversa como orden o sugerencia (v. Propp, págs. 26-27): «Antes de acostarte», le dice la abuela a Eréndira, «fíjate que todo quede en perfecto orden» (pág. 277). Para que el cuento se desarrolle, hay que desobedecer el interdicto o la sugerencia, y así ocurre con Eréndira, puesto que se acuesta *antes* de que todo esté en perfecto orden, se duerme *antes* de apagar el candelabro. Durante la noche entra «el viento de su desgracia» por la ventana, tumba el candelabro, que cae sobre las cortinas; se quema la casa, y comienzan sus tribulaciones.

Por lo general, una vez desobedecido el interdicto, entra el malvado en el relato. Puede secuestrar a una persona, demandar un sacrificio, dañar productos agrícolas, exigir que se cometan crímenes (v. Propp, págs. 30-35). De las reacciones de los personajes ante estos perjuicios surge el resto del argumento. En el relato de García Márquez, la abuela tiene la doble función de pronunciar el interdicto y luego, después del descuido de Eréndira, de cometer la mayor injusticia del cuento; exige la ofrenda de la virginidad de Eréndira, y además el continuo sacrificio de su cuerpo. Tal inversión del orden moral ha de ser corregida, proceso que, a causa de frecuentes complicaciones, ocupa mucho espacio narrativo en el relato.

El único capaz de corregir la injusticia de la abuela y de devolver las cosas por lo menos al tiempo anterior a «la desgracia» es el valiente príncipe inocente y fuerte: el Ulises del cuento. Al conocer la desventura de Eréndira (v. Propp, página 36), Ulises, abandonando el hogar paterno (v. Propp, página 37), decide rescatarla (v. Propp, pág. 38). Eventualmente entra en combate mortal con la figura malvada (v. Propp, páginas 51-52) y la derrota (v. Propp, pág. 53). Ahora bien: de acuerdo con la morfología del cuento folklórico, a Ulises se le debe otorgar el premio de Eréndira por haberla salvado de su abuela. Al final debiéramos leer sobre una boda magnífica o sobre la fundación de un largo y próspero reino. Pero García Márquez, invirtiendo las fórmulas del cuento folklórico, termina el cuento no de esta manera, sino con la separación irrevocable de los dos amantes y con el llanto del pobre príncipe-Ulises, desmitificando no solamente el mito clásico, sino también el folklórico. En el siglo XX, en la Latinoamérica de García Márquez, el mito y el folklore vienen a ser «reinventados». Hemos trazado de esta manera las relaciones del cuento con el folklore. Dichas relaciones nos sirven además como anticipación de *El otoño del patriarca*. Allí, al comienzo, se nota una semejante inversión del elemento folklórico. El héroe (en este caso el pueblo), con la ayuda de sus tropas (los gallinazos), entra en el castillo encantado (el palacio presidencial), donde suspendida(o) en un sueño eterno (la muerte), se encuentra la Bella Durmiente (el feísimo cadáver del viejo patriarca o el de su doble)[34]. Todo el argumento —si es que hay argumento en el sentido literario de la palabra— de esta novela surge de esta situación inicial que es a la vez la final.

A lo largo del cuento aparecen, como hemos mencionado, extensas y complejas intertextualidades. Notemos primeramente que el cuento mismo parte de un episodio de *Cien años de soledad* que García Márquez había descrito por primera vez en 1961, en «El mar del tiempo perdido». Allí llega una noche el señor Herbert a la tienda de Catarino (el burdel local) con el propósito de resolverle los problemas a la gente. Una de las prostitutas, que tiene una deuda de quinientos pesos, quiere liquidarla de una vez. Como el acostarse con ella cuesta cinco pesos, tendría que acomodar a cien hombres. «No importa», le dice al señor Herbert, «si consigo toda esta planta junta, éstos serán los últimos cien hombres de mi vida» (pág. 232). En *Cien años de soledad*, este episodio —o esta situación— es ya una prefiguración más precisa y extensa. El mismo García Márquez enfatiza su novela como el germen del cuento cuando, al pu-

---

[34] V. el breve comentario de Regina Janes, «The End of Time in *Cien años de soledad* and *El otoño del patriarca*», *Chasqui*, VII, 2 (1978), 31.

blicar un fragmento del guión cinematográfico de la historia de Eréndira, incluye como introducción el episodio de *Cien años de soledad* del cual sacó el cuento[35]:

> [Aureliano le da los veinte centavos que cuesta la muchacha a la matrona que la vigila y entra en un cuarto de la tienda de Catarino donde está la muchacha desnuda en la cama. Antes de que él salga sin haber hecho nada, ella, agradeciéndole el descanso, le cuenta su historia]: Dos años antes, muy lejos de allí, se había quedado dormida sin apagar la vela y había despertado cercada por el fuego. La casa donde vivía con la abuela que la había criado quedó reducida a cenizas. Desde entonces la abuela la llevaba de pueblo en pueblo, acostándola por veinte centavos, para pagarse el valor de la casa incendiada. Según los cálculos de la muchacha, todavía le faltaban unos diez años de setenta hombres por noche, porque tenía que pagar además los gastos del viaje y alimentación de ambas y el sueldo de los indios que cargaban el mecedor (*Cien años de soledad*, págs. 51-52).

García Márquez seguramente consideraba el episodio en la novela y el cuento de manera paralela, pues Aureliano se parece mucho a Ulises en su actitud ante la muchacha. Ambos son inocentes; y ambos conciben el plan de ayudarla. Pero la situación en la novela queda sin desarrollar:

> [Aureliano] sentía una necesidad irresistible de amarla y protegerla. Al amanecer, extenuado por el insomnio y la fiebre, tomó la serena decisión de casarse con ella para liberarla del despotismo de la abuela y disfrutar todas las noches de la satisfacción que ella le daba a setenta hombres. Pero a las diez de la mañana, cuando llegó a la tienda de Catarino, la muchacha se había ido del pueblo (pág. 52).

Y Aureliano se dedica inmediatamente a otras cosas.

---

[35] V. «Eréndira —guión cinematográfico de Gabriel García Márquez», en ¡*Siempre!*, núm. 906 (4 de noviembre de 1970), i-vii (suplemento). Primero se presenta el párrafo de *Cien años de soledad;* luego se escribe: «El guión de la película es un desarrollo del párrafo transcrito de *Cien años de soledad* (pág. i).

Existen otros ecos de la novela, algunos de poca importancia. No solamente transcurre gran parte de la acción del cuento en «la soledad del desierto» (pág. 273), sino que también podría decirse que comienza en el punto en que termina *Cien años de soledad*: comienza y termina, añadimos, simbólica y metafóricamente. En el último día de Macondo, mientras Aureliano Babilonia se encierra en el cuarto de Melquíades a descifrar los pergaminos, empieza afuera, en la calle, «el viento tibio, incipiente, lleno de voces del pasado» (pág. 350). Rápidamente cobra fuerza, arrancando las puertas y las ventanas de los quicios y, finalmente (quizás), arrasando la ciudad de los espejos y borrándola de la memoria de los hombres. Es éste desde luego un viento apocalíptico, terminante (pues con él se acaba, o parece acabarse, la narración). Pero en la historia de Eréndira el viento es iniciatorio, el principio y causa de todo el argumento.

Pasemos a las intertextualidades del texto con otras obras de García Márquez. El título, por su estilo barroco y dieciochesco (Vargas Llosa lo llama una alusión «a los pregones de la feria») [36], recuerda ese larguísimo de obra periodística: *Relato de un náufrago que estuvo diez días a la deriva en una balsa sin comer ni beber, que fue proclamado héroe de la patria, besado por las reinas de la belleza y hecho rico por la publicidad, y luego aborrecido por el gobierno y olvidado para siempre*. Recuerda también quizás el título de «Los funerales de la Mamá Grande», y su primera oración: «Ésta es, incrédulos del mundo entero, la verídica historia de la Mamá Grande, soberana absoluta del reino de Macondo, que vivió en función de dominio durante 92 años y murió en olor de santidad un martes del setiembre pasado, y a cuyos funerales vino el Sumo Pontífice». Por su tamaño y su «función de dominio» sobre la vida de Eréndira, la abuela se parece algo a la Mamá Grande.

Intertextualidades de más interés para nuestra interpretación son las que tiene el cuento con otros de la misma colec-

---

[36] Vargas Llosa, *Deicidio*, pág. 628.

ción, ya que los ecos de todos ellos funcionan como un resumen o una despedida de la ficción previa. Hemos ya indicado cómo «El mar del tiempo perdido» (1961) es el germen, con *Cien años de soledad*, de la historia de Eréndira. En una forma u otra, episodios, frases o imágenes de todos los demás cuentos entran en este texto. En un solo párrafo se nota la presencia de dos de ellos:

> Entre la muchedumbre de apátridas y vividores estaba Blacamán, el bueno, trepado en una mesa [eco de «Blacamán el bueno, vendedor de milagros»] ... Estaba la mujer que se había convertido en araña por desobedecer a sus padres [eco de «Un señor muy viejo con unas alas enormes» y de *Cien años de soledad;* anticipación a la vez de una imagen parecida en *El otoño del patriarca*] ... Estaba un enviado de la vida eterna que anunciaba la venida inminente del pavoroso murciélago sideral [ecos de «Un señor muy viejo con unas alas enormes»] (pág. 307).

Abundan las alusiones a «Muerte constante más allá del amor». Por ejemplo, una de las mujeres rivales de Eréndira supone que lo único que tendrá ésta que otras mujeres no tienen es «una carta de un senador» (pág. 308). Se conoce que éste es el senador Onésimo Sánchez, nombrado en las páginas 291, 299 y 302.

Dos veces se describe a Eréndira como si fuera un ahogado (págs. 311, 312), y cuando las monjas la secuestran, se la llevan al convento «envuelta como un pescado grande» (pág. 291), detalles ambos reminiscentes de «El ahogado más hermoso del mundo». En otro cuento, «El último viaje del buque fantasma», se encuentra la siguiente frase: «las goletas de los contrabandistas de las Guayanas recibiendo su cargamento de loros inocentes con el buche lleno de diamantes» (pág. 258), una anticipación evidente del personaje que es el padre de Ulises (pues es contrabandista), y también de las naranjas con diamantes en el centro (pág. 300). En ambos cuentos, también, aparecen alusiones a los tiempos de Francis Drake que hacen pensar en los asaltos de éste a Riohacha en *Cien años de soledad*.

CONCLUSIÓN

Según Miguel Fernández-Braso, García Márquez ha afirmado que los relatos de esta colección de cuentos «le han servido en cierto modo de puente entre *Cien años* y la honda y larga novela sobre la soledad del déspota»[37]. En la misma página, hasta en el mismo párrafo, Fernández-Braso comenta: «este libro de siete relatos no tiene nada que ver, naturalmente, con el anunciado *El otoño del patriarca*, novela que puede superar y desbordar bastantes niveles de *Cien años de soledad*». ¿Nada que ver? Esta opinión, como hemos demostrado, es falsa. El puente de los cuentos une la ribera del pasado con la del futuro, cobrando sentido y profundidad en su vinculación con las riberas de dos mundos.

Las alusiones en los cuentos a la obra previa funcionan, creemos, como exorcismos textuales, dándole a García Márquez la libertad de transformar el mundo del Caribe de estos cuentos en otro Caribe, radicalmente distinto en *El otoño del patriarca*. Estilísticamente, el sendero nuevo se abre con el experimento lingüístico de «El último viaje del buque fantasma». En cuestiones de personaje, el senador Onésimo Sánchez, junto con las figuras previas de la Mamá Grande y el coronel Aureliano Buendía, anticipa y prepara la figura del patriarca: y éste hasta podría considerarse una síntesis exagerada de las tres figuras. ¿Ejercicios de piano, estos cuentos? Sí, en cierto sentido: ejercicios de estilo, de puntos de vista, de temática, de técnicas mitificadoras, de personajes, de ambiente tropical y marítimo. Por medio de ejercicios de piano aprendemos a tocar mejor. Por medio de la lectura de estos cuentos aprendemos —pero nunca lo suficiente— a leer la sorprendente novela de *El otoño del patriarca*.

---

[37] Miguel Fernández-Braso, *La soledad de Gabriel García Márquez: una conversación infinita* (Barcelona, 1972), pág. 31.

IV

EL MUNDO DEL PATRIARCA

HACIA «EL OTOÑO DEL PATRIARCA»

En cada ejemplar de la primera edición de *El otoño del patriarca*, Plaza y Janés (la editorial española) adjuntó en hoja suelta el siguiente epígrafe: «La tan esperada novela del autor de CIEN AÑOS DE SOLEDAD», este último título impreso en letras mayúsculas. Palabras quizá proféticas de la editorial, pues en sus primeros meses (e inclusive años) de vida —en los periódicos, en las revistas literarias, en las tertulias— la novela parecía destinada a existir bajo la sombra inacabable de *Cien años de soledad*. Tan esperada había sido que muchos lectores se consideraron defraudados al no poder leer otra saga al estilo de la de los Buendía. En ese verano de 1975, amigos y conocidos de mi familia me comentaban: «Esto no lo entiendo. Esto me confunde. ¿Qué pasó con el estilo de *Cien años de soledad?*», sentimientos éstos legítimos del lector común y corriente. Sin embargo, lo que sorprende es que la crítica —y se supone que los críticos tienen más paciencia y mejor formación literaria que los lectores de todos los días— reaccionara de manera semejante, sorprendida y algo confundida por una obra totalmente diferente a la anterior. No es única, por supuesto, esta historia de la recepción de la novela del patriarca; lo mismo sucedió, por ejemplo, con *Finnegans Wake* de James Joyce, novela tan distinta de *Ulysses*.

El mundo del patriarca

Entre las primeras críticas negativas se destacan la de Mario Benedetti, la de Jaime Mejía Duque y la de Ernesto Völkening, todos críticos respetados, conocedores de la obra de García Márquez y, hasta este momento, sus aficionados [1]. Interesante también nos parece la reseña pequeña y violenta de Rubén A. Gamboa, en *Handbook of Latin American Studies*, obra básica de consulta y asequible en las grandes bibliotecas del mundo. Dado que demuestra, en forma muy condensada, muchas de las actitudes típicas ante la novela, la reproducimos por completo:

> García Márquez aborda un nuevo modo narrativo: prosa opaca, sofocante, cuyos interminables períodos sólo sirven para hacernos rememorar, con nostalgia, las virtudes del punto. Entre tanto, la realidad de la novela —últimos años de la vida de un dictador— se nos escabulle en los vericuetos de una soporífera verborragia [2].

Quizás algunos críticos han reaccionado indeliberadamente o han comentado la novela antes de entenderla bien. Esta obra exige por lo menos dos lecturas. Pero la doble lectura tampoco garantiza un entendimiento justo. Un ejemplo: en su artículo sobre *El otoño del patriarca*, publicado en *Cuadernos Hispanoamericanos*, Roberto Onstine anuncia que ha «leído y releído» la novela [3]. Debió haberla leído una vez más, y con mejor atención, pues en la página siguiente indica con cara seria que el nombre del patriarca es Patricio Aragonés. La madre de don Patricio, como lo llama el señor Onstine, es identificada como Benedición Alvarado; su esposa, como Leticia Nazareno. Aparentemente nunca comprendió Onstine que «don Patricio» no

---

[1] Véanse Mario Benedetti, «El recurso del supremo patriarca», *Casa de las Américas* (Cuba), 17, núm. 98 (septiembre-octubre de 1976), 12-23; Jaime Mejía Duque, «*El otoño del patriarca*» *o la crisis de la desmesura* (Medellín, 1975); Ernesto Völkening, «El patriarca no tiene quien lo mate», *Eco* (Bogotá), 29/4, núm. 178 (agosto de 1975), 337-387.

[2] *Handbook of Latin American Studies*, núm. 38 (Gainesville, Florida, 1976), pág. 425.

[3] V. Roberto Onstine, «Forma, sentido e interpretación del espacio imaginario en *El otoño del patriarca*», *Cuadernos Hispanoamericanos*, número 317 (noviembre de 1976), 429.

es el patriarca, sino su doble, y que el mismo patriarca no tiene nombre (una noche él escribe que su nombre es «Zacarías», pero quién sabe si éste es su verdadero nombre o no; el propio patriarca lo duda, pág. 132). Si un crítico puede confundirse totalmente, ¿será justa la opinión —típicamente costeña en su exageración— de García Márquez al decir que los taxistas de Barranquilla, los niños (y las niñas) de la escuela y la gente de la calle entienden fácilmente *El otoño del patriarca*?

No toda la crítica fue negativa, descuidada o indeliberada. Por ejemplo, Ramón Xirau y Graciela Palau de Nemes, quienes escribieron reseñas positivas de *El otoño del patriarca*, entendieron que las nuevas normas estéticas de la novela exigían una perspectiva crítica igualmente nueva [4]. Al principio, sin embargo, estas voces fueron relativamente pocas; más numerosas fueron las negativas y apasionadas. Pero poco a poco, la opinión crítica sobre *El otoño del patriarca* se ha convertido por lo general en positiva y admirativa.

Pues bien, ya que nuestro estudio no se concentra sobre el fenómeno sociológico en que se ha convertido García Márquez, dejemos a un lado otros detalles sobre la recepción de *El otoño del patriarca*. De mayor importancia nos parece la historia de la concepción de la novela y de los cambios que experimenta esta concepción con el paso de los años. En conversación con Armando Durán (en 1968), García Márquez afirmaba que «de la novela que escribo ahora, la única imagen que he tenido durante muchos años es la de un hombre inconcebiblemente viejo que se pasea por los inmensos salones abandonados de un palacio lleno de animales»[5]. Poco después, en una entrevista publicada en 1969, García Márquez indicó casi lo mismo: *El otoño del patriarca* parte, como muchos de sus libros, de una

---

[4] Véanse Ramón A. Xirau, «A propósito de un otoño y de un patriarca», [reseña de *El otoño del patriarca*], *Diálogos*, 11, núm. 65 (septiembre-octubre de 1975), 35-36; Graciela Palau de Nemes, «*El otoño del patriarca*», *Hispamérica*, 4, núms. 11-12 (diciembre de 1975), 173-183.

[5] V. Armando Durán, «Conversaciones con Gabriel García Márquez», *Revista Nacional de Cultura* (Caracas), 29, núm. 185 (julio-agosto-septiembre de 1968), 39.

imagen, esta vez «de la imagen de un dictador inconcebiblemente viejo que se queda solo en un palacio lleno de vacas»[6]. Aunque García Márquez ha olvidado cuándo concibió esta imagen, recuerda en detalle de dónde le vino *la idea* de escribir un libro sobre la figura del dictador. Estaba en Caracas a principios de 1958 y apenas había presenciado la caída de la dictadura de Pérez Jiménez:

> Pérez Jiménez ya se había ido. La Junta de Gobierno estaba reunida en un salón de Miraflores, y en la antesala estábamos todos los periodistas de Caracas, a las cuatro de la mañana, esperando desde toda la noche el anuncio del destino de ese país que se estaba jugando en ese cuarto.
>
> En cierto momento, por primera vez, se abrió la puerta y me salió un oficial en uniforme de campaña, con las botas embarradas, caminando de espaldas, apuntando hacia dentro con una metralleta; hacia dentro, donde estaba Larrazábal y todos decidiendo la suerte de Venezuela, y pasó entre nosotros, por entre los periodistas, caminando de espaldas, con aquellas botas, bajó las escaleras alfombradas, se metió en un carro y se fue.
>
> No sé quién era ese militar, sé que se asiló en Santo Domingo. Pero en ese instante, y no sé cómo, tuve la intuición de lo que es el poder. Cómo ese tipo que se iba, por un contacto infinitamente delicado, no tuvo el poder, y cómo, si ese contacto no le hubiera fallado, hubiese cambiado la historia de ese tipo y la historia de todo el país.
>
> Entonces, ¿cuál es la chispa que genera el poder? ¿Qué es el poder? ¡Qué cosa tan misteriosa! El dictador de mi libro dice que es como «un sábado vivo»[7].

García Márquez había explorado ya distintas manifestaciones de la idea del poder en *El coronel no tiene quien le escriba* y en *Cien años de soledad*. Esta idea no se abandona —como

---

[6] Ernesto González Bermejo, «Ahora doscientos años de soledad», *Triunfo* (Madrid, noviembre de 1971), en *García Márquez habla de García Márquez*, entrevistas recopiladas por Alfonso Rentería Mantilla (Bogotá, 1979), pág. 57.

[7] González Bermejo, «Ahora doscientos años de soledad», en *García Márquez habla de García Márquez*, pág. 57.

otras— con el paso del tiempo, sino que cobra profundidad literaria, ya que la novela del patriarca podría describirse como una meditación sobre «los misterios» del poder[8]. Tampoco abandona García Márquez la imagen creadora del viejo con sus animales en el palacio desierto, pues dicha imagen ocurre a menudo a lo largo de la novela.

Sin embargo, como es de esperar, sí se registran cambios en la historia que quiere contar, tanto en el enfoque como en la manera de desarrollarla. Examinemos algunos de estos cambios, cosa que hasta ahora no se ha documentado. La primera mención de la novela que hemos podido encontrar data de 1966, un año antes de publicarse *Cien años de soledad*. Según Luis Harss,

> dice García Márquez que ha querido siempre escribir un libro sobre un dictador latinoamericano sentado en su palacio, aislado del mundo, con un poder absoluto por el que sienten un terror mortal sus súbditos mistificados y supersticiosos. Se preocuparía menos por los efectos sociales que por la patología del personaje. Incluso ya le dedicó cuatrocientas páginas al tema en cierta ocasión, pero las rompió porque no se sentía listo todavía para la tarea. No se podía acercar lo suficiente al hombre. Quería hacer un retrato interior, pero no encontró la entrada. Desde entonces ha estado aplazando el proyecto, aunque no indefinidamente. Lo que necesita es un ángulo, una perspectiva[9].

Algunos aspectos fundamentales de la novela futura ya se encuentran aquí: la imagen motivadora de la figura aislada (curiosamente, el dictador está rodeado por los súbditos, no, como en otras descripciones, por sus vacas, metáfora quizá de la pasividad y de la obediencia ciega); la idea de un poder tan descomunal que traspasa los bordes de la imaginación; el intento de concentrarse en los aspectos psicológicos del tema y no en los sociológicos. Aunque sabía García Márquez todas

---

[8] García Márquez ha utilizado frecuentemente esta frase para caracterizar su novela del patriarca.

[9] Luis Harss, «Gabriel García Márquez o la cuerda floja», en *Los nuestros* (Buenos Aires, 1969), págs. 409-410.

El mundo del patriarca 169

estas cosas sobre la futura novela, no sabía lo más importante: el ángulo especial, la perspectiva que había de animar el relato entero. Y la entrada que creyó haber encontrado en 1966 le resultó falsa: García Márquez dice, al fin de la entrevista con Luis Harss, que la novela «debe ser el monólogo del dictador en el momento de ser juzgado por un tribunal popular. Estoy trabajando en las notas»[10]. Como bien sabemos, García Márquez abandonó después este plan, y por razones muy justificadas.

Escuchémoslo describiendo varias etapas del proceso de escribir la novela. La siguiente descripción data de 1971 (ya había trabajado mucho tiempo en la novela y ésta se encontraba mucho más cerca de la forma en que se publica finalmente). Al principio, dice García Márquez, el haber presenciado el juicio de Sosa Blanco en Cuba lo incitó a escribir un libro sobre el juicio de un dictador, a través del cual daría «toda la realidad del personaje. Pero no me servía [esta técnica] porque no me daba la subjetividad del dictador, que es lo que me interesa, lo que piensa, cómo reacciona». Después se le ocurrió escribir «un monólogo del dictador en el banquillo, pero eso me creaba otro problema: que el dictador no sabe leer ni escribir, aprende después». Tampoco le sirvió esta técnica porque «lo que más me importa no es lo que el dictador sabe, sino lo que el dictador no sabe, y eso no lo podía decir en un monólogo, porque el dictador no puede hablar de lo que no sabe»[11]. De juicios a monólogos, de monólogos a no-monólogos, y de éstos finalmente —en la novela publicada— a un estilo de narración que, aunque utiliza algunos monólogos del patriarca, se sirve más bien de las perspectivas de un sinnúmero de personajes distintos[12] y

---

[10] Luis Harss, «Gabriel García Márquez o la cuerda floja», en *Los nuestros*, pág. 418.

[11] Ernesto González Bermejo, «Ahora doscientos años de soledad», en *García Márquez habla de García Márquez*, pág. 60.

[12] Estos cambios de puntos de vista se registran a veces con (y a veces sin) cambios de primera a tercera persona narrativa. Sin el cambio: Dionisio Iguarán (dueño de un gallo que había derrotado al del patriarca) aquella «noche se encerró en el dormitorio y se bebió solo un calabazo de ron de caña y se ahorcó con la cabuya de la hamaca, pobre señor, pues él no era consciente del reguero de desastres domésticos que pro-

de la perspectiva omnisciente del narrador-autor. García Márquez llama a tal estilo la narración múltiple o el uso de puntos narrativos múltiples. De esta manera intenta presentar no sólo «toda la realidad del personaje», sino también toda la realidad de su país, de su pueblo y de su época.

El comentario más interesante para la historia de la génesis y del desarrollo de las concepciones de la novela del patriarca se encuentra en un párrafo largo, en una entrevista con Rosa Castro, en 1967. Vale reproducir este párrafo en su totalidad:

[GGM]: Ahora me voy a Barcelona a escribir un libro que tengo proyectado desde hace tiempo. Me voy por un año, pero regreso. Aquí dejo mi casa en una bodega...

[RC]: ¿Quiere hablarme de ese libro?

[GGM]: ¿De ese otro, en que trabajo? Yo creo que es una enorme visión delirante de ese enorme animal de delirio que es el dictador latinoamericano. Cuando hay un crimen yo pienso más en el criminal que en el muerto. Entonces me atrevo a decirle que mi visión del dictador latinoamericano típico, el mitológico, el legendario, mi visión de ese

---

vocaban sus apariciones de júbilo». *El otoño del patriarca* (Barcelona, 1975), pág. 93. En adelante incluimos las citas en el texto. Es Dionisio el que se ahorca, pero la frase «pobre señor» es transitoria, ya que podría referirse tanto al patriarca como a Dionisio. El vocablo «él», que sigue a «pobre señor», se refiere al patriarca.

El siguiente ejemplo registra un cambio no sólo desde la tercera a la primera persona, sino también desde la perspectiva humana a la animal: «[El perro de José Ignacio Sáenz de la Barra] entró, permanecía dormido a los pies del amo mientras sacaban cuentas de rutina de cabezas cortadas pero se incorporaba con un pálpito anhelante cuando las cuentas se volvían ásperas, sus ojos femeninos me estorbaban para pensar, me estremecía su aliento humano, lo vi alzarse de pronto con el hocico humeante con el borboriteo de marmita cuando él dio un golpe de rabia en la mesa porque encontró en el saco de cabezas la de uno de sus antiguos edecanes que además fue su compinche de dominó durante muchos años» (pág. 213). Vale notar también que con el cambio de la perspectiva de lo humano a lo animal cambian también los detalles de la observación. Lo que se nota interesaría más, se supone, a un perro que a un ser humano: «El aliento humano» del patriarca y también su «hocico humeante». Pese a su tema trágico, son muchos los detalles humorísticos en *El otoño del patriarca*.

personaje es compasiva. Es decir: mi dictador, que es el general Nicanor Alvarado, ha llegado a tener un poder tan descomunal que ya ni siquiera manda. Ha llegado a ser tan poderoso que está completamente solo y completamente sordo, en un palacio lleno de jaulas de canarios, en cuyos salones se pasean las vacas. El dictador se vuelve loco por una niña de dieciséis años, a la que ha coronado reina de la belleza y está tan desesperado de amor, que manda asesinar a tres mil presos políticos en una noche... Es una visión poética del mito latinoamericano del dictador. Es un libro con el que corro verdaderamente el riesgo de darme un frentazo. A ver si le atino. En el momento del relato el dictador tiene ciento veintitrés años. Hace tanto tiempo que llegó al poder, que no se acuerda ya cómo llegó. Él mismo no se da cuenta de que se va quedando sordo, sino que cree que los canarios cantan cada vez menos. Cuando ya se queda sordo por completo, realiza uno de los grandes sueños de su vida, que es oír el ruido del mar durante todo el día y toda la noche, a pesar de que está a quinientos kilómetros del mar. El libro puede ser un desastre, porque es una imagen totalmente nostálgica del dictador. Es mitológica. Se llamará *El otoño del patriarca* [13].

Diferencias interesantes entre esta concepción y la novela publicada del patriarca: Aquí el dictador tiene nombre, curiosamente el mismo («Nicanor») que, al final de la novela, la figura de la muerte le pone a todos los hombres «en el instante de morir» (págs. 268-269); allá (en la novela publicada) el dictador vive sin nombre, conocido solamente por sobrenombres como «el patriarca» o «el macho». Aquí la visión es bastante compasiva y nostálgica; allá la nostalgia y la compasión pasan por una red de humor grotesco y satírico, de crueldades increíbles y de detalles frecuentemente patéticos sobre la personalidad del patriarca. Aquí la historia se localiza a quinientos kilómetros del mar; allá se desarrolla a la orilla del mar en

---

[13] Rosa Castro, «Con Gabriel García Márquez», *¡Siempre!*, núm. 739 (23 de agosto de 1967), 29.

un ambiente empapado de Caribe. Aquí el dictador tiene edad definitiva (123 años), allá una indefinida (entre 107 y 232 años, pág. 87). En ambos casos, de todos modos, las cifras han sido míticamente exageradas.

También habrán de notarse ciertas semejanzas. Aquí —como allá— la misma visión poética del mito del dictador y de la figura del patriarca; la misma importancia otorgada al tema del poder; los mismos detalles, como la sordera del dictador, las jaulas de los pájaros, las vacas en las salas. En esta entrevista con Rosa Castro, García Márquez denominó la imagen del dictador como una «mitológica», palabra que se repite dos veces. Él reconoce siempre la importancia de las dimensiones míticas de su tema y las vinculaciones que tiene con la cultura latinoamericana. A los entrevistadores que lo felicitaban por haber captado la realidad latinoamericana *in toto*, en *Cien años de soledad*, García Márquez contestaba que un retrato de dicha realidad quedaba incompleto sin la figura del dictador [14]. Carlos Fuentes ha afirmado algo semejante en *La nueva novela hispanoamericana*: dos extremos de la realidad hispanoamericana son, por una parte, la naturaleza y, por otra, «el dictador a la escala nacional o regional» [15].

En varias entrevistas ha indicado García Márquez que ha leído mucho sobre el tema del dictador-tirano: desde los análisis de Plutarco y Suetonio (en especial sobre Julio César) hasta novelas y estudios del siglo XX [16]. Como era de esperar,

---

[14] «Se dijo mucho que *Cien años de soledad* es una síntesis simbólica de toda la historia de América Latina. Si eso se acepta sería una historia incompleta, porque le falta una reflexión sobre el problema del poder. Ése es el tema de *El patriarca*». Entrevista con Ernesto González Bermejo, en *Revista Crisis* (Buenos Aires, 1975), recogida en *García Márquez habla de García Márquez*, pág. 112.

[15] Carlos Fuentes, *La nueva novela hispanoamericana* (México, 1969), página 11.

[16] Como influencia —y constante, diríamos— ha señalado García Márquez a *Edipo, Rey*, especialmente porque ésta «es la obra que más me ha enseñado sobre todo en toda mi vida, y es también la que más me ha enseñado sobre el poder». Respuesta a una pregunta de Juan Goytisolo, en el artículo de Eva Norvind, «Intelectuales interrogan a GGM», en

le ha interesado en particular el tirano de Hispanoamérica y del Caribe, ya que considera a esta figura no una anomalía en nuestra cultura, sino otro ejemplo entre muchos de nuestra historia improbable. García Márquez, refiriéndose al fenómeno del dictador en un artículo que se titula «Fantasía y creación artística en América Latina y el Caribe», publicado en *Texto Crítico* en 1979, indica que lo más difícil para un escritor latinoamericano no es la invención de un mundo —pues éste lo tiene ya hecho y completo—, sino el dominio de un lenguaje capaz de abarcar toda la increíble realidad latinoamericana. Y entre los fenómenos más increíbles se destacan las extravagancias personales de nuestros dictadores. He aquí el comentario (con respecto a *El otoño del patriarca* y a la figura del dictador) del propio García Márquez:

> Mi experiencia de escritor más difícil fue la preparación de *El otoño del partiarca*. Durante casi diez años leí todo lo que me fue posible sobre los dictadores de América Latina, y en especial del Caribe, con el propósito de que el libro que pensaba escribir se pareciera lo menos posible a la realidad. Cada paso era una desilusión. La intuición de Juan Vicente Gómez era mucho más penetrante que una verdadera facultad adivinatoria. El doctor Duvalier, en Haití, había hecho exterminar los perros negros en el país, porque uno de sus enemigos, tratando de escapar a la persecución del tirano, se había escabullido de su condición humana y se había convertido en perro negro. El doctor Francia, cuyo prestigio de filósofo era tan extenso que mereció un estudio de Carlyle, cerró a la república del Paraguay como si fuera una casa, y sólo dejó abierta una ventana para que entrara el correo. Nuestro Antonio López de Santana enterró su propia pierna en funerales espléndidos. La mano cortada de Lope Aguirre navegó río abajo durante varios días, y quienes la veían pasar se estremecían de horror, pensando que aún en aquel estado aquella mano asesina podía blandir un puñal. Anastasio Somoza García, padre del actual, tenía en el patio de su casa un jardín zoológico con jaulas de dos compartimentos: en uno estaban encerradas las fieras, y en el otro, separado apenas por una reja de hierro, estaban sus enemigos políticos. Maximi-

---

Hombre de Mundo (México, 1977), recogido en *García Márquez habla de García Márquez*, pág. 152.

liano Hernández Martínez, el dictador teósofo de El Salvador, hizo forrar con papel rojo todo el alumbrado público del país para combatir una epidemia de sarampión, y había inventado un péndulo que ponía sobre los alimentos antes de comer, para averiguar si no estaban envenenados. La estatua de Morazán que aún existe en Tegucigalpa es en realidad del mariscal Ney: la comisión oficial que viajó a Londres a buscarla, resolvió que era más barato comprar esa estatua olvidada en un depósito, que mandar a hacer una auténtica de Morazán.

En síntesis, los escritores de América Latina y el Caribe tenemos que reconocer, con la mano en el corazón, que la realidad es mejor escritor que nosotros. Nuestro destino, y tal vez nuestra gloria, es tratar de imitarla con humildad, y lo mejor que nos sea posible [17].

---

[17] Gabriel García Márquez, «Fantasía y creación artística en América Latina y el Caribe», *Texto Crítico*, 5, núm. 14 (julio-septiembre de 1979), 8. En un estudio breve pero importante sobre *El otoño del patriarca*, la profesora Graciela Palau de Nemes describe «la historicidad» de dicha novela. La localización de la obra se sitúa principalmente en la República Dominicana (La Española), con alusiones a otros países hispanoamericanos del Caribe (se incluye Colombia, naturalmente), y a otras islas y países del Caribe inglés, holandés y francés. La mayoría de los detalles históricos «saqueados» por García Márquez provienen de los siglos XVI, XIX y XX, precisamente los siglos de la colonización, y del imperialismo norteamericano. La capital del país del patriarca se describe como una «rancia ciudad de los virreyes y los bucaneros» (*Otoño*, pág. 13), descripción que sirve para la antigua ciudad de Cartagena en Colombia o para la capital colonial de la República Dominicana. También de la historia colonial provienen detalles como el saqueo de William Dampier (mencionado en la primera página de la novela), quien, pese a establecerse en Jamaica, saqueó, no el Caribe, sino la costa del Perú y de México por el lado del Pacífico. La casa presidencial, según la profesora de Nemes, «nos remite a la casa del Virrey Diego Colón y de su esposa doña María de Toledo, construida en La Española en 1510 en un promontorio al lado del río Ozama con vista de la bahía y el mar» (pág. 177).

Mencionemos algunos detalles del pasado más inmediato. Según la profesora de Nemes, el episodio de la venta del mar en la novela se nutre de una serie de hechos históricos del siglo XIX. Los caudillos dominicanos Pedro Santana y Buenaventura Báes, entre 1845 y 1878, estaban dispuestos a vender el país al mejor postor (entre Francia, Inglaterra, España y los Estados Unidos). Por los años 1860-1870, la bahía de Samaná, al noroeste de la isla, se convirtió en botín. Varios gobiernos (el provisional del Ge-

Entonces, para García Márquez no es solamente la omnipresencia del dictador en nuestra cultura lo que hace de él magnífica *materia prima* para la literatura, sino también su personalidad excéntrica, exagerada, extraordinaria. Ésta, o es la *sine qua non* del ascenso de todo dictador, o, una vez en el mando, se desarrolla con el paso del tiempo y con la experiencia del poder. Antes de seguir con el análisis habremos de preguntar ¿qué es un dictador? ¿Y cuáles son sus características, tanto de oficio como de su persona? Según Alfred Cobban, autor de un libro fundamental sobre tal fenómeno, generalmente el oficio del dictador no se hereda, sino que es obtenido a la fuerza, o por aclamación pública, o por astucia. El mando del dictador es absoluto y personal; es decir, toda orden se origina de su persona y refleja su (absoluta) voluntad. Su poder «ilimitado» suele ejercerse arbitrariamente: manda por decreto y no por legislación. Finalmente, considera a su «reino» coetáneo con su vida, y a ésta la considera inmortal [18]. A estas características añadimos otras más personales: el coraje y la confianza (algunos dirían el egoísmo) de un hombre que pretende controlar no sólo su destino, sino también el del país; la gran habilidad de «líder» político y (generalmente) militar; y, finalmente —muy importante en el caso del dictador hispanoamericano—, el machismo.

neral Cabral, en 1866, y la dictadura de Ulises Hereux, entre 1882 y 1889) propusieron darles las aguas de la bahía a los Estados Unidos a cambio de su defensa. El mar se sigue considerando como «botín» y, entre 1916 y 1924, los Estados Unidos, para prevenir la intervención de los ingleses, y valiéndose de las continuas luchas civiles como excusa, ocupan el país. Esta situación es causa, directa o indirectamente, de la dictadura de Trujillo, modelo que influye en muchos detalles en *El otoño del patriarca*. Por ejemplo, la obsesión de Trujillo por la limpieza se presenta en la novela por medio del establecimiento de escuelas gratuitas para enseñar el arte de barrer las calles. También, al nombrar al hijo del patriarca general de división, García Márquez alude al hecho de que el hijo de Trujillo ostentaba galones desde muy joven (v. de Nemes, pág. 179). V., en general, el artículo de la profesora de Nemes, en *Hispanoamérica*, 4, núros 11-12 (1975), 173-183.

[18] V. Alfred Cobban, *Dictatorship: Its History and Theory* (New York, 1939), pág. 26.

Aunque en la literatura del siglo XX abundan tratamientos de la figura del caudillo, no es justo el hecho de que varios críticos, entre ellos Ramón Xirau (en su reseña sobre *El otoño del patriarca*), consideren que el género literario del dictador es en nuestras letras un invento del siglo XX [19]. Tampoco nos parece totalmente correcta la opinión de que en Hispanoamérica la figura histórica del dictador nace en el siglo XIX. Más lógico sería comenzar con el siglo XVI y con las crónicas de la conquista. El absolutismo político —que no respeta límites raciales, nacionales o continentales— puede encontrarse en el pueblo precolombino. Moctezuma, por ejemplo, podría denominarse una instancia de dictador autóctono, descrito de manera «novelística» por Cortés, en *Cartas de relación*, y por Bernal Díaz del Castillo, en *Historia de la conquista de Nueva España*. Por su parte, también los «españoles» de la leyenda negra (especialmente en el Caribe, así como en México y en el Perú) introducen versiones «continentales» y «civilizadas» de la autoridad absoluta y de su arbitraria crueldad. Debido a que en el Nuevo Mundo el poder pasa rápida y violentamente a los conquistadores, el absolutismo, la crueldad y la represión política (y moral) se identifican con España [20].

Las guerras de liberación en los primeros años del siglo XIX tuvieron por motivo el deshacerse de este yugo español. Sin embargo, una vez liberados, los países hispanoamericanos no establecieron sociedades verdaderamente liberales y democráticas (como lo había hecho, más o menos, Estados Unidos), sino conservadoras y fundamentalmente antidemocráticas. Este fenómeno —que el desilusionado Bolívar había previsto al renunciar a la presidencia de Gran Colombia— es tesis del provocativo y brillante estudio de Carlos Rangel, *Del buen salvaje al*

---

[19] V. la nota núm. 4.

[20] De indudable utilidad en el traslado del centro del poder de los indios a los españoles fueron las instituciones de la encomienda y el repartimiento; en ambas existía gran potencial para el abuso del poder. Véanse los varios libros de Silvio Zavala, pero en particular *La colonización española en América* (México, 1972); véase también J. H. Parry, *The Spanish Theory of Empire in the Sixteenth Century* (Cambridge, England, 1940).

buen revolucionario [21]. Conservadora, oligárquica, jerárquica y feudal: así es la sociedad hispanoamericana del siglo XIX. No sorprende desde luego que, en el vacío producido por la ausencia de España y por el retiro provisional de la Iglesia y de la aristocracia tradicional, entrase fácilmente la figura de la gran autoridad personal: el «general», el «caudillo», el «cacique», el «patrón». Largamente acostumbrada a vivir bajo formas gubernamentales autoritarias, la gente aceptaba la nueva forma de gobierno —la dictatorial— como cosa normal. Y, en verdad, históricamente lo era, ya que el yugo español se reemplazó por otro, nativo, propiamente «nuestro».

Si la crónica no se admite como género literario, si el «gobierno» de Moctezuma o si el gobierno colonial-autoritario de los españoles no se consideran «dictaduras», entonces fácilmente se encuentran los primeros ejemplos —tanto literarios como históricos— en el siglo XIX. De la literatura destaquemos tres: Esteban Echeverría, en su cuento costumbrista y alegórico «El matadero»; José Mármol, en su novela *Amalia*, y Domingo Faustino Sarmiento, en su novela-historia-biografía-ensayo *Facundo*. De la historia mencionemos no sólo al Doctor Francia, de Paraguay, y a Santa-Anna, de México (ambos mencionados por García Márquez), sino también a Juan Manuel de Rosas, de Argentina, a García Moreno, del Ecuador, y a Rafael Núñez, de Colombia. La lista podría ser mucho más larga. No importa el vocablo con el cual se identifique el fenómeno; sólo importa que desde México hasta la Patagonia ha sido la dictadura —o el caudillismo, el caciquismo, el personalismo político (según François Chevalier [22], el gamonalismo (según José Carlos Mariátegui [23])— una constante en nuestra historia.

---

[21] Véase Carlos Rangel, *Del buen salvaje al buen revolucionario* (Caracas, 1976).

[22] Véase François Chevalier, «'Caudillos' et 'caciques' en Amérique: contribution à l'étude de liens personnels», *Mélanges offerts à Marcel Bataillon par les hispanistes français*, número especial de *Bulletin Hispanique*, 64 (1962), 30-47.

[23] Véase José Carlos Mariátegui, *Siete ensayos de interpretación de la realidad peruana* (1.ª edición, 1928; Barcelona, 1976), especialmente los ensayos sobre «El problema del indio» y «El problema de la tierra».

El otoño del patriarca es una flor en el jardín literario hispanoamericano de obras consagradas al tema del dictador. En los primeros años del siglo este jardín se fertiliza con dos obras extranjeras. *Nostromo*, por Joseph Conrad, y *Tirano Banderas*, por Ramón del Valle-Inclán. Del primero, García Márquez ha afirmado que lo leyó mucho durante la composición de su novela sobre el patriarca. Del segundo ha dicho que no hay la más mínima influencia. Dentro de las letras propiamente hispanoamericanas de la primera mitad del siglo, la novela más famosa sobre el tema del dictador es *El señor presidente* (publicada en México en 1946 pero escrita, mayormente, entre 1924 y 1932) de Miguel Ángel Asturias. Esta novela suele incluirse en el parentesco de *El otoño del patriarca*. Pero insistir en esto es, nos parece, exagerar la realidad. Asturias, en su novela, llama la atención sobre los efectos sociales de la dictadura de su señor presidente y —a diferencia de García Márquez años después— se interesa poco por los aspectos psicológicos o «patológicos» del tema. Si se insiste en una relación literaria entre el guatemalteco y el colombiano, ésta ha de ser quizás de contrainfluencia. Es decir, la novela del patriarca parece estar escrita en contra del modelo presentado en *El señor presidente*.

Como ha dicho el propio García Márquez más de una vez, las relaciones de influencia literaria son cosas misteriosas, difíciles de establecer. Son tantas y tan complejas las influencias de otra índole —las de la familia, las de los amigos, las del pueblo y del país, las del momento histórico, del encuentro casual o de la lectura accidental— que el pretender establecer una influencia literaria indica con frecuencia una ceguera crítica [24]. Sin insistir en ello, mencionemos como posible candi-

---

[24] No hay que olvidar tampoco la mucha experiencia *personal* de García Márquez con dictadores y la dictadura: Con Gustavo Rojas Pinilla en Colombia, Pérez Jiménez en Venezuela, Sosa Blanco en Cuba; y (mientras escribe *El otoño del patriarca*) vive bajo la dictadura de Franco en España y es amigo de Fidel Castro y del fallecido Omar Torrijos. García

dato de parentesco literario *La muerte de Artemio Cruz*, novela publicada por Carlos Fuentes (amigo de García Márquez) en 1962. *La muerte de Artemio Cruz* y *El otoño del patriarca* centran su argumento alrededor de la muerte de un caudillo-tirano. En el caso de Fuentes, el tirano está próximo a morir, y la novela se construye alrededor de las memorias de su vida y de sus amores. En el caso de García Márquez, el tirano (o su doble) está ya muerto, y los episodios se forman alrededor del cadáver y de la historia de su vida en relación con la del pueblo. En ambas novelas nos encontramos con una figura de gran poder que llegó a su alta posición política y «social» por medio de la revolución. Obsesionados por el poder y por la muerte, ambos tiranos pierden a un hijo y a una amante en forma violenta. Ambos padecen la soledad y la ausencia del amor. La metáfora del doble se encuentra en cada una de las novelas [25]; y en cada una también se juega con la idea de que el destino se refleja en la palma de la mano. Esto seguramente sería sólo coincidencia si no fuera por el hecho de que, en ambos casos, las palmas de las manos de los tiranos son lisas, indicando, satíricamente, el destino raso de cada uno (v. *Artemio*, pág. 62).

Márquez tomó la decisión de ir a vivir en España porque «no me quería perder la experiencia que habían tenido los españoles bajo un régimen dictatorial como el de Franco y, después, no quería privarme de esa experiencia de vivir una dictadura al antiguo estilo para trabajar en el libro. El pacto que tenía conmigo mismo de no venir a España se me convirtió en un interés de signo contrario: el de venir a España a esperar que muriera Franco. Había pensado estar tres años y me quedé siete. Llegué a la conclusión de que Franco no moriría nunca y empecé a temer que era un experimento de la eternidad». En entrevista por Ángel Harguindey, diario *El País* (Madrid, 1978), recogida en *García Márquez habla de García Márquez*, pág. 170. También ha dicho García Márquez lo siguiente: «*Cien años de soledad* es un libro hecho con experiencias contadas por otras personas. En cambio, *El otoño del patriarca*, a los cuarenta y cinco años, es un libro escrito totalmente con experiencias personales cifradas.» En una entrevista por P. E. Woodford, hecha como parte de una película sobre García Márquez: *Gabriel García Márquez: La magia de lo real*. VCS 176-01. Films for the Humanities, Inc., Princeton, 1981.

[25] V. Carlos Fuentes, *La muerte de Artemio Cruz* (1.ª edición, 1962; México, 1978), pág. 92. En adelante incluimos las citas en el texto.

Pero mientras las manos de don Artemio se llenan «de signos, de rayas, de anuncios [...], de líneas densas, agotadas» (pág. 62), las del patriarca permanecen siempre lisas (págs. 10, 95), «áridas» (pág. 96), «desvalidas» (pág. 229), «sin destino» (pág. 270). *La muerte de Artemio Cruz* podría considerarse, desde luego, uno de los antecedentes de la novela del patriarca.

Sin embargo, evitemos demasiado entusiasmo por esta posible influencia, pues existen grandes diferencias entre las dos novelas y, además, el tema del tirano ha estado «en la atmósfera cultural» desde hace muchos años. Tan arraigado se encuentra en nuestra conciencia que las varias novelas importantes sobre el tema que se han publicado en los últimos años son como un brote natural del espíritu: *El recurso del método* (1973) de Alejo Carpentier, *Yo el Supremo* (1973) de Augusto Roa Bastos, *El secuestro del general* (1973) de Demetrio Aguilera Malta y *El pueblo soy yo* (1976) de Pedro Jorge Vera [26]. La

---

[26] Véanse, por ejemplo, Juan Antonio Ayala, «De *Tirano Banderas* a *El señor presidente*», en *Cifra de humanidad* (San Salvador, 1955), páginas 119-125; Raymond González, *The Latin American Dictator in the Novel*. Tesis doctoral, University of Southern California, 1975; Domingo Miliani, «El dictador, objeto narrativo en *El recurso del método*», *Revista Iberoamericana*, 47, núms. 114-115 (enero-junio de 1981), 189-226; (este ensayo es segmento de un libro en proceso); Bernardo Subercaseaux, «*Tirano Banderas* en la narrativa hispanoamericana (La novela del dictador, 1927-1976)», *Hispamérica*, 5, núm. 14 (1976), 45-62; Ángela B. Dellepiane, «Tres novelas de la dictadura: *El recurso del método*, *El otoño del patriarca*, *Yo el supremo*», *Cahiers du Monde Hispanique et Luso-Brésilien*, 29 (1977), 65-87; Norman Luna, «The Barbaric Dictator and the Enlightened Tyrant in *El otoño del patriarca* and *El recurso del método*», *Latin American Literary Review*, 15 (1979), 25-32. Al contestar una pregunta sobre la popularidad del tema del dictador en la literatura hispanoamericana más reciente, García Márquez indicó lo siguiente: «Eso tiene su explicación y es una historia vieja. Fíjate: Carlos Fuentes tuvo la idea como en 1968, una cosa así, de escribir un libro colectivo que se llamara *Los padres de las patrias*, y que cada novelista escribiera un capítulo sobre el dictador de su país. Entonces estaba previsto que Fuentes escribiría sobre Santana; Carpentier, sobre Machado; Miguel Otero Silva, sobre Juan Vicente Gómez; Roa Bastos, sobre el doctor Francia, y así. Cortázar tenía ya algo preparado sobre el cadáver de Evita Perón. Yo no tenía dictador, pero

lista podría extenderse mucho más, pero estos títulos, junto con la novela de García Márquez, bastan para demostrar el apogeo del tema del dictador en el siglo XX.

Carlos Fuentes, como hemos visto ya, afirma que dos extremos de la realidad hispanoamericana son la naturaleza y el dictador. Debido a que la naturaleza se mitifica en *Cien años de soledad*, y el dictador en *El otoño del patriarca*, la obra del colombiano ya podría considerarse un retrato total de la realidad latinoamericana (sin tener en cuenta la recientemente publicada *Crónica de una muerte anunciada*, y los cuentos y las novelas que la seguirán). Quizás mejor que cualquier otra forma de expresión cultural, la literatura —y la novela del patriarca en especial— puede revelar y, en cierto sentido, «documentar» la transformación del tirano «histórico» en el «mítico».

Dicha transformación requiere la mitificación de la *materia prima* (sea de la historia o de figuras históricas importantes), la creación de un *personaje mítico* en la novela, y también la adaptación de las *formas o las técnicas míticas* sin las cuales dicho personaje no cobra existencia e identidad. Desde luego, dividimos nuestro análisis de *El otoño del patriarca* en tres partes: la primera, sobre varias metamorfosis míticas presentes en la novela; la segunda, sobre el personaje del patriarca como héroe mítico, y la tercera, sobre las formas narrativas míticas —tanto temáticas como estéticas— utilizadas en la novela.

TRES METAMORFOSIS MÍTICAS:
INTERTEXTUALIDADES

«Tout texte —escribe Julia Kristeva— se construit comme mosaïque de citations, tout texte est absorption et transformation d'un autre texte»[27]. Esta cita, ya famosa en la crítica, se

---

estaba ya escribiendo *El otoño del patriarca*.» Entrevista en *Ahora* (Santo Domingo), 15, núm. 565 (7 de junio de 1976), 39.

[27] Julia Kristeva, *Séméotikè: Recherches pour une sémanalyse* (Paris, 1969), pág. 146. Véase también la introducción a *Intertextuality: New*

considera generalmente como el punto de partida para la teoría de la intertextualidad. Kristeva —claro está— no es la única ni la primera en proponer esta teoría (o una semejante) sobre «cómo se hace la literatura». Todo texto, dice Derrida, es un texto de otro texto (l'écriture d'une écriture). O, en las palabras de T. S. Eliot, «minor poets borrow, major poets steal». La intertextualidad ha sido siempre parte de la literatura. Pensemos en Virgilio imitando a Homero, en Dante siguiendo a Virgilio, en Garcilaso leyendo el *Canzoniere* de Petrarca, o en Cervantes parodiando los libros de caballería y las novelas pastoriles. En los últimos años, empero, la intertextualidad se ha convertido en una teoría crítica de difusión mundial. Como toda teoría, es exagerada; pues, aunque explica la dinámica de algunas obras de literatura, hay que tener en cuenta (lo que no hacen algunos críticos franceses) que la literatura se hace *no sólo* de otras obras literarias. La cita intertextual es *un aspecto* del acto creador; no el único.

Pero es aspecto importante e interesante del *ars faciendi* de ciertos autores, y en especial de García Márquez en *El otoño del patriarca*. Debido a la confusión y a la controversia que rodea al término, es necesario precisar el sentido en que usamos la palabra aquí. La intertextualidad ocurre cada vez que un texto se construye —directa o indirectamente— por medio de otro texto. Identificamos, siguiendo aquí a Lucien Dällenbach[28], tres modalidades en este proceso: a) la intertextualidad «générale» (que es la cita de textos de otros autores); b) la intertextualidad «restreinte» (que es la cita de un texto del mismo autor, pero de otra obra); c) y la intertextualidad «autarcique» (que es la cita de otra parte del mismo texto). Las intertextualidades *restreintes* y *autarciques* son, pues, auto-citaciones. En nuestro capítulo titulado «Entre dos mundos» habíamos

---

Perspectives in Criticism (New York, 1978), págs. xi-xx, por Jeanine Parisier Plottel. Las citas de Derrida y de Eliot, incluidas en la introducción de Plottel, son muy famosas.

[28] V. Lucien Dällenbach, «Intertexte et autotexte», *Poétique*, 27 (1976), 282-296. Este número especial de *Poétique* está dedicado completamente al tema de la intertextualidad.

aludido a la auto-citación (a la intertextualidad *restreinte*), con el fin de explicar la evolución del mundo de los Buendía al del patriarca. Aquí, en este capítulo, nos interesamos por la intertextualidad *générale*. Toda intertextualidad, sea *générale*, *restreinte* o *autarcique*, es la transformación de un texto previo. Las mismas palabras, puestas en otro contexto, adquieren un sentido diferente. Pueden dar como resultado un homenaje o, con más frecuencia, una parodia o bien otra crítica al texto original. Con lucidez y con humor, Jorge Luis Borges, en «Pierre Menard, autor del *Quijote*», ha descrito cómo Pierre Menard, al redactar *Don Quijote* en el siglo XX, siguiendo a Cervantes palabra por palabra, ha compuesto una obra nueva. Borges ejemplifica, exageradamente, el proceso de la intertextualidad [29].

En el contexto mítico, la transformación es lo mismo que la metamorfosis. En ambos casos, una realidad previa (un texto, una persona, un animal) se convierte en una realidad nueva (un nuevo texto, un monstruo, un príncipe). No menos radicales son las tres metamorfosis míticas de *El otoño del patriarca* que nos proponemos analizar en las páginas siguientes: la de Julio César, la de Cristóbal Colón y la de Rubén Darío. Hemos escogido estas tres figuras por tres razones. Primera, no hemos encontrado otras metamorfosis —o transformaciones— míticas de este estilo en la novela. Segunda, estas figuras encarnan tres aspectos importantes de la temática de la novela: Julio César, el poder; Colón, el imperialismo político y cultural; Darío, la estética. Tercera, con cada una de las tres figuras podemos analizar un ejemplo extenso y concreto de la intertextualidad; ésta demuestra la relación de García Márquez con los mitos detrás de la obra. Prosigamos, pues, el análisis de cada «figura» intertextual.

---

[29] V. Jorge Luis Borges, «Pierre Menard, autor del *Quijote*», en *Narraciones*, edición por Marcos Ricardo Barnatán (Madrid, 1980), págs. 81-92. El cuento fue publicado por primera vez en libro en *El jardín de senderos que se bifurcan* (Buenos Aires, 1942), incluido posteriormente en *Ficciones*.

1. JULIO CÉSAR:

> un mal sueño
> (*El otoño del patriarca*, pág. 94)

Respondiendo a una pregunta de Juan Goytisolo (en 1977) sobre el tema del dictador en la literatura hispanoamericana, García Márquez dice, con respecto a su novela del patriarca:

> Aprendí mucho de Plutarco y de Suetonio, y en general de todos los biógrafos de Julio César. Es natural, porque Julio César es el único personaje que en realidad me hubiera gustado crear en literatura. Como no pude, porque ya se me había adelantado la vida, tuve que conformarme con esa colcha de infinitos remiendos de todos los dictadores de la historia del hombre que es el viejo Patriarca. Pero lo hice con toda el alma [30].

Son muchos, a la verdad, los «remiendos» de Julio César en *El otoño del patriarca* [31]. Éstos ocurren tanto en los detalles sobre el carácter del patriarca como en la prosa de la novela. Mencionemos algunas semejanzas entre el patriarca y su antecedente romano. A ambos les da por corregir el tiempo: mientras el patriarca lo corrige de acuerdo con su absoluta voluntad, Julio César reforma el calendario de acuerdo con la ciencia del día. Ambos viven bajo la presión de los augurios: mientras el patriarca los toma en serio y hasta trata de conformar su vida en relación con ellos, Julio César trata de ignorarlos (pero el

---

[30] V. el artículo titulado «Intelectuales interrogan a GGM», por Eva Norvind, publicado en la revista *Hombre de Mundo* (México, 1977), y recogido luego en *García Márquez habla de García Márquez*, recopilación por Alfonso Rentería Mantilla (Bogotá, 1979), pág. 152.

[31] Existen alusiones a los otros Césares también. Mencionemos sólo dos de ellas. Calígula, por ejemplo, obligaba a los padres a estar presentes en las ejecuciones de sus hijos. Cuando un padre protestó diciendo que estaba enfermo, Calígula ordenó que lo trajeran en camilla portátil. Una crueldad semejante manifiesta el patriarca en el episodio de los niños de la lotería. El emperador Galba sufría tanto de gota (una podagra dolorosa) que no podía ni llevar zapatos, por tener los pies deformes. Los pies del patriarca se describen como pies de elefante.

augurio de su asesinato viene a ser verídico). Ambos sufren de epilepsia: en la novela leemos que «muchas veces se había dado por hecho que [el patriarca] estaba postrado de alferecía [es decir, de epilepsia] y se derrumbaba del trono en el curso de las audiencias torcido de colvulsiones y echando espuma de hiel por la boca» (pág. 47). Y en Suetonio [32] leemos que, con los años, Julio César solía desmayarse de repente y despertarse súbitamente en el sueño, asustado por lo que había soñado (así se despertaba con frecuencia el patriarca). Dos veces, en medio de sus audiencias, la alferecía sorprendió a Julio César.

Volvamos al paralelismo: ambos tienen la reputación de ser «amantes»: en el caso del patriarca, este «epíteto» debe aplicarse con ironía. En el de Julio César, según Suetonio (párrafo 50), «Pronum et sumptuosum in libidines fuisse constans opinio est, plurimasque et illustres feminas corrupisse», oración que traducimos de la siguiente manera: «es constante opinión que fue inclinado y extravagante en sus amores, y que corrompió a muchas e ilustres mujeres». Ambos mandan como si toda palabra suya fuera ley. Muchos son los ejemplos de esta índole en la novela. De Julio César escribe Suetonio (párrafo 77): «Debere homines consideratius iam loqui secum ac pro legibus habere quae dicat» (los hombres ahora deberían tenerle más consideración y tomar como ley todo lo que él dijera). Ambos abusan del poder. Constante es, en este sentido, el abuso en el patriarca. En Plutarco leemos que los romanos se sometieron por completo al poder de Julio César, no porque lo quisieran, sino porque no vieron otra solución a las guerras internas y a las miserias de sus vidas. Por esto nombraron a Julio César dictador de por vida. Comenta Plutarco (y García Márquez ha dicho algo semejante en varias ocasiones): «[esto

---

[32] *Suetonius*, edición por John C. Rolfe (London, 1924), vol. I, pág. 62, párrafo 45. En adelante citamos por párrafo (no por página) de esta excelente edición. Con una sola excepción, citamos y traducimos del latín. La única traducción al español que hemos podido consultar (la de Barriobero y Herrán) es floja. Ni sigue el orden de los párrafos en todas las ediciones latinas que hemos consultado, ni traduce todo el texto.

fue una tiranía completa], pues a lo suelto y libre del mando de uno solo se juntaba la perpetuidad» [33]. Ambos viven bajo la sombra del asesinato; pero mientras el patriarca sobrevive a todos los atentados, Julio César no, y la escena de su asesinato ha pasado a ser famosa en la literatura y en la historia. Ambos, después de muertos, reciben «honores divinos» [34] y quizá por razones semejantes. La gente, o no los respetaba lo suficiente en vida, o se sintió culpable por su muerte. Y ambos, finalmente, se asocian con prodigios astronómicos, y en especial con la trayectoria de un cometa: según los augurios, el patriarca ha de morir con el retorno del cometa Halley, aunque no sucede así. Según Plutarco y Suetonio, durante una semana después de la muerte de Julio César aparecía un gran cometa todas las noches en el cielo (Plutarco, pág. 390; Suetonio, párrafo 88).

El gran peligro de la crítica de intertextualidades es el ejercicio —sin fundamentar— de la imaginación. En el caso de *El otoño del patriarca*, sin embargo, fácilmente se comprueba las intertextualidades con Plutarco y Suetonio. No es sólo que se mencione a Suetonio al describir el carácter del insigne latinista y precursor del patriarca —el general Lautaro Muñoz («un déspota ilustrado a quien Dios tenga en su santa gloria con sus misales de Suetonio en latín...», pág. 56)—, sino también es evidente, y obvio, el minucioso estudio que García Márquez dedica a Plutarco y a Suetonio en una escena en la cual el

---

[33] Plutarco, «Cayo Julio César», en *Vidas paralelas*, traducción por A. Ranz Romanillos (Madrid, 1921), vol. VII, pág. 373. En adelante incluimos las citas en el texto. Ésta es la única traducción española que hemos podido consultar. La citamos, aunque no creemos que sea la que consultó García Márquez.

[34] En el caso de Julio César, leemos en Suetonio (párrafo 84) que el senado había decretado conceder a Julio César todos los honores humanos y divinos a la vez. Después de su muerte se construyó, según Suetonio (párrafo 85), una columna de mármol de unos seis metros de altura, en la cual se inscribió: «Al padre de la patria» [«Postea solidam columnam prope viginti pedum lapidis Numidici in Foro statuit inscripsitque PARENTI PATRIAE]. También se creyó (Suetonio, párrafo 88) que el alma de César había sido recibida en el cielo [«creditumque est animam esse Caesaris in caelum recepti»]. Desde luego se nombraba entre los dioses [«in deorum numerum relatus est»].

patriarca sueña su propia muerte. Tantas son las alusiones a los clásicos que interesa reproducir las partes más importantes de sus textos sobre el asesinato de Julio César:

Plutarco:

> Los que se hallaban aparejados para aquella muerte, todos tenían las espadas desnudas, y hallándose César rodeado de ellos, ofendido por todos y llamada su atención a todas partes, porque por todas sólo se le ofrecía hierro ante el rostro y los ojos, no sabía adónde dirigirlos, como fiera en manos de muchos cazadores, porque entraba en el convenio que todos habían de participar y como gustar de aquella muerte, por lo que Bruto le causó también una herida en la ingle. Algunos dicen que antes había luchado, agitándose acá y allá, y gritando; pero que al ver a Bruto con la espada desenvainada, se echó la ropa a la cabeza y se prestó a los golpes, viniendo a caer, fuese por casualidad o porque le impeliesen los matadores, junto a la base sobre la que descansaba la estatua de Pompeyo, que toda quedó manchada de sangre; de manera que parecía haber presidido el mismo Pompeyo el suplicio de su enemigo, que, tendido, expiraba a sus pies, traspasado de heridas, pues se dice que recibió veintitrés; muchos de los autores se hirieron también unos a otros, mientras todos dirigían a un solo cuerpo tantos golpes (págs. 386-387).

Suetonio:

> Cuando tomó asiento [Julio César] rodeáronle los conjuradores como para hacerle la corte, y de pronto Tulius Cimber, que estaba encargado de comenzar la tragedia, se acercó a él como para pedirle una gracia. César le hizo señal para que dejase su petición para otro momento, y como Cimber lo agarrara de la ropa, gritó: «¡Esto ya es violencia!» Entonces uno de los dos Carea le hirió en el cuello suavemente: César cogió por el brazo a Carea y le dio con un punzón que tenía en la mano, pero cuando trató de levantarse le hirieron otra vez; de pronto vio en todas partes aceros levantados contra él, y entonces se envolvió la cabeza y con la mano izquierda se estiró la ropa para caer con más decencia. Infiriéronle veintitrés golpes. Al primero lanzó una queja sin pronunciar una palabra. Algunos cuentan que dijo a Brutus —en griego— «¡También tú, hijo mío!» Permaneció algún tiempo tendido en el suelo.

Todos habían emprendido la fuga. Por último, tres esclavos lo condujeron a su casa en una litera, de la que colgaba uno de sus brazos [35].

He aquí el texto relevante de *El otoño del patriarca*. En uno de sus sueños el patriarca se ve

> a sí mismo en la casa grande y vacía de un mal sueño *circundado por unos hombres* pálidos de levitas grises que lo punzaban sonriendo con cuchillos de carnicero, *lo acosaban con tanta saña* que *adondequiera que él volviese la vista se encontraba con un hierro dispuesto para herirlo en la cara* y en los ojos, se *vio acorralado como una fiera* por los asesinos silenciosos y sonrientes que *se disputaban el privilegio de tomar parte en el sacrificio y de gozarse en su sangre*, pero él no sentía rabia ni miedo sino un alivio inmenso que se iba haciendo más hondo a medida que se le desaguaba la vida, se sentía ingrávido y puro, de modo que él también sonreía mientras lo mataban, sonreía por ellos y por él en el ámbito de la casa del sueño cuyas paredes de cal viva se teñían de las salpicaduras de mi sangre, hasta que *alguien que era hijo suyo en el sueño le dio un tajo en la ingle* por donde se me salió el último aire que me quedaba, *y entonces se tapó la cara con la manta empapada de su sangre* para que nadie le conociera muerto los que no habían podido conocerle vivo y *se derrumbó* sacudido por los estertores de una agonía tan verídica que no pudo reprimir la urgencia de contársela a mi compadre el ministro de la salud y éste acabó de consternarlo con la revelación de que aquella muerte había ocurrido ya una vez en la historia de los hombres mi general, *le leyó el relato del episodio en uno de los mamotretos chamuscados del general Lautaro Muñoz, y era idéntico*, madre, tanto que en el curso de la lectura él recordó algo que había olvidado al despertar y era que mientras lo mataban se abrieron de golpe y sin viento todas *las ventanas de la casa presidencial que en la realidad eran tantas cuantas fueron las heridas del sueño, veintitrés*, una coincidencia terrorífica que culminó aquella semana con un asalto de corsarios al senado y la corte de justicia ante la indiferencia de las fuerzas armadas (págs. 94-95).

---

[35] Suetonio, *La Roma escandalosa bajo los doce Césares*, traducción de E. Barriobero y Herrán (Santiago de Chile, 1936), párrafo 64. [Hemos corregido, levemente, la traducción.]

Antes de cada una de las tres escenas, el personaje central (Julio César o el patriarca) se presenta asediado por augurios. En el caso de Julio César, el adivino (denominado «Spurinna» en Suetonio; anónimo en Plutarco) ha predicado un peligro para él durante los *idus* de marzo. En Suetonio, un pajarito designado «avem regaliolum» (pájaro real) entra volando en el palacio perseguido por otras aves que lo destruyen; en la novela, el patriarca oye cantar una «pigua» sobre su cabeza (página 93). En la narración de Suetonio, sueña Julio César, la noche antes del asesinato, que volaba por las nubes y que estaba agarrado a la mano del dios Júpiter (esto anticipa la muerte actual del patriarca en la página 271) [36]. En la novela, el patriarca estaba a «la merced de los presagios y de los intérpretes de su pesadilla» (pág. 93). En Suetonio y en Plutarco, la esposa de Julio César (Calpurnia) tiene presentimientos de la muerte de su marido, mientras que en la novela «su madre Bendición Alvarado encontró un huevo con dos yemas» (página 94), augurio que causa que el patriarca cambie la fecha de una aparición pública.

Afortunadamente poseemos un facsímil del original de esta escena (se encuentra duplicada en *García Márquez habla de García Márquez*, págs. 114-115). Es evidente el cuidado con que trabaja García Márquez; interesantes, además, son unos comentarios marginales, y unos detalles que vinculan el texto con Plutarco y con Suetonio. En el margen de la página 7 leemos las palabras del autor: «ojo: el texto de Plutarco (Suetonio?) Ver». Las derivaciones de los dos clásicos historiadores —las hemos subrayado en nuestra cita de la novela publicada— nos parecen obvias. Sin embargo, algunas alusiones están tan sutilmente integradas en la prosa de la novela y en el mundo del patriarca que quizás merecen destacarse aparte. Veamos un ejemplo. En el texto de Suetonio —no está en Plutarco— Julio César, al percibir que uno de los conspiradores es Marco Bruto,

---

[36] «[...] volando entre el rumor oscuro de las últimas hojas heladas de su otoño hacia la patria de tinieblas de la verdad del olvido, agarrado de miedo a los trapos de hilachas podridas del balandrán de la muerte [...] (pág. 271).

le dice, en griego: «¿Tú también, hijo mío?» (Suetonio, párrafo 82). Esta pregunta se transforma en la novela en una vaga afirmación onírica: «alguien que era hijo suyo en el sueño le dio un tajo en la ingle».

A un nivel más profundo que la alusión a las palabras de Julio César se encuentra una referencia privada en el manuscrito: García Márquez traza un círculo alrededor de la frase «hijo suyo» y se pregunta en el margen, «¿uno de sus 5.000 hijos?». Esta asociación no se encuentra en la novela publicada. Tal manera de profundizar en la escena durante la investigación previa da mayor autoridad a los detalles que finalmente sí se publican. Podría decirse aquí que García Márquez trabaja con el mismo cuidado, y en la misma manera, en que trabajaba Ernest Hemingway. Varias veces —y la última en un artículo reciente, «Mi Hemingway personal»— García Márquez ha caracterizado la literatura con palabras derivadas de Hemingway: «la escritura literaria —como el *iceberg*— sólo tiene validez si está sustentada debajo del agua por los siete octavos de su volumen»[37]. La escena en que el patriarca sueña su asesinato tiene, creemos, esta validez.

La metamorfosis mítica de Julio César es, sobre todo, una adaptación de un mito ya hecho, completo. Además, a García Márquez no le interesaba, aparentemente, ni alterar la estructura ni el sentido del original, quizás por lo mucho que se parecía el patriarca a su modelo clásico. Esta intertextualidad se lleva a cabo sin ironía, sin parodia. Podríamos decir acaso que Julio César funciona como un palimpsesto sobre el cual se conforma la historia del patriarca. Recuérdese cómo en los palimpsestos la escritura original (borrada) no solía tener relación alguna con la escritura nueva (escrita sobre la vieja); la contigüidad era puramente accidental. Por lo tanto, no se puede hablar en *El otoño del patriarca* de una intertextualidad al modo del palimpsesto antiguo. Aquí, por el contrario, aunque los textos también pueden leerse y analizarse independiente-

---

[37] Artículo publicado simultáneamente en español, en *El Espectador*, y en inglés, en *The New York Times Book Review* (26 de julio de 1981)

mente los unos de los otros, el texto de García Márquez se crea —en cuanto al sentido y a la forma— sobre los de los clásicos. La intertextualidad es íntima y clara: el mito del patriarca se nutre del mito de Julio César.

2. Cristóbal Colón:

> «Desgraciado almirante»
> (Rubén Darío, «A Colón»)

Colón, mucho más que Julio César, pertenece obviamente a nuestro espacio cultural, convirtiéndose con el paso de los siglos en uno de nuestros mitos. En el XVI, sin embargo, no fue considerado en España como héroe. Murió en penuria e ignorado, en Valladolid, en 1506, y durante todo el siglo no apareció en ninguna obra de la literatura española (sí figuró en algunas italianas a fines del siglo XVI). Fue sólo en los comienzos del XVII, con la publicación en 1614 de *El nuevo mundo descubierto por Colón* (por Lope de Vega), cuando empezó su «mitificación literaria»[38], proceso que culmina —irónicamente— con *El otoño del patriarca*. El mito del patriarca se nutre, pues, del de Colón[39], pero, como veremos, García Márquez lo interpreta desde una perspectiva personal.

El conocimiento de García Márquez sobre Colón —tanto de la obra como del hombre— es históricamente detallado y exacto. Colón es para él no solamente el primer europeo que pisó tierra en América, sino también el primer escritor de nuestras

---

[38] Véase el resumen de la historia póstuma de Colón en el estudio de J. H. Elliott, *The Old World and the New (1492-1650)* (Cambridge, England, 1970), págs. 10-12.

[39] Irónicamente, Colón también se nutre de la mitología, y en especial del mito del Gran Can. Lo persigue constantemente durante su primer viaje: había llevado consigo traductores y cartas de recomendación de los Reyes Católicos. Solía preguntarles a los indios por el reino del Gran Can, y pensó que en «La Española» había descubierto la noble isla de «Cipango», nombre que Marco Polo le pone al Japón. Pensaba también que Cuba pertenecía al Gran Can. Más tarde, en otro viaje, buscó la encarnación de otro mito, el del Paraíso Terrestre.

letras. En una entrevista con Luis Suárez, publicada en «La Calle», en Madrid, en 1978, García Márquez, al contestar una pregunta sobre la «literatura mágica», describe primero algo de la historia de la obra de Colón:

> La primera obra maestra de la literatura mágica es el «Diario de Cristóbal Colón». Y ya estaba tan contaminado de la magia del Caribe que la propia historia del libro es inverosímil. Su parte más emocionante, o sea, el momento mismo del descubrimiento, fue escrito dos veces y ninguna de las dos la conocemos directamente. En efecto, pocas noches antes de su primer regreso a España, una borrasca tremenda sorprendió a la maltrecha nave de Colón, a la altura de las Azores. Colón pensó que ninguno de los tripulantes sobreviviría a la tormenta y que la gloria de sus descubrimientos se la iba a ganar Martín Alonso Pinzón, cuya nave le llevaba la delantera. Para preservarse de aquel asalto a su gloria, Colón escribió en una noche la historia apresurada de sus descubrimientos. Metió los legajos en un barril de brea para protegerlos de la intemperie y echó el barril al agua. Era tan desconfiado, como se sabe, que no dijo a ninguno de sus marinos de qué se trataba, sino que les hizo creer que era un voto a la Virgen María para que calmara la tempestad. Lo más sorprendente de todo es que la tempestad se calmó y lo otro es que el barril no apareció nunca, lo que quiere decir que, de todos modos, aunque la nave hubiera naufragado, la versión de Colón no se habría conocido nunca. La segunda versión, escrita con menos prisa, también se perdió. Lo que se conoce como el «Diario de Cristóbal Colón» es, en realidad, la reconstrucción que hizo el padre Las Casas, quien la había leído en los originales. Por mucha música que le hubiera puesto Las Casas, y por mucho que le hubiera quitado, la verdad es que el texto constituye la primera obra de la literatura mágica del Caribe [40].

Luego, a la pregunta de ¿cómo puede ser el diario una obra literaria y mágica, si es más bien «la historia general y personal de un real descubrimiento»?, García Márquez contesta:

---

[40] Véase *García Márquez habla de García Márquez*, pág. 196.

—Porque allí se habla de plantas fabulosas, animales mitológicos y seres con poderes sobrenaturales que no podían haber existido. Probablemente, Colón, que era antes que nada un mercachifle, hizo todo aquello con el propósito de entusiasmar a los Reyes Católicos para que siguieran financiando sus descubrimientos. Pero en todo caso, ese texto es la primera obra de la literatura del Caribe [41].

García Márquez también conoce muy bien la vida de Colón: cómo era, cuáles eran las leyendas que lo rodeaban, qué pasó con su cadáver [42].

La segunda obra [de la literatura del Caribe] tal vez es la propia vida de Colón, llena de misterios que él mismo provocaba. El misterio empieza con la propia imagen del Descubridor. Lo han pintado tan menesteroso, caminando de aquí para allá, saliendo conmovedoramente con su hijo Diego del convento de La Rábida, muriéndose encadenado y en la miseria, que nadie se lo imagina en realidad como era.
—¿Y cómo era?
—Era un hombre de una estatura descomunal, pelirrojo, cubierto de pecas, con unos ojos de un azul intenso y una calvicie que le preocupaba tanto que en sus viajes buscaba fórmulas mágicas para conservar el cabello. Sin embargo, tal vez nada es tan fantástico como el destino de su cadáver. Es, quizás, el único hombre de la Historia del cual existen tres tumbas en distintos lugares del mundo y no se sabe a ciencia cierta en cuál de las tres se encuentra. Hay una en la catedral de Santo Domingo, otra en la de La Habana y otra en la de Sevilla [43].

Como veremos con más detalle, estas citas demuestran (potencialmente) otra vez la idea del «iceberg» en la obra de García

---

[41] *Ibid.*, pág. 196.
[42] Véanse, en general, la excelente biografía de Colón escrita por Samuel Eliot Morison, *Almirante de la Mar Océana*, traducción por Héctor Ratto (Buenos Aires, 1943); Diego Luis Molinari, *La empresa colombina* (Buenos Aires, 1938) y *El nacimiento del Nuevo Mundo, (1492-1534): historia y cartografía* (Buenos Aires, 1941); Henry Vignaud, *Le Vrai Cristophe Colomb et la légende* (Paris, 1921).
[43] Véase *García Márquez habla de García Márquez*, pág. 196.

Márquez. Las hemos reproducido por completo porque nos sirven además como fundamento para reconocer algunos de los detalles utilizados en la novela. Colón aparece con frecuencia en ella, la mayoría de las veces como personaje y una vez (ésta importantísima) como texto. Veamos primero algunas de las alusiones a su persona. El patriarca parece haber conocido a Colón personalmente, pues el «almirante de la mar océana» (título que le otorgaron los Reyes Católicos por haber descubierto «Las Indias») le ha regalado «la espuela de oro del talón izquierdo [...] para que la llevara hasta la muerte en señal de la más alta autoridad» (pág. 179). En tres lugares distintos de la novela se encuentran alusiones a la tumba de Colón o a su vida póstuma:

> [...] y el promontorio de granito del mausoleo vacío del almirante de la mar océana con el perfil de las tres carabelas que él [el patriarca] había hecho construir por si quería que sus huesos reposaran entre nosotros [...] (págs. 103-104).

> [...] que había hecho construir una tumba de honor para un almirante de la mar océana que no existía sino en mi imaginación febril cuando yo mismo vi con estos mis ojos misericordiosos las tres carabelas fondeadas frente a mi ventana [...] (pág. 125).

> [...] decían que [Colón] se había vuelto musulmán, que había muerto de pelagra en el Senegal [eco aquí de Melquíades, en *Cien años de soledad*] y había sido enterrado en tres tumbas distintas de tres ciudades diferentes del mundo aunque en realidad no estaba en ninguna, condenado a vagar de sepulcro en sepulcro hasta la consumación de los siglos por la suerte torcida de sus empresas [...] (pág. 258).

Entre las otras alusiones notemos, por ejemplo, las que se refieren a «la nao capitana de la mar océana» (pág. 249), al propio Colón, especialmente a su «calvicie incipiente» (pág. 258) —sobre la cual no hemos podido encontrar confirmación en la historia— y a sus «tres carabelas» (pág. 258). Un día, desde su limusina presidencial (y nótese la mezcla de los siglos en este detalle), el patriarca «reconoció [... a Colón] dentro de un

hábito pardo con el cordón de San Francisco en la cintura»
(pág. 258), detalle que, aunque lo creyéramos inventado, está
históricamente fundamentado. Colón vestía un hábito religioso
después del segundo viaje, y otra vez poco antes de morir.

Sin duda alguna, la alusión más extensa —es una larga intertextualidad— ocurre en las páginas 44, 45 y 46, al fin del
primer capítulo. Estas páginas contienen un minucioso e interesante «saqueo»[44] del diario de Colón, principalmente de los
días 12 y 13 de octubre de 1492[45]. Leamos primero el texto

---

[44] «Saqueo» es el vocablo que utiliza Graciela Palau de Nemes para
referirse a la relación de García Márquez con su *materia prima*, sea ésta
la historia del Caribe, un texto de Colón o la poesía de Rubén Darío.
Aunque la palabra tiene una connotación negativa que no nos gusta, es
descriptivamente precisa y, por lo tanto, útil. Véase Graciela Palau de
Nemes, «Historicidad de la novela: reseña sobre *El otoño del patriarca*»,
Hispamérica, 4, núms. 11-12 (1975), 173-183.

[45] He aquí la parte relevante del diario de Colón de los días 12 y 13
de octubre de 1492 (de Fray Bartolomé de las Casas, *Diario de a bordo de
Cristóbal Colón. Primer viaje*, Barcelona, 1957, págs. 29-30):

> Yo (dice él) porque nos tuviesen mucha amistad, porque conoscí
> que era gente que mejor se libraria y convertiria á nuestra Santa
> Fé con amor que no por fuerza, les di á algunos de ellos unos bo-
> netes colorados y unas cuentas de vidrio que se ponian al pescuezo,
> y otras cosas muchas de poco valor con que hobieron mucho placer
> y quedaron tanto nuestros que era maravilla.
> [...]
> Mas me parecio que era gente muy pobre de todo. Ellos andan todos
> desnudos como su madre los parió, y tambien las mugeres, aunque
> no vide mas de una farto moza, y todos los que yo ví eran todos
> mancebos, que ninguno vide de edad de mas de treinta años: muy
> bien hechos, de muy fermosos cuerpos, y muy buenas caras: los
> cabellos gruesos cuasi como sedas de cola de caballos, é cortos:
> [...]
> dellos se pintan de prieto, y ellos son de la color de los canarios,
> ni negros ni blancos, y dellos se pintan de blanco, y dellos de co-
> lorado y dellos de lo que fallan, y dellos se pintan las caras, y dellos
> todo el cuerpo, y dellos solo los ojos, y dellos solo el nariz. Ellos
> no traen armas ni las cognocen, porque les amostré espadas y las
> tomaban por el filo, y se cortaban con ignorancia. No tienen algun
> fierro: sus azagayas son unas varas sin fierro, y algunas de ellas
> tienen al cabo un diente de pece, y otras de otras cosas.

relevante de *El otoño del patriarca* (las palabras subrayadas se refieren al diario de Colón). Un día, desde la terraza de la casa de los dictadores jubilados el patriarca contempla todo el mar Caribe:

> ... y contemplando las islas evocó otra vez y vivió de nuevo el *histórico viernes de octubre* en que salió de su cuarto al amanecer y se encontró con que todo el mundo en la casa presidencial tenía puesto *un bonete colorado*, que las concubinas nuevas barrían los salones y cambiaban el agua de las jaulas *con bonetes colorados*, que los ordeñadores en los establos, los centinelas en sus puestos, los paralíticos en las escaleras y los leprosos en los rosales se paseaban *con bonetes colorados* de domingo de carnaval, de modo que se dio a averiguar qué había ocurrido en el mundo mientras él dormía para que la gente de su casa y los habitantes de la ciudad anduvieran luciendo *bonetes colorados* y arrastrando por todas partes una ristra de cascabeles, y por fin encontró quien le contara la verdad, mi general, que habían llegado *unos forasteros que parloteaban en lengua ladina pues no decían el mar sino la mar y llamaban papagayos a las guacamayas, almadías a los cayucos y azagayas a los arpones*, y que habiendo visto que salíamos a recibirlos *nadando* entorno de sus naves se encarapitaron en los palos de la arboladura y se gritaban unos a otros que mirad *qué bien hechos, de muy fermosos cuerpos y muy buenas caras, y los cabellos gruesos y casi como sedas de caballos*, y habiendo visto que estábamos pintados para no despellejarnos con el sol se alborotaron como cotorras mojadas gritando que mirad que de *ellos se pintan de prieto, y ellos son de la color de los canarios, ni blancos*

[...]
Ellos deben ser buenos servidores y de buen ingenio, que veo que muy presto dicen todo lo que les decia, y creo que ligeramente se harian cristianos, que me pareció que ninguna secta tenian.
[...]
SABADO 13 DE OCTUBRE. — Luego que amaneció vinieron á la playa muchos destos hombres todos mancebos, como dicho tengo, y todos de buena estatura, gente muy fermosa: los cabellos no crespos, salvo corredios y gruesos, como sedas de caballo, y todos de la frente y la cabeza muy ancha mas que otra generacion que fasta aquí haya visto, y los ojos muy fermosos y no pequeños, y ellos ninguno prieto, salvo de la color de los canarios.

El mundo del patriarca

> *ni negros, y dellos de lo que haya,* y nosotros no entendíamos por qué carajo nos hacían tanta burla mi general si estábamos *tan naturales como nuestras madres nos parieron* y en cambio ellos estaban vestidos como la sota de bastos a pesar del calor, que ellos dicen la calor como los contrabandistas holandeses, y tienen el pelo arreglado como mujeres aunque todos son hombres, que dellas no vimos ninguna, y gritaban que no entendíamos en lengua de cristianos cuando eran ellos los que no entendían lo que gritábamos, y después vinieron hacia nosotros con sus cayucos que ellos llaman *almadías, como dicho tenemos,* y se admiraban de que nuestros arpones tuvieran en la punta una espina de sábalo que ellos llaman *diente de pece,* y nos cambiaban todo lo que teníamos por estos bonetes colorados y estas *sartas de pepitas de vidrio* que nos *colgábamos en el pescuezo* por hacerles gracia, y también por estas sonajas de latón de las que valen un maravedí y por bacinetas y espejuelos y otras mercerías de Flandes, de las más baratas mi general, y como vimos que eran *buenos servidores y de buen ingenio* nos los fuimos llevando hacia la playa sin que se dieran cuenta, pero la vaina fue que entre el cámbieme esto por aquello y le cambio esto por esto otro se formó un cambalache de la puta madre y al cabo rato todo el mundo estaba cambalachando sus loros, su tabaco, sus bolas de chocolate, sus huevos de iguana, cuanto Dios crió, pues de todo tomaban y daban de aquello que tenían de buena voluntad, y hasta querían cambiar a uno de nosotros por *un jubón de terciopelo* para mostrarnos en las Europas, imagínese usted mi general, qué despelote, pero él estaba tan confundido que no acertó a comprender si aquel asunto de lunáticos era de la incumbencia de su gobierno, de modo que volvió al dormitorio, abrió la ventana del mar por si acaso descubría una luz nueva para entender el embrollo que le habían contado, y vio el acorazado de siempre que los infantes de marina habían abandonado en el muelle, y más allá del acorazado, fondeadas en el mar tenebroso, vio *las tres carabelas* (págs. 44-46).

Obvio e indudable es el hecho de la intertextualidad. Algo más sutil —y por lo tanto más interesante— es la manera en que García Márquez ha narrado esta famosa llegada. Se introduce el episodio por medio de la técnica del eterno retorno: el patriarca «evocó otra vez y vivió de nuevo». En la concepción mítica del mundo, *todo* se puede vivir de nuevo, y los hechos históricos que se repiten llegan a ser mitos históricos. Por medio de su esfuerzo mental vuelve a existir «el histórico viernes de octubre» (y el 12 de octubre de 1492 sí fue un viernes). La primera cosa que Colón da a los indios son «unos bonetes colorados», que el patriarca ve inmediatamente al salir de su cuarto, al amanecer. Sorprendido, trata entonces de averiguar «qué había ocurrido en el mundo mientras él dormía» (según el diario, Colón había visto una «lumbre» a las diez de la noche del día 11, y a las dos de la mañana del día 12 Rodrigo de Triana es el primero en ver, definitivamente, la tierra). Las dos páginas siguientes en la novela representan lo que podríamos denominar la investigación del patriarca. Al fin de ésta, y al fin del capítulo, como para confirmar la realidad de la radical transformación de la noche de los indios de América en el día de los españoles colonizadores, el patriarca se asoma a la venta de su palacio, que da al mar, y ve el sello simbólico de la inauguración de una nueva época: las tres carabelas. Éstas fueron tan raras en aquellas aguas como hoy día nos parecería la llegada de unas naves de Júpiter.

Quizás sorprendente es el hecho de que los españoles no fueron inmediatamente muertos. Una razón, dada por Colón, podría ser la siguiente: «Venid a ver los hombres que vinieron del cielo», se decían (según Colón) los indios unos a los otros [46]. (A Cortés lo protegió una semejante credulidad nativa.) Dudo que los españoles se considerasen a sí mismos como dioses, pero, de todos modos, en casi todas sus escrituras antes —y hasta después— de las del Padre de Las Casas, es evidente una tremenda arrogancia cultural [47]. Esta típica actitud del europeo frente al Nuevo Mundo —y se nota en el diario de Colón— viene a constituir la mentalidad colonial por la cual, históricamente, padecía Hispanoamérica hasta hace muy poco. García Márquez se quita de encima el yugo de la mentalidad colonial al cambiar

---

[46] Las Casas, *Diario de a bordo. Primer viaje*, pág. 32.
[47] Véase todo el pequeño pero magistral estudio de J. H. Parry, *The Spanish Theory of Empire in the Sixteenth Century* (Cambridge, England, 1940).

la perspectiva sobre la llegada de Colón. Además, pone en boca de los indígenas la perspectiva de una cultura superior a la de los recién llegados. En este caso, los indígenas son «el pueblo» del patriarca y él mismo (convertido simbólicamente en un cacique indio). Burlándose de las actitudes europeas hacia los nativos, y hacia el Nuevo Mundo en general, García Márquez describe a los españoles como si fueran ellos los raros: «habían llegado unos forasteros que parloteaban en lengua ladina, pues no decían el mar sino la mar y llamaban papagayos a las guacamayas, almadías a los cayucos y azagayas a los arpones» (página 44). Irónicamente, el inexistente (¡) castellano (!) del Nuevo Mundo se considera más correcto que el corriente de España. Los nombres distintos señalan realidades diferentes; y éstas por su parte indican valores culturales opuestos.

No se entienden los unos a los otros ni en el idioma ni en el vestir ni en las costumbres ni en sus ideas sobre el valor de las cosas:

> [Los españoles] gritaban que no entendíamos en lengua de cristianos cuando eran ellos los que no entendían lo que gritábamos, y después vinieron hacia nosotros con sus cayucos que ellos llaman almadías, como dicho tenemos (pág. 45).

El diario de Colón da la impresión de los españoles como gente de cultura superior, y como la causa benéfica de un gran alboroto en las vidas de estos simples salvajes. García Márquez da la impresión contraria. Cuando los indígenas habían salido nadando a recibir, cortésmente, a los españoles, éstos «se encarapitaron en los palos de la arboladura» como cualquier mico y «se gritaban unos a otros que mirad qué bien hechos, de muy fermosos cuerpos», etc. En el diario de Colón suele encontrarse la frase «como dicho tenemos» para describir algo del Nuevo Mundo en términos del viejo. Aquí García Márquez pone la misma frase en boca de los «americanos».

Fue sorprendente para los españoles la desnudez de los indígenas; pero éstos, según García Márquez, consideraban como más sorprendente aún la ropa de la armadura de los españoles: «ellos estaban vestidos como la sota de bastos a pesar del calor». Tal indumentaria es, en el Caribe, una estupidez; sin embargo son los españoles quienes se ríen de los indígenas por vestir (es decir, no vestir) de acuerdo con el clima. Otra pieza indumentaria demuestra el gran abismo entre los valores culturales existentes en los dos mundos. Antes de ver tierra, el almirante promete a quien la viera primero «un jubón de seda»[48], objeto valioso para cualquier español. Sin embargo, en la novela leemos que los españoles «hasta querían cambiar a uno de nosotros por un jubón de terciopelo para mostrarnos en las Europas, imagínese usted, mi general, que despelote» (pág. 45). Es irónico no sólo el cambiar un ser humano por una pieza de ropa, sino además tratar de cambiarlo por una pieza completamente inútil. Una vestidura de seda que cubra desde los hombros hasta la cintura y que sea además ceñida y ajustada al cuerpo es algo incongruente en el calor del trópico. Los americanos saben cómo defenderse contra el calor: «estábamos pintados para no despellejarnos con el sol». Los españoles, ignorando esta razón importante, se maravillan de aquéllos que «se pintan de prieto».

Lo que tiene valor en una cultura no tiene siempre el mismo valor en otra, ni siquiera en una semejante. Inclusive los gestos amistosos no tienen el mismo significado. Según Colón, al regalarles «unas cuentas de vidrio» a los indios, se las ponían en el pescuezo y quedaron tan contentos con estas «y otras cosas muchas de poco valor [... que] quedaron tanto nuestros que era maravilla». ¿Comienza aquí el mito americano del buen (e ignorante) salvaje? García Márquez cambia la razón por el gesto: los americanos se colgaban esas «sartas de pepitas de vidrio» en el pescuezo simplemente «por hacerles gracia» a los visitantes. El gesto amistoso se interpreta como gesto ignorante. En su diario, Colón había designado a los americanos como «buenos servidores y de buen ingenio», que muy fácilmente «se harían cristianos»; pero en *El otoño del patriarca*, los servidores de buen ingenio son los españoles, quienes se dejan llevar «hacia la playa sin que se dieran cuenta».

---

[48] Las Casas, *Diario de a bordo. Primer viaje*, pág. 28.

Profunda la ironía de García Márquez en estas páginas. Es como si quisiera vaciar todo el contenido *heroico y mítico* de la llegada de Colón, para mostrarnos otro aspecto —igualmente importante— de la realidad hispanoamericana. «Siempre [hay] otra verdad detrás de la verdad» (pág. 47) que conocemos como la realidad histórica. No es tanto que Colón haya inventado su viaje o «fabulado» sobre sus indios; es más bien que, al describirlos, no pudo hacer otra cosa que «traducirlos» a su idioma, es decir, verlos con sus lentes europeos (de España e Italia del siglo XV, de la fe católica, de su propia «educación» en la *Biblia*, en los libros de navegantes, y en las historias de otros mundos, desde los clásicos hasta Marco Polo). Si la mentalidad colonial hubiera sido otra, toda la historia de América habría sido diferente. Colón no es uno de los héroes personales de García Márquez, como lo era (o es) Julio César. A una de las preguntas («¿A cuáles personajes históricos desprecia más?) en un cuestionario famoso escrito por Marcel Proust, destinado originalmente a interrogar a personajes bien conocidos de su época, García Márquez contesta —y ahora sabemos, en parte, por qué— «A Cristóbal Colón y el general Francisco de Paula Santander»[49]. Quizás fue Colón, como dice Rubén Darío en su poema (aunque no intentó que entendiéramos el epíteto de esta manera), un «desgraciado almirante».

3. RUBÉN DARÍO:

> «Palabras que son flores que son frutos
> que son actos.»
>
> (Octavio Paz, «Himno entre ruinas»)

«Yo creo», indica García Márquez, «que no se ha hecho un homenaje a Rubén Darío como *El otoño del patriarca*. Ese libro tiene versos enteros de Rubén. Fue escrito en estilo de Rubén Darío. Está lleno de guiños a los conocedores de Rubén Darío,

---

[49] Véase *García Márquez habla de García Márquez*, pág. 156.

porque yo traté de promediar un poco cuál era en la época de los grandes dictadores el gran poeta y fue Rubén Darío [...] Inclusive Rubén Darío es personaje [...]»[50]. En otra ocasión ha afirmado: «Creo que el libro *El otoño del patriarca* no es legible sin la cantidad de versos de Rubén Darío que tiene metidos por dentro, por todas partes, porque todo el libro está escrito en Rubén Darío [...] Creo que es más un poema que una novela. Está más trabajado como poema que como novela»[51]. Estas dos citas señalan dos posibles maneras de leer la novela: como homenaje y como poema.

«Rubén Darío es personaje», dice García Márquez. La primera alusión directa al «poeta de América», como se le ha llamado, indicación de su legendaria y hasta mítica importancia para los hispanoamericanos, se encuentra en la página 8: «un domingo de hacía muchos años se había llevado al ciego callejero que por cinco centavos recitaba los versos del olvidado poeta Rubén Darío». Se recita al nicaragüense como se recitaba al ciego Homero, otro «poeta de su época». Como personaje, Darío aparece en la novela por los tiempos de Leticia Nazareno cuando, invitado por ella a recitar en el Teatro Nacional, llega al país del patriarca. Por esa época no era un «olvidado» (página 80), sino un «conocido poeta» (pág. 185), y se le recibe como si fuera un dios: «las muchedumbres que antes cantaban para exaltar su gloria [la del patriarca...] ahora cantaban arrodilladas bajo el sol ardiente para celebrar la buena nueva de que habían traído a Dios en un buque mi general, de veras, lo habían traído por orden tuya, Leticia, por una ley de alcoba como tantas otras» (pág. 178). Para celebrar la visita de Rubén Darío, la casa presidencial se pinta de blanco y se ilumina con globos de vidrio (pág. 185). En la noche de «la velada lírica» (pág. 193), el patriarca acompaña a Leticia Nazareno al Teatro

---

[50] Entrevista por Manuel Pereiro en *Bohemia* (La Habana, 1979), recogida en *García Márquez habla de García Márquez*, pág. 207.
[51] Entrevista por el equipo de redacción de «El Manifiesto» (Bogotá, 1977), recogida en *García Márquez habla de García Márquez*, pág. 166.

Nacional, y escucha la recitación del poeta de América, episodio que examinaremos más adelante. Como personaje, Rubén Darío no juega un papel importante en la novela, pues entra y sale rápidamente del escenario.

Más importante nos parece su constante «presencia poética» en el libro. Notemos primero —como fundamento para nuestros comentarios— el uso en general de frases, palabras, localidades y ambientes del mundo dariano. En las dos primeras páginas de la novela, el pueblo, al penetrar en el palacio del patriarca, entra simultáneamente en un mundo dariano («el ámbito de otra época», pág. 5), ya en decadencia. Del mundo dariano podrían ser los hongos de colores y los lirios pálidos, los antiguos modos de transporte (todos bajo una «telaraña polvorienta»), los «rosales nevados», el «aire de rosas» y los «tiestos de claveles y fondas de astromelias y trinitarias». Por todas partes, sin embargo, hay un olor de «pestilencia», una «hedentina de boñigas y fermentos de orines de vacas y soldados», fragancias algo distintas de las que encontramos en las poesías de Darío. El mundo dariano, decaído y corrompido, ha desaparecido.

Del joven Darío, especialmente del poeta de *Azul* y de *Prosas profanas*, proviene la siguiente descripción en *El otoño del patriarca*:

> [Durante un viaje por los páramos del país, el tren del patriarca] iba dejando un rastro de *valses de pianola* por entre la *fragancia dulce de gardenias y salamandras* podridas de los afluentes ecuatoriales, eludiendo carcachas de *dragones prehistóricos, islas providenciales* donde se echaban a parir *las sirenas*... (pág. 20). [Énfasis nuestro.]

Los poemas de Darío de la última década del siglo suelen ser «escapistas» y «preciosistas», influidos, en su forma, por el parnasianismo francés. Abundan las alusiones a países y culturas más exóticas que las de Centroamérica (China, por ejemplo). Se ubican en jardines románticos o en fiestas de gala, donde se escucha el son de los valses. Aparecen con frecuencia pájaros y animales (tórtolas, cisnes, salamandras, dragones), y todo olor es fragante, procedente de gardenias, lirios o rosas [52]. «Yo detesto la vida y el tiempo en que me tocó nacer», escribe Darío en las famosas «Palabras liminares» a sus *Prosas profanas* (1896). Tal sentimiento, a la verdad, ocasiona el invento del mundo fabuloso de sus primeras obras, para muchos todavía las más conocidas. En cierto sentido, Darío no se desprende por completo del mundo de sueños de su juventud. Aunque deja a un lado el preciosismo y el escapismo, suele llevar consigo muchas de las imágenes de su primer mundo literario.

Según Michèle Sarrailh, en un artículo importante aunque en algunos detalles exagerado, toda la novela del patriarca es una «glosa minuciosa del nicaragüense, donde se escuchan los adjetivos 'unánime', 'raro', 'infantil', esdrújulas y aliteraciones dignas del modelo, tales como las 'tetas totémicas' de Leticia» [53]. Aceptamos esta observación como justa. Sin embargo, consideramos exagerado el comentario de que *todos* los protagonistas de *El otoño del patriarca* han de interpretarse «como reflejos de Darío, sin tener en cuenta su engañosa alteridad dentro de la ficción narrativa» (Sarrailh, pág. 69); y rebuscado el proclamar que todos los vehículos de la novela (berlina, carroza, carricoche, limusina, barco, tren) «son réplicas de los modos de locomoción del cantor errante» (Sarrailh, pág. 70), o que las metáforas de Colón asocian al patriarca con «el mundo dariano»

---

[52] En el primer poema de *Cantos de vida y esperanza* (1905), Darío, al rechazar su obra previa, escribe sobre ella en la siguiente manera:

> Yo soy aquel que ayer no más decía
> el verso azul y la canción profana,
> en cuya noche un ruiseñor había
> que era alondra de luz por la mañana.
>
> El dueño fui de mi jardín de sueño,
> lleno de rosas y de cisnes vagos;
> el dueño de las tórtolas, el dueño
> de góndolas y liras en los lagos.

[53] Véase Michèle Sarrailh, «Apuntes sobre el mito dariano en *El otoño del patriarca*», *Cuadernos Hispanoamericanos*, núm. 340 (octubre de 1978), 72. Incluimos las demás citas en el texto.

(Sarrailh, pág. 70). Existen otras posibilidades de interpretación. Hemos demostrado una de ellas en el caso de Colón.

Las alusiones directas a versos en poemas de Darío son frecuentes. Más adelante nos detendremos en una extensa alusión. Mencionemos ahora otras dos, más modestas. Un día, ya en los últimos años del reino del patriarca, el ciego callejero que recita a Rubén Darío se sienta a la sombra de las palmeras moribundas del palacio y, confundiendo las pezuñas de las vacas con las botas de militares, «recitaba versos del feliz caballero que llegaba desde lejos vencedor de la muerte, los recitaba con toda la voz y la mano tendida hacia las vacas que se trepaban a comerse las guirnaldas de balsaminas del quiosco de la música» (pág. 220). Lo que recitaba el ciego es la muy conocida «Sonatina» (1895): «La princesa está triste..., ¿qué tendrá la princesa?». García Márquez alude a los últimos versos del poema:

> Calla, calla, princesa —dice el hada madrina—,
> en caballo con alas, hacia acá se encamina,
> en el cinto la espada y en la mano el azor,
> el feliz caballero que te adora sin verte,
> y que llega de lejos, vencedor de la Muerte,
> a encenderte los labios con su beso de amor.

Las mismas palabras —como hemos notado al principio de este capítulo, comentando la teoría de la intertextualidad y citando el ejemplo de Borges— adquieren un sentido diferente cuando se leen en otro contexto. Aquí, por el contexto, es evidente una doble parodia literaria: una, al mundo dariano de la época de «Sonatina»; otra, al mundo del patriarca en la novela. La parodia nos parece obvia, pues los sentimientos preciosistas y escapistas de Darío contrastan bruscamente con la realidad sórdida de la última época del reino de un patriarca senil y melancólico. En la novela no vemos a un feliz caballero que se encamina, sino unas vacas que trepan las escaleras del palacio presidencial. Muchos años atrás, quizás, había una «doncella» como la princesa triste: Manuela Sánchez. Ahora, empero, no existe nadie que se parezca a la princesa de Darío.

Además, el patriarca ni es «vencedor de la Muerte», ni encenderá «con su beso de amor» los labios de ninguna mujer.

Mencionemos otra cita directa de Darío, que se encuentra en las últimas páginas de la novela. Aunque sólo le quedan pocas horas de vida, el patriarca sigue como siempre su rutina nocturna, hacia el fin de la cual, después de tomar una cucharada de miel de abejas, pone el frasco otra vez

> en el escondite donde había uno de sus papelitos con la fecha de algún aniversario del insigne poeta Rubén Darío a quien Dios tenga en la silla más alta de su santo reino, volvió a enrollar el papelito y lo dejó en su sitio mientras rezaba de memoria la oración certera de *padre y maestro mágico liróforo celeste* que mantiene a flote los aeroplanos en el aire y los trasatlánticos en el mar [...] (pág. 267).

Lo subrayado es, como se sabe, el primer verso de «Responso a Verlaine» (1896), que es no sólo un homenaje al poeta francés, sino además una apoteosis poética. Adaptando a la situación del patriarca el sentimiento de homenaje del poema de Darío, García Márquez describe, si bien irónicamente, una apoteosis semejante. Darío es elevado al puesto más alto del cielo, y convertido es Verlaine en el «Padre Nuestro» del patriarca. Hay ironía tremenda en esta alusión: que un hombre como el patriarca, ignorante y analfabeto (Leticia Nazareno, finalmente, le enseña a leer y a escribir), proclame la divinidad estética de un poeta. Tal papel habría de pertenecer más a su precursor, el general Lautaro Muñoz, un «latinista» y hombre de letras (como han sido varios de los presidentes de Colombia y de otros países de Latinoamérica).

Encontramos un eco constante pero sutil de Rubén Darío en el tema del «amor» en la novela. Esto es de esperar, ya que, como indica Pedro Salinas, en su estudio *La poesía de Rubén Darío*, el amor es el tema más central de toda la obra dariana [54]. García Márquez utiliza no sólo la poesía de Darío, sino también

---

[54] Véase Pedro Salinas, *La poesía de Rubén Darío*, tercera edición (Buenos Aires, 1968), especialmente el capítulo «La paloma de Venus» (páginas 53-75), donde demuestra cómo, aun en poemas que no tratan obviamente del amor, aparece el tema como obsesión poética.

su biografía. Tres fueron las mujeres importantes en la vida del nicaragüense: su primera esposa, Rafaela Contreras (idealizada bajo el nombre de «Stella» en la poesía); su segunda esposa, Rosario Emelina Murillo (conocida como «la garza morena»), y su «compañera» de muchos años (1899-1914), Francisca Sánchez. También tres son las mujeres importantes del patriarca: Bendición Alvarado (su madre)[55], Manuela Sánchez (su intocable amor) y Leticia Nazareno (su esposa legítima). El nombre de la compañera de Rubén Darío, Francisca Sánchez, se encuentra «repartido» entre dos mujeres amadas por el patriarca: la campesina *Francisca* Linero (la compañera de Darío también fue campesina), y la «doncella inasible» Manuela *Sánchez*.

El episodio de amor más dariano es el de Manuela Sánchez. Ella —como sucedía con las mujeres en los libros de caballería y con Aldonza Lorenzo en *Don Quijote*— es idealizada: «reina» (págs. 80, 82), «majestad» (pág. 78) y «doncella» (pág. 80). Además, todo el ambiente de este episodio —como el de muchos poemas de Darío— es de rosas. Locamente enamorado de esta reina de belleza, el patriarca la visita en su casita de barrio pobre, preguntándose antes de que aparezca, «dónde estará tu rosa, dónde tu amor» (pág. 77). Cuando ella entra en el cuarto a recibirlo, lleva una «rosa encendida en la mano» (pág. 77). Durante los «meses y meses» (pág. 78) de visitas diarias, la relación no progresa: continúa siendo siempre «platónica» y formal. Él no sabe cómo seducir a esta doncella, y ella, por su parte, no siente ni «compasión» (pág. 78) por este «anciano canicular» (pág. 78), tolerándolo solamente porque es el presidente de la República. Finalmente, durante un eclipse que presencian juntos (págs. 85-86), Manuela Sánchez desaparece para siempre tan fácilmente como había subido al cielo Remedios, la bella, en *Cien años de soledad*. La desaparición de Manuela Sánchez trae a la memoria una estrofa del poema «A Margarita Debayle» (1907-1908), donde Darío cuenta la historia de una princesa que desaparece al buscar una estrella en el cielo:

---

[55] La profesora Sarrailh indica (v. la nota núm. 53) que el apellido de Bendición Alvarado puede derivarse del de una tía de Darío, Rita Darío de Alvarado (pág. 71).

> Una tarde la princesa
> vio una estrella aparecer;
> la princesa era traviesa
> y la quiso ir a coger.

Después de perder a Manuela Sánchez, el patriarca padece la obsesión de su aliento y de su rosa. «Apágame esa rosa», solloza, mientras ella, convertida en espectro, lo asedia en su dormitorio, atravesando las paredes según su voluntad y llevando «la brasa de la rosa en la mano y el olor natural de regaliz de su respiración» (pág. 70). El patriarca, que no puede soportar «el fulgor de su rosa» (pág. 71), sólo quiere librarse de esta hechicera figura; en adelante, ella será siempre, para él, «Manuela Sánchez de mi mala hora» (pág. 70) [56].

---

[56] Es posible que la aparición espectral de Manuela Sánchez, y la semejante aparición de La Muerte, que despierta al patriarca, al fin de la obra, deban algo a un episodio parecido en la vida de Rubén Darío. En su *Autobiografía* (1912), Darío describe una pesadilla tan impresionante que nunca logró olvidar:

> Por ese tiempo, algo que ha dejado en mi espíritu una impresión indeleble me aconteció. Fué mi primer pesadilla. La cuento porque, hasta en estos mismos momentos, me impresiona. Estaba yo, en el sueño, leyendo cerca de una mesa, en la salita de la casa, alumbrada por una lámpara de petróleo. En la puerta de la calle, no lejos de mí, estaba la gente de la tertulia habitual. A mi derecha había una puerta que daba al dormitorio; la puerta estaba abierta y vi en el fondo oscuro que daba al interior que comenzaba como a formarse un espectro, y con temor miré hacia este cuadrado de oscuridad y no vi nada; pero, como volviese a sentirme inquieto, miré de nuevo y vi que se destacaba en el fondo negro una figura blanquecina, como la de un cuerpo humano envuelto en lienzos; me llené de terror, porque vi aquella figura que, aunque no andaba, iba avanzando hacia donde yo me encontraba. Las visitas continuaban en su conversación, y, a pesar de que pedí socorro, no me oyeron. Volví a gritar y siguieron indiferentes. Indefenso, al sentir la aproximación de «la cosa», quise huir y no pude, y aquella sepulcral materialización siguió acercándose a mí, paralizándome y dándome una impresión de horror inexpresable. Aquello no tenía cara y era, sin embargo, un cuerpo humano. Aquello no tenía brazos y yo sentía que me iba a estrechar. Aquello no tenía pies y ya estaba cerca de mí. Lo más espantoso fué que sentí in-

Nos parece interesante la relación personal que el patriarca tiene con «la rosa» o «las rosas». Cuando Manuela Sánchez saluda al patriarca por primera vez, lleva consigo «una rosa encendida en la mano» (pág. 77), que ella hace «girar [...] para que no se [le] notara el terror» (pág. 77) al conocer al presidente de su país. Al fin de este encuentro inicial, la rosa está «muerta» (pág. 80). Es como si el patriarca no pudiera hacer otra cosa que matar el amor [57]. Más tarde, durante el eclipse en que desaparece Manuela Sánchez, la rosa «languidece».

Se supone que Rubén Darío, poeta cantor de las rosas, tuvo con éstas una relación contraria a la que tuvo el patriarca. Esta diferencia sugiere que el patriarca y Rubén Darío son figuras opuestas en el universo novelístico de García Márquez. Señalamos algunas de estas oposiciones. Darío fue amado por las muchedumbres de América; el patriarca, más bien «tolerado» por su pueblo; Darío vivió casi toda la vida rodeado de amigos y de público; el patriarca, aislado y esencialmente solo. Darío fue poeta; el patriarca, analfabeto; Darío, figura de la literatura; el patriarca, de la política. Darío fue un hombre sin poder en el sentido convencional de la palabra; el patriarca, un hombre con poder y obsesionado por él. Darío muere relativamente joven (a los cuarenta y nueve años); el patriarca, viejísimo. Quizás el patriarca es poco más que un «sátiro sordo» (título de un cuento de Darío) para quien no existe la música de los pájaros, y difícilmente la de la poesía.

Estos contrastes constituyen la base de una interesante dinámica personal y simbólica que se manifiesta especialmente en «la velada lírica del Teatro Nacional» (pág. 193). Esta escena

---

mediatamente el tremendo olor de la cadaverina, cuando me tocó algo como un brazo, que causaba en mí algo semejante a una conmoción eléctrica. De súbito, para defenderme, mordí «aquello» y sentí exactamente como si hubiera clavado mis dientes en un cirio de cera oleosa. Desperté con sudores de angustia.

Véase Rubén Darío, *Autobiografía* (1912), en *Obras Completas* (Madrid, 1950), vol. I, págs. 34-35.

[57] En la Roma antigua la rosa había sido símbolo del amor triunfante; fue también la flor de Venus, diosa del amor.

puede considerarse como el «saqueo» más sistemático de la obra de Darío. Uno de los poemas que escucha el patriarca en esa velada lírica es la «Marcha Triunfal» (1895)[58], cuyos versos

---

[58] La «Marcha triunfal» aparece en la colección *Cantos de vida y esperanza* (1905), un libro que, según el propio Darío, señala un nuevo sendero en su obra poética: un mayor enganche con la vida. En la *Historia de mis libros* (1909), Darío describe la colección de la siguiente manera: «Si 'Azul...' simboliza el comienzo de mi primavera, y 'prosas profanas' mi primavera plena, 'Cantos de vida y esperanza' encierra las esencias y savias de mi otoño» (en *Obras Completas*, Madrid, 1950, vol. I, pág. 214), descripción que acaso indica la vinculación que tendrá esta colección con *El otoño del patriarca*. Más adelante, en la misma obra, Darío identifica la «Marcha triunfal» como «un 'triunfo' de decoración y de música» (página 218). He aquí el poema:

MARCHA TRIUNFAL

¡Ya viene el cortejo!
¡Ya viene el cortejo! Ya se oyen los claros clarines.
La espada se anuncia con vivo reflejo;
ya viene, oro y hierro, el cortejo de los paladines.

Ya pasa debajo los arcos ornados de blancas Minervas y Martes,
los arcos triunfales en donde las Famas erigen sus largas trompetas,
la gloria solemne de los estandartes
llevados por manos robustas de heroicos atletas.
Se escucha el ruïdo que forman las armas de los caballeros,
los frenos que mascan los fuertes caballos de guerra,
los cascos que hieren la tierra
y los timbaleros,
que el paso acompasan con ritmos marciales.
¡Tal pasan los fieros guerreros
debajo los arcos triunfales!

Los claros clarines de pronto levantan sus sones,
su canto sonoro,
su cálido coro,
que envuelve en un trueno de oro
la augusta soberbia de los pabellones.
Él dice la lucha, la herida venganza,
las ásperas crines,
los rudos penachos, la pica, la lanza,
la sangre que riega de heroicos carmines
la tierra;
los negros mastines
que azuza la muerte, que rige la guerra.

El mundo del patriarca

(hemos subrayado los citados en el trozo siguiente) se mezclan con los pensamientos del patriarca, produciendo un hermoso mosaico intertextual que a la vez precisa las cualidades opues-

> Los áureos sonidos
> anuncian el advenimiento
> triunfal de la Gloria;
> dejando el picacho que guarda sus nidos
> tendiendo sus alas enormes al viento,
> los cóndores llegan. ¡Llegó la victoria!
> 	Ya pasa el cortejo.
> Señala el abuelo los héroes al niño:
> ved cómo la barba del viejo
> los bucles de oro circunda de armiño.
> Las bellas mujeres aprestan coronas de flores,
> y bajo los pórticos vense sus rostros de rosa;
> y la más hermosa
> sonríe al más fiero de los vencedores.
> ¡Honor al que trae cautiva la extraña bandera;
> honor al herido y honor a los fieles
> soldados que muerte encontraron por mano extranjera!
> ¡Clarines! ¡Laureles!
> 	Las nobles espadas de tiempos gloriosos,
> desde sus panoplias saludan las nuevas coronas y lauros:
> las viejas espadas de los granaderos, más fuertes que osos,
> hermanos de aquellos lanceros que fueron centauros.
> Las trompas guerreras resuenan;
> de voces los aires se llenan...
> —A aquellas antiguas espadas,
> a aquellos ilustres aceros,
> que encarnan las glorias pasadas...
> Y al sol que hoy alumbra las nuevas victorias ganadas,
> y al héroe que guía su grupo de jóvenes fieros,
> al que ama la insignia del suelo materno,
> al que ha desafiado, ceñido el acero y el arma en la mano,
> los soles del rojo verano,
> las nieves y vientos del gélido invierno,
> la noche, la escarcha
> y el odio y la muerte, por ser por la patria inmortal,
> 	¡saludan con voces de bronce las trompas de guerra que tocan la marcha triunfal!...
>
> (Martín García, mayo de 1895.)

tas de las dos figuras. Reproducimos lo más importante de la escena:

> [El patriarca] se sentó sin saludar junto al infante en uniforme de noche que había respondido a los aplausos con el lirio de dedos vacíos del guante de raso apretado en el puño como su madre le había dicho que lo hacían los príncipes de otra época, no vimos a nadie más en el palco presidencial, pero durante las dos horas del recital soportamos la certidumbre de que él estaba ahí, sentíamos la presencia invisible que vigilaba nuestro destino para que no fuera alterado por el desorden de la poesía, él regulaba el amor, decidía la intensidad y el término de la muerte en un rincón del palco en penumbra desde donde vio sin ser visto al minotauro espeso cuya voz de centella marina lo sacó en vilo de su sitio y de su instante y lo dejó flotando sin su permiso en el *trueno de oro* de *los claros clarines* de *los arcos triunfales* de *Martes y Minervas* de una gloria que no era la suya mi general, vio los *atletas heroicos* de los *estandartes los negros mastines* de presa los *fuertes caballos de guerra* de *cascos* de hierro las *picas y lanzas* de *los paladines* de *rudos penachos* que llevaban *cautiva la extraña bandera* para *honor* de unas armas que no eran las suyas, vio la tropa de *jóvenes fieros* que habían *desafiado los soles del rojo verano las nieves y vientos del gélido invierno la noche y la escarcha y el odio y la muerte* para esplendor eterno de una *patria inmortal* más grande y más gloriosa de cuantas él había soñado en los largos delirios de sus calenturas de guerrero descalzo, se sintió pobre y minúsculo en el estruendo sísmico de los aplausos que él aprobaba en la sombra pensando madre mía Bendición Alvarado eso sí es un desfile, no las mierdas que me organiza esta gente, sintiéndose disminuido y solo, oprimido por el sopor y los zancudos y las columnas de sapolín de oro y el terciopelo marchito del palco de honor, carajo, cómo es posible que este indio pueda escribir una cosa tan bella con la misma mano con que se limpia el culo, se decía, tan exaltado por la revelación de la belleza escrita que arrastraba sus grandes patas de elefante cautivo al compás de los golpes *marciales de los timbaleros*, se adormilaba al ritmo de las voces de *gloria* del *canto sonoro del cálido coro* que Leticia Nazareno recitaba para él a la sombra de los *arcos triunfales* de la ceiba del patio, escribía los versos en las paredes de los retretes, estaba tratando de recitar de memoria el poema completo en el olimpo tibio de mierda de

vaca de los establos de ordeño cuando tembló la tierra con la carga de dinamita que estalló antes de tiempo en el baúl del automóvil presidencial estacionado en la cochera (págs. 194-195).

Destaquemos aquí no tanto el hecho del saqueo o el gran número de versos del poema entrelazados con la prosa de García Márquez, sino más bien los pensamientos que ocasionan estos versos en el mismo patriarca. Él —que nunca en su vida ha oído algo semejante— se queda asombrado ante el fenómeno poético y personal de Rubén Darío. Presenciamos la existencia de un abismo entre el patriarca y la poesía, y entre el patriarca y el poeta. Es decir, el mundo poético de Marte y Minerva señala «una gloria que no fue la suya». Los caballos de guerra y los paladines dan honor a «unas armas que no eran las suyas», y el «esplendor eterno» de este mundo describe una patria «más grande y más gloriosa de cuantas él había soñado». La imaginación poética, por tanto, abarca más que la política; la literatura es más poderosa que la vida. Ante el reino poético de Darío, cuya existencia no había conocido, el patriarca padece un sentimiento de impotencia. Y ante la *persona* del poeta se siente «disminuido y solo», «pobre y minúsculo». La decoración y musicalidad del poema contrasta con la crudeza escatológica y la pobreza del lenguaje del patriarca. Los «desfiles» del poema de Darío son más grandes y fastuosos, reconoce el anciano, que «las mierdas que me organiza esta gente». Tanta es la belleza poética que el patriarca sólo puede decirse: «cómo es posible que este indio pueda escribir una cosa tan bella con la misma mano con que se limpia el culo».

El mismo texto puesto en otro contexto, este último satirizado, resulta la creación de un intertexto que es una profunda parodia del texto original. En este caso, la incongruencia entre los niveles lingüísticos de Darío y del patriarca indica la presencia de una parodia doble. Por una parte, si consideramos al patriarca como representación arquetípica del caudillo, demuestra la pobreza intelectual y cultural de la figura en general. El patriarca, incapaz de apreciar los aspectos estéticos del poema, sólo puede reaccionar de una manera personal, y, en este caso, grosera. Por otra, la reacción del patriarca ante Darío manifiesta lo ajena que es tal poesía a la realidad del patriarca, y, por lo tanto, a la realidad hispanoamericana. Por esta razón Darío, el poeta de «Marcha triunfal», de *Azul* y de *Prosas profanas*, se identifica en la novela como un «olvidado poeta» (pág. 8).

Después de su experiencia de esa noche, el patriarca, hipnotizado por Darío, arrastra sus patas de elefante «al compás de los golpes marciales de los timbaleros»; se duerme al ritmo de la poesía que recita Leticia Nazareno; escribe los versos en las paredes de los retretes y trata de aprendérselos de memoria. Sin embargo, a pesar del gran efecto inicial, el viejo se olvida de Darío, como más tarde ha de olvidarse hasta de su propia esposa. Al fin lo único que queda del nicaragüense es la oración del «Responso a Verlaine», que reza el patriarca todas las noches (v. pág. 267 de la novela).

¿Por qué está el patriarca tan afectado por la «velada lírica»? ¿Sería por el descubrimiento de un nuevo mundo? ¿Sería por la increíble sonoridad de unos cuantos poemas? Quizás. O quizás le ha sorprendido la reacción espontánea, monumental, y sobre todo sincera del público. El patriarca se halla frente a frente con la apoteosis de un poeta, y una apoteosis por afecto y no por decreto. Es Rubén Darío quien impera en el reino de la poesía y en el del corazón del pueblo; él, y no el patriarca, es el caudillo del alma hispanoamericana. «No se ha hecho», como dice García Márquez, «un homenaje a Rubén Darío como *El otoño del patriarca*». Las alusiones a Darío en la novela nos parecen —según palabras de Octavio Paz— «flores que son frutos que son actos».

Como punto final a esta consideración sobre Darío en la novela de García Márquez, notemos lo siguiente. La frase «la buena nueva» —que es obviamente religiosa— ocurre solamente dos veces en la novela. Una es al fin, cuando se anuncia «al mundo la *buena nueva* de que el tiempo incontable de la eternidad había por fin terminado». Esta «buena nueva» se refiere a la muerte de un anciano tirano y a la conclusión de su larga tiranía, no a una nueva época inaugurada por la presencia de

El mundo del patriarca

un Mesías. La otra se encuentra unas cien páginas antes: las muchedumbres que anteriormente cantaban la gloria del patriarca ahora se arrodillan «bajo el sol ardiente para celebrar la *buena nueva* de que habían traído a Dios en un buque» (pág. 178). El Dios que celebran es, como ya hemos indicado, Rubén Darío. ¿Homenaje a Darío, en *El otoño del patriarca*? Sí, homenaje, pero también manifiesto —irónico— de su apoteosis, pues él no es sólo poeta, sino además «el poeta de América», el mito literario más grande que hemos tenido en nuestras letras.

EL PATRIARCA Y EL HÉROE MÍTICO

1. EL NOMBRE Y EL MITO. — Mientras *Cien años de soledad* es la saga de una familia y del mundo, *El otoño del patriarca* relata la historia de una sola figura —ya al comienzo de la obra— quizás todavía poderosa, pero de todos modo, si no muerta, entonces anciana, solitaria y moribunda. Dado que esta figura constituye en cierto sentido la totalidad de la novela, encontramos principalmente a través de ella la vinculación con el mito. La complicación que introduce García Márquez es que, paradójicamente, al mitificar la figura histórica (y en parte ya mítica) del tirano-dictador-caudillo, simultáneamente la desmitifica. Analizamos esta complicada y hasta contradictoria relación con el mito, primero en la persona o el carácter del propio patriarca, y luego en algunas fases míticas de su vida.

El hecho de no darle nombre a la figura principal de la novela, y de hacerla conocer sólo como «el patriarca», la mitifica al menos en dos sentidos. Primero, esta denominación convierte al hombre no tanto en *un* patriarca, entre otros, como en *el* patriarca, típico representante de todos los demás. *El* patriarca es por lo tanto arquetipo, modelo mítico. Segundo, tal «sobrenombre» también lo asocia inmediatamente con los patriarcas bíblicos de la antigüedad. Veamos la acepción de la palabra. «Patriarca», según el diccionario de la Real Academia Española, es nombre que se da a algunos personajes del Antiguo Testamento por haber sido cabezas de dilatadas y numerosas familias. // Título de dignidad concedido a los obispos de algunas iglesias principales. // Título de dignidad concedido por el Papa a algunos prelados sin ejercicio ni jurisdicción. // Cualquiera de los fundadores de las órdenes religiosas. // fig. Persona que por su edad y sabiduría ejerce autoridad moral en una familia o en una colectividad.

Al comparar el carácter del patriarca de García Márquez con esta acepción se notan algunas discrepancias interesantes. Durante la mayor parte de su vida, el patriarca de la novela no es cabeza de dilatada familia; una media docena de años, entre siglos, con Leticia Nazareno y su hijo cuentan muy poco. Sin duda su relación más constante es la filial, ya que toda la vida el patriarca vive aferrado a su madre. Inclusive después de la muerte de ésta, el hijo continúa hablándole, rezándole (pág. 76), pidiéndole consejos y ayuda. No es tanto *patriarca* como *hijo;* y ella, según una de las descripciones de la novela, «matriarca de la patria» (pág. 51). La falta de madurez del patriarca parece ser conocida por todo el mundo, desde los ministros hasta las sirvientas. Estas últimas, en la casa de la madre, se defienden de sus intentos amorosos como si fuera cualquier adolescente y no un viejo de unos cien años de edad: «que se quede quieto mi general o se lo digo a su mamá» (página 53). La frase «título de dignidad» resulta irónica al aplicarse al patriarca de la novela, porque «el patriarca» semeja más bien esos sobrenombres que les poníamos a algunos compañeros de la juventud. Al cobarde, por ejemplo, lo llamábamos «el león», y al enano «el gigante». Otro de sus sobrenombres, «el macho», parece ser de la misma categoría. A pesar de sus miles de hijos, todos sietemesinos (¿serán ellos una parodia de la familia dilatada?), él es, en realidad, muy tímido en el amor. Se ha resignado «a amar por asalto» porque no puede soportar la posibilidad del rechazo. Tímido se manifiesta en los dos amores más importantes de su vida: el de Manuela Sánchez, reina de belleza del barrio pobre, idealizada por él como doncella intocable (pág. 75 y sigs.), y el de **Leticia Nazareno**, cuya seducción tarda dos años en cumplirse. En todo este tiempo él la ha estado contemplando durante la siesta «con una especie de asombro infantil» (pág. 164). Tanto susto siente el patriarca (pág. 164) que, después de hacer el amor con ella por primera vez, se encuentra ensuciado con su propia mierda (pág. 168). ¿Patriarcales estos detalles?

Prosigamos la comparación: tampoco se le puede considerar como fundador de orden religiosa (como veremos luego, sí se le asocia metafóricamente con algunas figuras religiosas), pues el único «orden» por el cual se interesa es el dictatorial. Una de las máximas por las cuales su reino se conoce es la hipócrita «el progreso dentro del orden» (págs. 6, 232, 236, 241), o, como se escribe una vez, «la paz dentro del orden» (pág. 230). Tal orden y tal progreso semejan acaso los del gobierno de Porfirio Díaz, de México. Hipocresía también se nota en las actitudes religiosas del patriarca. Como muchos líderes hispanoamericanos, es anticlerical y, sin embargo, por un breve período, se convierte en defensor de la Iglesia. Esta desviación sólo dura el tiempo que cubre —o cubrirá— la canonización de su madre por el Vaticano. Cuando la Iglesia se niega a canonizarla, el patriarca, declarando un estado de guerra entre el Vaticano y su gobierno, la canoniza él mismo por decreto presidencial (págs. 160-161). Otras comparaciones con la acepción: el patriarca sí es patriarcal en cuanto a su edad (vive quizás más de dos siglos o, posiblemente, casi cinco siglos, pues ha visto desde su ventana las tres carabelas de Colón). Sin embargo, es antipatriarcal la autoridad que ejerce, pues es inmoral. Su sabiduría tampoco es salomónica; tendrá a lo mejor cierta agudeza en el trato con los hombres, conociendo, por ejemplo, los peligros de su oficio y cómo defenderse en él. En resumen: denominar a su héroe sólo como «el patriarca» contribuye a su mitificación; pero una comparación de sus cualidades personales con la acepción de la palabra demuestra igualmente su desmitificación.

Los nombres de muchos de los otros personajes de la novela podrían analizarse de manera semejante: son simbólicos e irónicos a la vez. Detengámonos —y sólo por unos breves momentos— en el nombre de Patricio Aragonés, el doble del patriarca. «Aragonés» quizás no tendrá sentido simbólico (¿oriundo de Aragón? ¿Alusión al rey Fernando de Aragón, quien patrocinó a Colón? ¿O alusión general a una familia poderosa de España?), pero «Patricio» sí tiene una acepción que nos parece interesante. Un patricio es un

> descendiente de los primeros senadores establecidos por Rómulo. // Dícese del que obtenía la dignidad del patriciado. // Individuo que por su nacimiento, riqueza o virtudes descuella entre sus conciudadanos.

Los patricios constituían en ese tiempo la clase noble o privilegiada. Como en el caso anterior de «patriarca», la comparación de esta acepción con las cualidades personales de Patricio Aragonés hace del nombre una parodia. Don Patricio —que no es descendiente de nadie— es sobre todo un impostor. Había sido encontrado un día andando «por pueblos de indios haciendo un próspero negocio de suplantación» (pág. 14) del patriarca. Al descubrir este «sacrilegio» (pág. 14), el patriarca no lo castiga, sino que le ofrece la oportunidad de ganarse la vida como el falso patriarca, pero de ese momento en adelante bajo la propia dirección del verdadero. La impostura deviene la única *raison d'être* de don Patricio. Resignándose a «vivir un destino que no era el suyo» (pág. 15), no vuelve a existir en público como Patricio Aragonés. Le torturan hasta producirle los mismos pies planos de elefante y el mismo testículo herniado que posee el patriarca, y así Patricio Aragonés vive, como él, jugando al dominó, atendiendo funciones oficiales y asaltando de vez en cuando a alguna de las muchas concubinas del palacio. Poca será la «dignidad del patriciado» en esa vida falsa y prestada; menos será la virtud patricia.

«Bienvenida al patricio sin nombre» (pág. 19) anuncia un letrero que saluda al patriarca en uno de sus viajes por su páramo natal. Irónico nos parece este letrero, pues García Márquez hace no sólo que el pueblo confunda (sin saberlo) al patricio con el patriarca, sino también que reduzca de esta manera ambas personas a la anonimidad. El existir anónimo,

El mundo del patriarca

sin nombre, es generalmente un existir sin identidad propia. Generalmente, pero no siempre. La excepción más importante sería el ejemplo de Yahveh en el Antiguo Testamento, ya que Él, realmente, no tiene nombre. Las letras hebreas que integran el vocablo «Yahveh» no admiten pronunciación en el idioma hebreo. El poder pronunciar el nombre de Dios sería limitarlo, darle «identidad» humana. En el Antiguo Testamento, Dios suele identificarse sólo como «Yo soy yo», palabras que ni lo limitan, ni lo reducen a nivel humano. El patriarca, trascendental egoísta y «general del universo» (por proclamación del pueblo), suele hablar de sí mismo como si fuera Dios: también exclama «yo soy yo» (pág. 132), a veces «al fin y al cabo yo soy el que soy yo» (pág. 27) u otras fórmulas semejantes (págs. 66, 147, 214). En algunas ocasiones se le considera aún más poderoso que Dios mismo, superior a Él en cierto sentido: por ejemplo, es proclamado «descompositor de la madrugada, comandante del tiempo y depositario de la luz» (pág. 72); proclamado también (esta vez por los «políticos de letras» y sus «aduladores impávidos») «corregidor de los terremotos, los eclipses, los años bisiestos y otros errores de Dios» (pág. 12). También es visto como un Mesías: tiene un «destino mesiánico» (pág. 51); es un «hombre mesiánico» (pág. 90); un letrero del pueblo anuncia que «Dios guarde al magnífico que resucitó al tercer día entre los muertos» (pág. 37). Se le admiran sus milagros de sal, su bondad con los leprosos y paralíticos que viven alrededor de su palacio, y su trato amistoso con su pueblo (págs. 90-92).

El egoísmo «divino» y «mítico» del patriarca —o el ser proclamado por el pueblo como Dios o héroe mítico— tiene sus paralelos históricos. Escuchemos a Alfonso Reyes, evocando, en su inimitable manera, la época de Porfirio Díaz. Reyes se refiere a él como García Márquez habría de referirse a su patriarca. Se notan fácilmente semejanzas en las exageraciones míticas y en los atributos divinos:

> Al frente de México, casi como delegado divino, Porfirio Díaz, «Don Porfirio», de quien colgaban las cadenas que la fábula atribuía al padre de los dioses. Don Porfirio, que era, para la generación

adulta de entonces, una norma del pensamiento sólo comparable a las nociones del tiempo y del espacio, algo como una categoría kantiana. Atlas que sostenía la República, hasta sus antiguos adversarios perdonaban en él al enemigo humano, por lo útil que era, para la paz de todos, su transfiguración mitológica [59].

2. LA AVENTURA MÍTICA DEL PATRIARCA. — La mejor manera, creemos, de estudiar las dimensiones mítico-religiosas del patriarca es ver cómo algunas fases de su vida semejan las vidas de héroes mítico-religiosos como Cristo, Buda, Ulises, Edipo, Krishna, etc. Nos basamos en el estudio del mitólogo norteamericano Joseph Campbell, *El héroe de las mil caras* (*The Hero with a Thousand Faces*, publicado por primera vez en 1949). Claro está: se podría efectuar un análisis a base de los estudios de otro mitólogo, por ejemplo, los de Propp, como lo hicimos en el caso de «La increíble y triste historia de la cándida Eréndira y de su abuela desalmada». Sin embargo, una novela como *El otoño del patriarca* exige, por su contenido y por su extensión, un análisis más amplio, más fundamentado sobre los héroes y las estructuras épicas que folklóricas [60].

El cuarto capítulo de *El héroe de las mil caras* comienza con un diagrama y el resumen de la vida típica de un héroe mítico. Tan importantes son para nuestro análisis que reproducimos el diagrama y su descripción total:

---

[59] Alfonso Reyes, *Pasado inmediato y otros ensayos* (México, 1941), página 7.

[60] Véase también el estudio de Lord Raglan, *The Hero: A Study in Tradition, Myth and Drama* (London, 1936), especialmente las págs. 178-190. De los 22 elementos típicos del héroe mítico, el patriarca tiene unos 15. Edipo, según Lord Raglan, tiene 21; Jasón, 15; Pélope, 13; Dioniso, 19; Apolo, 11; Zeus, 15; Moisés, 20; el rey Arturo, 19. «Dime con quién andas y te diré quién eres»: el patriarca es un héroe mítico. Utilizamos el estudio de Campbell (v. la nota siguiente) porque tiene un análisis más riguroso y «estructural», y menos anecdótico, que el de Raglan. En este caso, también preferimos a Campbell sobre otros mitólogos como Lévi-Strauss o Propp porque demuestra —mejor que ellos— la circularidad de la vida mítico-religiosa.

El mundo del patriarca

LA AVENTURA puede resumirse en el siguiente diagrama:

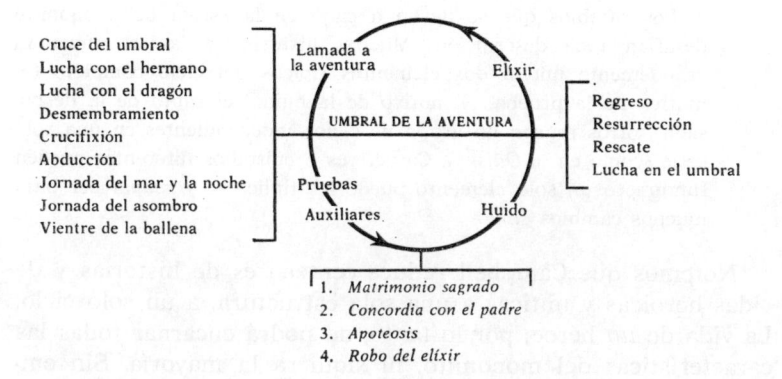

```
Cruce del umbral
Lucha con el hermano         Lamada a
Lucha con el dragón          la aventura        Elíxir
Desmembramiento                                                    Regreso
Crucifixión                    UMBRAL DE LA AVENTURA                Resurrección
Abducción                                                           Rescate
Jornada del mar y la noche                                          Lucha en el umbral
Jornada del asombro          Pruebas
Vientre de la ballena        Auxiliares         Huido

                             1. Matrimonio sagrado
                             2. Concordia con el padre
                             3. Apoteosis
                             4. Robo del elíxir
```

El héroe mitológico abandona su choza o castillo, es atraído, llevado, o avanza voluntariamente hacia el umbral de la aventura. Allí encuentra la presencia de una sombra que cuida el paso. El héroe puede derrotar o conciliar esta fuerza y entrar vivo al reino de la oscuridad (batalla con el hermano, batalla con el dragón; ofertorio, encantamiento), o puede ser muerto por el oponente y descender a la muerte (desmembramiento, crucifixión). Detrás del umbral, después, el héroe avanza a través de un mundo de fuerzas poco familiares y sin embargo extrañamente íntimas, algunas de las cuales lo amenazan peligrosamente (pruebas), otras le dan ayuda mágica (auxiliares). Cuando llega al nadir del periplo mitológico, pasa por una prueba suprema y recibe su recompensa. El triunfo puede ser representado como la unión sexual del héroe con la diosa madre del mundo (matrimonio sagrado), el reconocimiento del padre-creador (concordia con el padre), su propia divinización (apoteosis) o también, si las fuerzas le han permanecido hostiles, el robo del don que ha venido a ganar (robo de su desposada, robo del fuego); intrínsecamente es la expansión de la conciencia y por ende del ser (iluminación, transfiguración, libertad). El trabajo final es el del regreso. Si las fuerzas han bendecido al héroe, ahora éste se mueve bajo su protección (emisario); si no, huye y es perseguido (huida con transformación, huida con obstáculos). En el umbral del retorno, las fuerzas trascendentales deben permanecer atrás; el héroe vuelve a emerger del reino de la congoja (retorno, resurrección). El bien que trae restaura al mundo (elixir) [61].

Los cambios que se llevan a cabo en la escala del monomito desafían toda descripción. Muchas historias aíslan o aumentan grandemente uno o dos elementos típicos del ciclo completo (el motivo de la prueba, el motivo de la huida, el rapto de la desposada), otros reúnen un grupo de ciclos independientes en una sola serie (como en la *Odisea*). Caracteres o episodios diferentes pueden fundirse o un solo elemento puede multiplicarse y reaparecer bajo muchos cambios [61].

Notemos que Campbell reduce centenares de historias y de vidas heroicas y míticas a una sola estructura, a un solo ciclo. La vida de *un* héroe, por lo tanto, no podrá encarnar todas las características del monomito, ni siquiera la mayoría. Sin embargo, las vidas mítico-religiosas suelen desarrollarse más o menos según este modelo. La complicación que hemos notado anteriormente es aquí también válida: debido a que el patriarca es tan desmitificado como mitificado, partes del modelo monomítico serán a veces parodiadas. También existe la complicación de la narración misma, que a primera vista parece caótica. Desde este caos hemos de extraer orden.

Cada etapa de la vida del patriarca se describe con una frase «temporal»: los tiempos de los godos (pág. 172) coinciden con la juventud del patriarca; los buenos tiempos (pág. 101), con el comienzo de su reino patriarcal, cuando, protegido solamente por el «guajiro descalzo» Saturno Santos (pág. 90), era «árbitro de su destino» (pág. 98); los tiempos del ruido (pág. 89) con la época en que se enamora de Manuela Sánchez; los malos tiempos (pág. 134) con la muerte de la madre; los tiempos inmemoriales (pág. 260) de la época de Sáenz de la Barra con los años en que el patriarca *parece* haber perdido para siempre la habilidad del mando; y, finalmente, la época de tantas incertidumbres (pág. 89) con el descubrimiento del cadáver del verdadero patriarca y el fin de la novela. Igualmente, la vida —y en especial el reino— del patriarca se mide con la palabra del

---

[61] Véase Joseph Campbell, *El héroe de las mil caras. Psicoanálisis del mito.* Traducción de Luisa Josefina Hernández (México, 1959), págs. 223-225.

título: «otoño». Las «vísperas» del otoño (págs. 36, 89) se encuentran a la muerte de Patricio Aragonés; inmediatamente después ocurre el «principio» (pág. 10) del otoño del patriarca. Años después lo vemos en la «plenitud» (pág. 93) de su otoño, cuando, siendo su poder «un légamo sin orillas» (pág. 93), conoce a Leticia Nazareno, tiene un heredero legítimo y aprende a leer y escribir. En «las postrimerías de su otoño» (pág. 247), los gringos se llevan el mar, y el patriarca, tan tímido como casi siempre lo había sido, perturba sexualmente a unas niñas de escuela. (Éstas —después de la primera, quien sí era estudiante legítima— son en realidad puticas adolescentes del puerto de la ciudad, llevadas al patriarca, sin que él lo sepa, por los súbditos.) Momentos antes de su fallecimiento definitivo encontramos la frase: «las últimas hojas heladas de su otoño» (página 271), y momentos después termina la novela. Todos estos «tiempos» y estos «otoños» caben más o menos en el ciclo descrito por Joseph Campbell, y los detalles de la vida del patriarca pueden ordenarse de acuerdo con el ciclo mítico de la aventura del héroe. Sigamos este proceso más minuciosamente.

De casi todo héroe mítico-religioso se relata un nacimiento extraordinario. Generalmente éste se acompaña de prodigios en la naturaleza. Por ejemplo, simultáneamente con el nacimiento de un Dalai Lama del Tibet se congela la leche poco después del ordeño [62]; o acaecen terremotos o erupciones volcánicas. En el caso de Cristo, el parto se anuncia por medio de la estrella de Belén, y se sabe que ha nacido un rey (o un Dios) entre los hombres. La madre del patriarca, imitando a la Virgen María, dice «que lo había concebido sola, que lo había parido sola» (pág. 134) [63]. Según una adivina de circo, el infante será rey porque había nacido sin líneas en la palma de la mano

---

[62] Véase Chögyam Trungpa, *Born in Tibet* (Baltimore, 1971), págs. 25 y sigs.

[63] Momentos después, sin embargo, una página más adelante, Bendición Alvarado cambia su historia y dice que «había engendrado de pie» al patriarca y que nunca había conseguido «establecer cuál de los tantos fugitivos de vereda había sido [el verdadero] padre» (pág. 135).

(pág. 136). Su nacimiento coincide con «el principio de los tiempos» (pág. 139), recordando de esta manera la nueva época que inaugura Cristo. Hasta podría decirse que el único «tiempo» que existe antes que él es, según la escala de valores temporales establecida en la novela, «el tiempo prohibido» (pág. 152) o inexistente cuando él todavía no había nacido y su madre era una mujer joven, lánguida, descalza y envuelta en harapos.

Este «principio de los tiempos» es también la época primitiva de «los tiempos de los godos», en cuyas campañas revolucionarias toma parte el joven patriarca. El grito revolucionario equivale desde luego al «llamado a la aventura»: arroja al patriarca en ese gran río de la guerra que va a desembocar en el palacio presidencial. En inversión irónica de los argumentos de las vidas típicamente míticas, García Márquez hace que las heroicas aventuras del patriarca comiencen no con abandonar el palacio, sino con invadirlo. (Estas aventuras terminarán, siglos después, con la entrada del pueblo en el palacio, completándose de esta manera el ciclo gubernamental del patriarca.) El «reino de la oscuridad» —según la terminología de Campbell— es el palacio mismo, no un país o una tierra remota y poblada de gigantes y de monstruos. Por lo tanto, es aquí, en este palacio, donde el patriarca se enfrentará con las típicas experiencias mítico-heroicas de pruebas de valor o de inteligencia, de matrimonio sagrado, de apoteosis, de resurrección, etc. Atravesando el umbral del palacio presidencial —simbólicamente el «umbral de la aventura»—, el patriarca comienza su largo reino. Éste coincide con la caída de Lautaro Muñoz, «déspota ilustrado» (pág. 56), «césar garibaldino» (pág. 254), poeta e insigne latinista. Existe un contraste evidente entre Lautaro Muñoz y el patriarca, que, como dijimos anteriormente, no sabe ni leer ni escribir.

Cada héroe mítico tiene sus cicerones o «auxiliares». A Dante, por ejemplo, Virgilio le enseña el camino, pero el patriarca o prosigue solo o tiene su escuadrón de auxiliares sumamente extraños. Su primer ayudante será su madre: mujer ignorante, algo estúpida y sin la menor idea de lo que es el poder, el gobierno, o inclusive la altísima posición a la cual ha llegado su hijo. Una vez, mientras él se prepara para un desfile presidencial de jubileo, ella pasa «por entre las guardias de honor con una canasta de botellas vacías» y, alcanzando la «limusina» presidencial, mete la canasta por la ventana y le grita al hijo: «ya que vas a pasar por ahí, aprovecha para devolver estas botellas en la tienda de la esquina» (pág. 51). ¿Tuvieron Edipo, Moisés o Cristo que contender con semejantes estorbos en la vida cotidiana? Pese a las cualidades personales de la madre, ella es para el patriarca durante toda la vida —y hasta en la muerte— su consejero principal. Es la última persona con quien él habla en los momentos finales de su vida: «que pase buena muerte, madre, le dijo, muy buena muerte, hijo, le contestó ella en la cripta» (pág. 268). La dependencia psicológica del patriarca de su madre se nota también por el hecho de que muchos de sus monólogos están dirigidos a ella. Según la psicología de la individuación (Freud, Jung, Fromm y otros), para llegar a ser verdaderamente independiente y «heroico», el héroe ha de desprenderse del padre y de la madre. Si no lo logra, su individuación resulta incompleta. Posiblemente no llega a ser más que un niño. Así sucede, en cierto sentido, con el patriarca.

Mientras la ayuda de la madre es primordialmente psicológica, la de los otros auxiliares —Saturno Santos, Patricio Aragonés, Rodrigo de Aguilar, José Ignacio Sáenz de la Barra— es más bien física. De estos cuatro, solamente el primero (Saturno Santos) es leal desde el principio hasta el fin[64]. Durante estos «buenos tiempos» (pág. 101) —antes de su otoño y de sus pruebas más difíciles— el patriarca viaja por todo el país, se comporta «patriarcalmente», y vive en constante contacto con su pueblo. Estos años equivalen —usemos una metáfora estacional— a la plenitud de su verano. Sus pruebas comienzan en serio con el descubrimiento de Patricio Aragonés, quien (al igual que los dos auxiliares que lo siguen) tiene la doble fun-

---

[64] Véase el siguiente artículo sobre Saturno Santos: Gordon Brotherston, «García Márquez and the Secrets of Saturno Santos», *Forum for Modern Language Studies* (Scotland), 15, núm. 2 (abril de 1979), 144-149.

ción de ayudar al patriarca y de oponerlo. Detrás de la máscara del auxiliar amistoso está la cara del enemigo.

Una parte del proceso de la educación de todo héroe mítico-religioso consiste en aprender cómo distinguir la verdadera cara detrás de la máscara, la realidad detrás de la ilusión o, como dice el pueblo en la novela al encontrar el cadáver del patriarca por segunda vez, la «otra verdad detrás de la verdad» (pág. 47). Aunque tendremos ocasión más tarde —en algunas páginas dedicadas al círculo hermenéutico— de seguir este proceso más detalladamente, detengámonos aquí brevemente en el episodio del desenmascaramiento de Patricio Aragonés. Como ya hemos indicado, Patricio Aragonés tiene dos caras (pero no hablamos aquí de su identidad como Patricio Aragonés y como el patriarca, sino de la cara de amigo y de enemigo). Cuando el patriarca le da el «empleo» de «vivir un destino que no era el suyo» (pág. 15), cree que le está haciendo un favor enorme, dándole «la ventaja de vivir como un rey sin la calamidad de serlo» (pág. 15). Lo trata amistosamente y hasta le presta sus concubinas (pág. 16). Un dardo envenenado destruye esta amistad forzada, y el patriarca se encuentra de repente no sólo cara a cara con la muerte (aunque la de Patricio Aragonés), sino también con la verdad. En su lecho de agonía, Patricio Aragonés lo desilusiona de su amistad. Abandonándolo en su «mundo de mierda» (pág. 27), don Patricio le dice: «nunca lo he querido como usted se imagina, sino que desde las témporas de los filibusteros en que tuve la mala desgracia de caer en sus dominios, estoy rogando que lo maten aunque sea de buena manera para que me pague esta vida de huérfano que me ha dado» (pág. 27). Momentos después, ya casi muerto, prosigue: «aproveche ahora para verle la cara a la verdad, mi general, para que sepa que nadie le ha dicho nunca lo que piensa de veras, sino que todos le dicen lo que saben que usted quiere oír, mientras le hacen reverencias por delante y le hacen pistola por detrás» (páginas 28-29).

Aprovechando la muerte de su doble para observar las reacciones de los súbditos y de la gente de la calle, el patriarca viste a don Patricio como si fuera él mismo y lo deja en la oficina para que la gente lo encuentre de acuerdo con «las aguas premonitorias de los lebrillos» (pág. 30). Él mismo se esconde a ver lo que pasa. Al igual que Huckleberry Finn y Tom Sawyer en el libro *Tom Sawyer* de Mark Twain, el patriarca se ve a sí mismo (es decir, a su doble) en la muerte. Ve «su» cadáver en el velorio, ve a los súbditos «desamparados de su autoridad» (pág. 32), ve a los que realmente sienten dolor por «su» muerte (son muy pocos), ve a los grupos de asalto que desbaratan el cadáver, ve «a sus viudas felices» (pág. 33) y a «sus sietemesinos haciendo músicas de júbilo» (pág. 33), ve a todos sus ministros «absortos en los abismos de la codicia» (página 34), buscando cómo «repartirse entre todos el botín de su muerte» (pág. 34). La cara de la verdad le muestra que casi nadie lo quiere, y que los que sí lo quieren no lo conocen; que casi todos lo prefieren muerto; y que él representa sobre todo el poder y la represión. Es aquí, en estas horas solitarias de su falsa muerte, donde comienza su verdadero otoño, su irreversible desilusión con los hombres. Aunque vive quizás un siglo más (García Márquez describe deliberadamente una cronología vaga), existe en un estado de progresivo abandono en su «madriguera» (pág. 32) presidencial, aislado por el poder, por la edad y por la desconfianza en los otros.

El conflicto con Patricio Aragonés equivale a la «lucha contra el hermano» o «el Otro», del cual el patriarca sale claramente victorioso, es decir, en vida. Aunque profundamente desilusionado, también sale de esta experiencia como un dios resucitado y, al interrumpir la reunión de los ministros donde todos quieren repartirse entre sí el botín del poder, se instala a sí mismo otra vez más en su acostumbrado sitio presidencial. En cierto sentido la gente ha presenciado aquí la apoteosis del patriarca; su resurrección demuestra su «divinidad» y su «inmortalidad». Como dice el patriarca: «yo no me pienso morir más, qué carajo, que se mueran los otros» (pág. 36).

Buen maestro, el Patricio Aragonés, y buen alumno, el patriarca. Aprende mucho en las horas que siguen a la muerte de su doble. Nunca dejará caer de sus propias manos las riendas del poder, y difícilmente se fiará de ningún otro hombre.

Sin embargo, como no le es posible gobernar *completamente* solo (no existe, como existen a veces los personajes de Borges, en un universo solipsista), tiene que depender de otros hombres. Depende primero de Rodrigo de Aguilar —quien *parece* ser amigo leal— hasta el momento en que, después de algunos intentos revolucionarios, su «voz interior» (pág. 123) le indica que el traidor es este «compadre del alma» y «cómplice sagrado» (pág. 124). Con crueldad increíble, pero nutrida por su desilusión otoñal, hace que horneen al general Rodrigo de Aguilar y que lo sirvan a sus ministros y oficiales «en bandeja de plata» (pág. 126) con sus medallas en el pecho y «una ramita de perejil en la boca» (pág. 127). Cuando cada uno de los súbditos ya ha recibido una ración igual de la carne de Rodrigo de Aguilar, el patriarca da «la orden de empezar, buen provecho, señores» (pág. 127) [65].

De acuerdo con el diagrama del señor Campbell, junto con la apoteosis del héroe puede ocurrir el matrimonio sagrado. Después de algún tiempo (los años pasan como los días en esta novela), ya de cierto modo deificado o divinizado por su resurrección, el patriarca se casa y entra en «la plenitud de su otoño» (pág. 93). Estos años de gloria acaecen antes de «la traición de su propio cuerpo» (pág. 260); es decir, antes de su definitivo derrumbamiento físico. El carácter divino del matrimonio del patriarca es fácil de establecer simbólicamente. No es sólo que se case con una monja («su única y legítima esposa», págs. 182, 190), esposa de Dios, según el rito católico, sino también que ésta se llame Leticia Nazareno, apellido asociado con Cristo [66]. Durante la ceremonia nupcial nace el hijo

---

[65] Esta escena es, obviamente, una parodia de la última cena de Jesucristo con sus discípulos. El patriarca reparte, entre los súbditos, no su propio cuerpo (simbólicamente), sino más bien el verdadero cuerpo de Rodrigo de Aguilar. Éste representa, por lo tanto, el Judas a quien no se le perdona la traición. El sacrificio de Jesucristo se convierte en la venganza del patriarca.

[66] Su nombre completo es «Leticia Mercedes María Nazareno» (página 180). Leticia, el nombre de una flor y el nombre de la madre de Napoleón, también significa «alegría, regocijo, deleite» (y ella lo es, para el patriarca); Mercedes es el nombre de la mujer de García Márquez; María

del patriarca, nombrado «Emanuel» conforme con las profecias del nombre del hijo de Dios (Cristo) en *Isaías* (7.14) y en *San Mateo* (1.23). El patriarca, padre de «Emanuel», se parecerá desde luego a Dios; o, metafóricamente, *es* Dios (ya, como hemos indicado, él mismo se ha dado «el nombre» de Dios: «Yo soy yo). Con el nacimiento de Emanuel comienza una «nueva época» (pág. 181), igual a la nueva época inaugurada por el nacimiento de Cristo. En la novela, sin embargo, el anuncio de la nueva época señala, desgraciadamente, el comienzo de «los malos tiempos en que el ejército acordonaba las calles antes del alba y hacía cerrar las ventanas de los balcones y desocupaba el mercado a culatazos de rifle para que nadie viera el paso fugitivo del automóvil presidencial» (pág. 181). Estos malos tiempos del pueblo son a la vez presagio de los futuros infortunios del propio patriarca. Éstos no tardan mucho en llegar. Presintiendo el inevitable asesinato de Leticia y de su hijo Emanuel y cansado de tanto protegerlos, el patriarca dice en el momento de aparente debilidad «que ya no es más, carajo, lo que ha de ser que sea pronto» (pág. 199), y, como si fuera una orden de Dios, apenas concebida la idea irrumpen dos edecanes en su oficina con la novedad del descuartizamiento de su pequeña familia por una manada de perros cimarrones.

Su tiempo de esposo en un matrimonio sagrado ha sido verdaderamente corto. No se casa de nuevo jamás en la vida, ni se enamora de otra mujer. El hacer el amor sólo llega a ser una manera de sobrellevar su soledad o de satisfacer los impulsos puramente físicos. Con el asesinato de su familia empieza la época de la «huida» definitiva del patriarca (véase el diagrama de Campbell). Huye de la vida cotidiana; casi no sale de su

---

es el nombre de la Virgen, y Nazareno es un «apellido» de Cristo o el nombre de una persona natural de Nazaret. Un nazareno, entre los hebreos era (es) una persona consagrada particularmente al culto de Dios. El nombre también trae a la imaginación la imagen de un Jesucristo vestido con un manto morado.

El casamiento con una monja tiene, obviamente, algo de blasfemia. En esta novela nunca se encuentra un simple respeto ante lo religioso. La blasfemia, claro está, contribuye a la desmitificación del héroe.

palacio. En esto recuerda históricamente a Papa Doc de Haití, entre otros. Esta época de luto —que duraría hasta la muerte si no fuera por el hecho de que, años después, se olvida de quién fue Leticia Nazareno— coincide con su creciente desinterés por gobernar. José Ignacio Sáenz de la Barra, empleado por el patriarca para encontrar a los asesinos de su familia, le dice (y él lo acepta como verídico): «Usted no es el gobierno, general, usted es el poder» (pág. 214), lo que parece contentarlo por el momento. El patriarca ignora que sin lo uno no es posible lo otro, y su poder poco a poco se reduce a cambiar las tramas de las radionovelas que escucha en su hamaca a las cuatro de la tarde. «Que no se muera [esta niña]», dice el patriarca de uno de los personajes en la radionovela, «que siga viva hasta el final y se case y tenga hijos y se vuelva vieja como toda la gente» (pág. 215). Manda, pues, solamente en el mundo ilusorio y efímero del arte y no en el real de la política y del gobierno. Brillante —y trágico— retrato de la senilidad y de la pérdida del poder. Después recobra el patriarca —eso sí— algo de su antigua astucia y logra vengarse de José Ignacio Sáenz de la Barra, a quien un día la gente encuentra «macerado a golpes, colgado de los tobillos en un farol de la Plaza de Armas y con sus propios órganos genitales metidos en la boca» (pág. 239).

A pesar de este triunfo sobre su enemigo, el patriarca no puede impedir la marcha del tiempo y la decadencia de su cuerpo y de su mente. En estos años de las «postrimerías de su otoño» (pág. 247), mientras arrastra «sus densas patas de monarca cautivo» (pág. 215) por los corredores de su palacio, semeja un abuelito inútil y olvidado, una molestia más que una persona. Poco queda de la figura patriarcal. Hasta le gritan unos carpinteros y albañiles del palacio (sin saber quién es): «que se aparte de aquí viejo pendejo que se va a cagar en la mezcla, y él se apartaba, más obediente que un soldado» (página 227). Sufre la desgracia de tener que vender el mar a los norteamericanos y de ver desde las ventanas de su palacio no el agua del Caribe, sino el polvo del desierto. Además, padece una última aflicción de viejo senil cuando se interesa sexualmente por muchachitas de escuela.

Triunfal es, generalmente, el «regreso» del héroe, aunque en el umbral del regreso haya tenido que abandonar —según el señor Campbell— sus «fuerzas trascendentales». Sin embargo, trágico y patético es el regreso del patriarca, pues no digamos que regresa de otro mundo a la vida cotidiana, sino que «entra» —y muy naturalmente— al mundo de la senilidad. No solamente pierde todos sus poderes patriarcales, sino también todos los naturales de la juventud: pierde, por ejemplo, la memoria y sufre la sordera de la vejez. ¿Dónde está el hombre que podía corregirle los errores a Dios? El mito del patriarca resulta desmitificado.

El héroe mítico-religioso, al encontrarse en el umbral del retorno, generalmente puede elegir entre dos destinos. Por una parte, puede rehusar el regreso al mundo cotidiano y decidir dedicarse únicamente al eterno, tratando de unificarse con el universo: éste es el ideal nirvánico de los santos hindúes de la India. La «huida» definitiva y el nirvana de los hindúes se logra finalmente con el no nacer de nuevo en el mundo. Puede, por otra parte, aceptar la responsabilidad de regresar al mundo cotidiano y de traer consigo el «elixir» que ha de ayudar a la gente. Cristo, regresando por cuarenta días, trae su mensaje de salvación; Buda, regresando por muchos años y labrando como Boddhisatva, trae el mensaje de la iluminación. Irónicamente, el patriarca ni efectúa una huida final al nirvana (aunque sí muere), ni regresa al mundo con el «elixir». Pero sí hay elixir. ¿Qué será, entonces? ¿Cómo ha de liberar el patriarca a su pueblo? Aquí García Márquez invierte las fórmulas del mito y hace del propio patriarca el elixir; mejor dicho, su cadáver —no su persona— trae el elixir. Precisemos: el pueblo ha existido durante siglos bajo el yugo dictatorial del patriarca; con el anuncio de su muerte estallan «los cohetes de gozo y las campanas de gloria», los «himnos de júbilo» y las «músicas de la liberación» (pág. 271). Generalmente, un elixir anuncia una nueva época, una nueva era o la posibilidad de un reino o una existencia utópicos. Sin embargo, las campanas que celebran el deceso (ya definitivo) del patriarca dan a conocer al mundo «la buena nueva» (palabras que sarcásticamente traducen el vocablo «evangelio») no de la vida eterna, sino del fin del «tiempo incontable de la eternidad» (pág. 271) del reino del patriarca. Con el elixir —con su muerte— parece ocurrir finalmente la desmitificación del patriarca. Digo «parece» porque existen dificultades para esta interpretación.

En el apartado sobre «el círculo hermenéutico» en la novela analizaremos con más detalles los aspectos más importantes de este problema interpretativo. Allí veremos cómo, junto con la desmitificación «final» del patriarca, ocurre su mitificación; cómo, metafísica y metafóricamente, el patriarca es nada menos que todo un mito, y cómo este mito hasta ha sido creado por su pueblo. Allí trataremos, en fin, de descubrir «la verdad» sobre el patriarca.

LOS CÍRCULOS DE LA NOVELA

Esta sección se divide en tres partes desiguales. Primero se considerarán, brevemente, algunos aspectos del tema del tiempo (principalmente en relación con el de la «rutina»); luego, unos aspectos del tema del espacio (en relación con el de la «dictadura»). Finalmente, y con más atención, se estudiará el denominado «círculo hermenéutico». El análisis hermenéutico enfocará lo que García Márquez ha llamado los «puntos narrativos [...] múltiples [...] alrededor del cadáver del patriarca»[67].

1. EL TIEMPO Y LA RUTINA. — García Márquez declaró una vez que «*El otoño del patriarca* es una novela totalmente lineal, absolutamente elemental, donde lo único que se ha hecho es violar ciertas leyes gramaticales en beneficio de la brevedad y la concisión, es decir, para poder trabajar el tiempo»[68]. En dos ocasiones contradijo esta declaración al afirmar que *El otoño del patriarca* era circular. «*La hojarasca*», dijo en 1976, «no es lineal, tiene la misma estructura que *El otoño del patriarca*,

---

[67] Véase la nota núm. 69, abajo.
[68] Entrevista por el equipo de redacción de «El Manifiesto» (Bogotá, 1977), recogida en *García Márquez habla de García Márquez*, recopilación de Alfonso Rentería Mantilla (Bogotá, 1979), pág. 166.

sólo que en aquélla la narración está desarrollada desde tres puntos de vista alrededor de un cadáver, igual que en *El otoño*, pero con la diferencia de que los puntos narrativos de mi última novela son múltiples, aunque también alrededor de un cadáver»[69]. Un año más tarde, en 1977, *El otoño del patriarca* se describió otra vez como un regreso a la estructura circular de *La hojarasca*[70].

En una entrevista con Ernesto González Bermejo, al responder a una pregunta sobre «el tiempo como concepto», García Márquez dijo que ese concepto no le importaba «para nada»:

> Te pongo un ejemplo: un día, el dictador despierta. Es un dictador que ha sido puesto por los infantes de Marina que un día se van, previa firma de un tratado que les garantiza la administración vitalicia de las aduanas y el derecho a volver a ocupar el país en caso de recrudecimiento de la fiebre amarilla, se van y dejan un acorazado en el puerto que queda pudriéndose. Un día, el dictador despierta y se levanta, y encuentra que todo el mundo en el palacio tiene bonetes colorados: las criadas que están barriendo, los tipos que traen la leche, los ordenanzas que están descargando hortalizas. Entonces pregunta:
>
> «¿Qué está pasando que todo el mundo tiene bonetes colorados?»
>
> [...]
>
> Ha llegado Cristóbal Colón.
>
> Por esto verás cómo estoy tratando el problema del tiempo. A mí me importa que todo esto haya sido historia en un momento; ahora, el orden cronológico no me importa en absoluto.
>
> Con los objetos sigo el mismo criterio: si por conveniencias poéticas me interesa que el dictador vaya en un Cadillac blindado, va en un Cadillac blindado; si poéticamente me interesa más que vaya en una carroza del siglo diecinueve, va en una carroza del siglo diecinueve. Y el mismo día sale en la carroza y vuelve en el Cadillac. Eso no tiene importancia. Y da muchos recursos literarios[71].

---

[69] Entrevista por Prensa Latina, en «Triunfo» (Madrid, 1976), recogida en *García Márquez habla de García Márquez*, pág. 135.
[70] Entrevista por el equipo de redacción de «El Manifiesto» (Bogotá, 1977), recogida en *García Márquez habla de García Márquez*, págs. 162-163.
[71] Entrevista por Ernesto González Bermejo, en «Triunfo» (Madrid, 1971), recogida en *García Márquez habla de García Márquez*, pág. 58.

Esta explicación es fascinante. Según leemos, el tiempo como concepto, que parece ser el histórico y lineal (el tradicional «orden cronológico»), no importa en absoluto. Sin embargo, detrás de esta negación del tiempo histórico se encuentra la afirmación indirecta de otro concepto del tiempo: el mítico. Es decir, el hecho de que una cosa haya existido *alguna* vez, en *un* tiempo (éste es el significado, por ejemplo, del inicio folklórico «érase una vez»), permite que exista siempre. Esta idea sumamente mítica es —para identificarla de nuevo— la del presente eterno (que se concreta en la técnica del eterno retorno), idea que ya utilizamos en el análisis de *Cien años de soledad* y que discutimos en la introducción como base de la conciencia mítica. Según este concepto, no será absurdo ni el encontrar, en el mismo mar y en el mismo momento, las carabelas de Colón y un acorazado del siglo XX, ni el andar, en el mismo día y de manera natural, en una carroza del siglo XIX y en un Cadillac del siglo XX.

El tema —y la técnica— del eterno retorno pueden estudiarse bajo varios aspectos, uno de los cuales es, obviamente, el de la repetición. Ésta, en general, es imprescindible en toda ficción mítica y folklórica. En nuestro análisis de *Cien años de soledad* ya estudiamos, bajo el concepto del *Uroboros*, la técnica de la repetición mítica de los nombres de los varones Buendía y de la presencia, en cada miembro de la familia, de la soledad y de la vocación incestuosa. En nuestro capítulo sobre la cuentística de García Márquez entre los años 1968 y 1972, vimos cómo la repetición unía los cuentos de estos años con la ficción del pasado, cómo anticipaba el futuro y cómo funcionaba —estructural y temáticamente— en el cuento de la cándida Eréndira y de su abuela desalmada. La repetición no es menos importante en *El otoño del patriarca*. La misma técnica, sin embargo, puede cobrar matices diferentes.

En el caso del patriarca, se encuentra una forma muy significativa de la repetición en el tema de la «rutina». Ésta se puede definir como la circularidad cotidiana en la vida del individuo. Por medio de un análisis de la rutina se llegará a entender mejor algunos aspectos fundamentales de la novela: la relación del poder con la vida cotidiana, las vicisitudes de la vejez, los efectos de la abulia y de la soledad. Todos estos aspectos componen, para García Márquez, el tema generalmente conocido por su término latino: *sic transit gloria mundi*.

El patriarca se pasa toda la vida adquiriendo poder y riqueza personal. Al fin, sin embargo, vive como cualquier campesino pobre (he aquí otro círculo de la novela: de vida campesina a vida campesina). Por lo general, mientras más poder se adquiere, menos se necesita ejercerlo físicamente. Paradójicamente, por otra parte, para mantenerlo, debe ejercerse continuamente. La mayoría de las veces este ejercicio consiste en dar órdenes. El patriarca no parece comprender las cualidades contradictorias de su poderío, de modo que, cuando llega a ser dictador «absoluto», piensa por momentos que tiene muy poco que hacer. Es entonces cuando se aburre; y al aburrirse otorga más y más importancia a sus rutinas diarias. La presencia de éstas en la novela manifiesta el *estancamiento* personal, la abulia existencial: está *pudriéndose* en vida [72]. Este retrato de la figura más rica y más poderosa del país es sumamente irónico (y trágico). Por más que quisiéramos negarlo, tal destino nos espera a casi todos, especialmente si tenemos «la buena fortuna» de llegar a una edad bien avanzada. García Márquez sólo exagera la condición universal de *sic transit gloria mundi*; y no solamente la gloria del *mundo*, sino además la del *cuerpo* y la de la *mente*.

Detengámonos unos breves momentos en una rutina particular del patriarca. No menos de cinco veces (págs. 68 y sigs., 114-115, 207, 216-217, 266 y sigs.) se describe su «ritual» nocturno antes de acostarse. Éste se repite *todas* las noches de su largo reino. Notemos, al repasar estas escenas, la deliberación con que García Márquez «construye» su prosa. Por medio de la variación de detalles pequeños cambia el sentido de cualquier episodio.

---

[72] Recuérdese que, en la primera oración de la novela, los gallinazos remueven con sus alas «el tiempo *estancado* en el interior» del palacio del patriarca, dejando escapar el hedor de su «*podrida* grandeza».

Generalmente, García Márquez describe las actividades de su héroe de acuerdo con el horario de la noche: a las ocho, el patriarca hace tal cosa; a las nueve, otra; ... hasta que, poco después de las doce, se acuesta. El orden en que hace las cosas casi no varía. Primero suele ponerle el alimento a las vacas o a las gallinas, o revisar la casa por encima. Después, a las ocho (págs. 265-266), o a las nueve (págs. 68, 114), hace el amor con cualquier mujer que encuentra a su alcance. Aunque los detalles de cada seducción varían entre sí, se narran de maneras paralelas. Después del episodio del amor, el patriarca examina las vacas o las cuenta; revisa las 23 falleras de las 23 ventanas; cuenta las gallinas; tapa la jaula de los pájaros (cuenta 48 pájaros en la pág. 69; vuelve a contar el mismo número muchísimos años después en la pág. 266). Apaga las luces y recorre una vez más el palacio. Busca detrás de las cortinas y debajo de las mesas (busca a un hombre en la pág. 67; una vaca extraviada en la pág. 267). Cierra todo con llave. Le dice buenas noches a su madre (págs. 69, 216, 268). Cuando dan las doce, pasa «las tres aldabas, los tres cerrojos, los tres pestillos» (páginas 70, 115), o solamente seis de las cerraduras (págs. 216, 268). Después de orinar en la letrina portátil (págs. 70, 115, 268), se echa en el suelo, durmiéndose en el acto. Después de unas dos horas suele despertarse (a las 2,10 ó 2,45). Oye voces, por ejemplo, un coro de niños secuestrados (pág. 115), o ve fantasmas (a Manuela Sánchez, en la pág. 70; la figura de la muerte, en las págs. 268-269). Así se pasan todas las noches del patriarca.

La presencia de tantas rutinas triviales en la vida del patriarca permite el hecho de que éstas puedan cumplirse, en parte, sin que las lleve a cabo *este* patriarca en particular. Permite, por tanto, la reducción radical de su poder. Veamos un ejemplo. Con este bosquejo de la rutina nocturna del patriarca a mano, detengámonos en el episodio de la noche en que se celebra el «centenario de su ascenso al poder» (pág. 216). Ésta es la época en que José Ignacio Sáenz de la Barra ejerce el poder detrás del poder, el «verdadero» gobierno en el reino del patriarca, dejándole a él, como ya hemos dicho, únicamente el control sobre los argumentos de las radionovelas.

El mundo del patriarca

El centenario celebra, en efecto, «una gloria que no era la [del patriarca]» (pág. 217). Como se verá, el Mesías hispanoamericano, el hombre que le había corregido los errores a Dios, se ha convertido en un «monarca cautivo» (pág. 215) en su palacio. La pérdida del poder en el campo político se simboliza —trágica y patéticamente— por medio de la pérdida del dominio sobre la rutina nocturna.

Como siempre, cuando dan las ocho el patriarca revisa la casa, pero encuentra que

> alguien antes que él había cambiado el pienso a las vacas, se habían apagado las luces en el cuartel de la guardia presidencial, el personal dormía, las cocinas estaban en orden, los pisos limpios, [... que] alguien había pasado las fallebas de las ventanas y había puesto los candados en las oficinas a pesar de que era él y sólo el quien tenía el mazo de llaves, las luces se iban apagando una por una antes de que él tocara los interruptores desde el primer vestíbulo hasta su dormitorio (pág. 215).

Ahora el patriarca no sirve ni para apagar las luces. Mientras en otras escenas había tumbado de un zarpazo a cualquier mujer que encontraba, ahora no da con ninguna. Sáenz de la Barra, sutil pero efectivamente, lo ha «castrado». Otras noches, caminando con una lámpara, se había visto reflejado 14 veces en los espejos; ahora los «espejos oscuros» (págs. 215-216) no dan reflejo alguno del patriarca «en tinieblas» (pág. 215). Ha perdido hasta la identidad reflejada. En otras escenas había cubierto (y contado) los pájaros dormidos en sus jaulas; aquí solamente contempla por un momento «las jaulas de los pájaros muertos» (pág. 216). En otros tiempos le había dicho las buenas noches a su madre, y ella siempre le había contestado; aquí, aunque murmura «que pase buena noche [...] como siempre [...], nadie le [contestó]» (pág. 216). En esta noche percibe, al llegar a su dormitorio, «una fragancia de hombre, [y siente] la densidad de su dominio» (pág. 216). «¿Quién vive?», pregunta, como había preguntado por muchos años. José Ignacio Sáenz de la Barra se desprende de la oscuridad. Le recuerda la ocasión: el centenario de su ascenso al poder. En vista de lo que acabamos de leer, nada podría ser más irónico que este anuncio. La patria sí está en fiesta, pero «toda la patria menos él» (pág. 216). En otras escenas, él y la patria se encontraban en las mismas condiciones, pues él había sido la patria. Ahora no. Ahora se ve obligado a rechazar la «invitación» de Sáenz de la Barra de que participe en la celebración «en medio del clamor y el fervor de su pueblo» (pág. 216). Ahora pasa «más temprano que nunca las tres aldabas» (pág. 216) y se acuesta a dormir. Hemos presenciado la rutina —o la no-rutina— de un patriarca fracasado.

Al demostrar qué aferrado está un jefe de estado a su rutina trivial, y cómo ésta llega a cobrar tanta importancia, García Márquez nos hace comprender cuán innecesarios son los individuos particulares que ocupan las posiciones del poder en cualquier gobierno. También, al «retornar eternamente» sobre estas rutinas nocturnas, y sobre sus cambios, García Márquez presenta una imagen inolvidable de la soledad del poder, del estancamiento personal, de la abulia y de la desesperación de un viejo despojado hasta de su identidad. Vivir una vida de rutina es vivir sin razón» [73]. Es deshumanizarse. A despecho de todo lo que se hace para otorgarle importancia a una persona (como un tirano o un presidente), éste al fin termina como casi todos los demás hombres: solo, inútil, reducido a concentrarse en la repetición de los actos más básicos de la vida, como apagar las luces, orinar y acostarse a dormir.

2. EL ESPACIO Y LA DICTADURA. — De las páginas anteriores el lector, sin duda, habrá notado que la rutina del patriarca siempre es más o menos circular en relación con el espacio que recorre [74]; es decir, que *da vueltas* por el palacio. Como si

---

[73] Véase la acepción de «rutina» en el *Diccionario de uso del español*, de María Moliner: rutina es una «costumbre de hacer cierta cosa o de hacerla de cierta manera, que se sigue manteniendo *aunque ya no haya razón para ello* o la haya en contra».

[74] Roberto Onstine, en su artículo sobre «el espacio imaginario» en *El otoño del patriarca*, designa los «tres núcleos gráficos» de la novela como la casa presidencial, la mansión de Bendición Alvarado y la casa

El mundo del patriarca

estuviera encerrándose en varios círculos concéntricos, cada uno más pequeño que el previo, se despide poco a poco del mundo exterior, aislándose al fin en su cuarto, en el centro del palacio. Este cuarto podría denominarse el *axis mundi* de la obra e incluso del propio patriarca. Es el centro y el origen del poder, de la creación y del misterio [75]. Cada noche, al encerrarse en este cuarto, el patriarca se pone en contacto —simbólicamente, diríamos— con las fuerzas misteriosas que le han otorgado su larga vida y sus poderes asombrosos.

Al encerrarse en cada círculo de su palacio, y a veces con llave, el patriarca se cree cada vez más seguro, mejor defendido. El vocablo militar «defensa», junto con la imagen del círculo, traen a la memoria —y no por coincidencia— el castillo medieval rodeado por un foso, sus muros casi impenetrables, sus puertas macizas, sus candados, sus aldabas, sus pestillos y sus centinelas bien armados, todo para la protección del «rey» en el centro. Decimos «no por coincidencia», en parte, porque la imagen del castillo asediado se encuentra ya en las primeras páginas del libro. Sin embargo, después de la muerte del patriarca, las defensas no impiden la fácil penetración del pueblo en el centro del poder (y del palacio).

Tal sentido del espacio literario en las primeras páginas, válido para la novela entera, también está de acuerdo con la estructuración política de la sociedad feudal y medieval. En el siglo XX, la forma social y política que más se asemeja a la feudal y monárquica del medioevo es la dictatorial: la estructuración de ambas formas es circular. Apoyándonos en un interesante estudio, aún inédito, del profesor Russell O. Salmon, de la Universidad de Indiana [76], expliquemos el sentido político del espacio en *El otoño del patriarca*.

---

de Manuela Sánchez (pág. 428). Véase Onstine, «Forma, sentido e interpretación del espacio imaginario en *El otoño del patriarca*», *Cuadernos Hispanoamericanos* (Madrid), núm. 317 (noviembre de 1975), 428-433.

[75] Véase Mircea Eliade, *Le mythe de l'éternel retour: archétypes et répétition* (Paris, 1949), especialmente el capítulo sobre «el simbolismo del centro».

[76] Véase Russell O. Salmon, «The Structure of Personal Power: Politics and the Hispanic Novel» (manuscrito). Citado con permiso del autor.

El profesor Salmon distingue entre la forma gubernamental que obra por cambios (sean radicales o no) de acuerdo con los deseos del pueblo, y la que desea mantener el *status quo*. Históricamente, la figura central de la primera forma (la liberal y democrática) es el presidente; la de la segunda (la autoritaria y conservadora) es el rey y, más tarde, el déspota o el dictador. La forma liberal y democrática se representa gráficamente como un triángulo, compuesto del presidente (el poder ejecutivo), del Congreso (el poder legislativo) y de los tribunales (el poder judicial). Entre estos tres poderes ha de existir un equilibrio. Ninguno de ellos ha de ser más importante que los demás. Teóricamente, esta estructuración del gobierno ha de evitar el abuso del poder y los atentados revolucionarios (en la práctica, claro está, la cosa es algo diferente).

La otra forma gubernamental, la conservadora y autoritaria, se representa como varios círculos concéntricos en cuyo centro se encuentra el rey o el dictador, rodeado por sus consejeros; éstos por el ejército, y éste por el pueblo. Fácilmente se aplica el modelo autoritario-conservador a *El otoño del patriarca*, ya que la organización concéntrica del espacio en la novela coincide con la «estructura» social de la dictadura del patriarca. En el centro del palacio-castillo está, obviamente, el patriarca, y alrededor de él se mueven los demás personajes: los consejeros (por ejemplo, Rodrigo de Aguilar, José Ignacio Sáenz de la Barra); el ejército; el pueblo y el país; e inclusive los extranjeros (por ejemplo, los españoles de Colón y los «gringos imperialistas»).

En el modelo democrático-liberal, el pueblo tiene acceso al gobierno por medio de su representación en el Congreso. En el modelo autoritario-conservador, el pueblo puede hacerse escuchar generalmente sólo por medio de una progresiva invasión de los círculos concéntricos. Es ésta una razón por la cual el patriarca —efectivamente el «eje» del país y el «centro» del poder— vive en un estado de asedio permanente. Al igual que el coronel Aureliano Buendía, quien, casi todopoderoso, se había aislado en su círculo protector de tiza (v. *Cien años de soledad*, página 146), el patriarca procura mantenerse en el centro de su

El mundo del patriarca

poder y en el centro de sus varios círculos protectores. El poder aísla; el poder absoluto aísla absolutamente.

Cabe notar —especialmente en relación con *Cien años de soledad* y hasta con la reciente *Crónica de una muerte anunciada*— cuán pocos son los personajes importantes de la novela, y esto por razones «políticas» y «espaciales» o «estructurales». El aislamiento personal del dictador parece ser una situación constante en toda dictadura. Generalmente, el acceso al dictador se limita por dos motivos: 1) hay un peligro continuo de asesinato; 2) el dictador no cree que sea necesario consultar con el pueblo, o con sus representantes, para poder gobernar. Creerlo sería ir en contra del «código» dictatorial. La mayoría de las veces que el patriarca se deja ver entre su pueblo es en ocasiones más o menos ceremoniales, donde el contacto es breve e impersonal. Contamos únicamente cinco personajes (tres hombres y dos mujeres) que tienen «entrada» al centro patriarcal: Patricio Aragonés, Rodrigo de Aguilar, José Ignacio Sáenz de la Barra, Bendición Alvarado y Leticia Nazareno. Cada uno, por razones y motivos diferentes, se encuentra en el centro del poder con el patriarca [77].

Al salir del palacio, el patriarca suele llevar consigo los círculos protectores. Viaja, la mayoría de las veces, en coche cerrado, dejando ver sólo su mano. Su modo de transporte funciona, desde luego, como un foso o un muro portátil. Además, suele ir a otro lugar asegurado: al asilo de los dictadores de otros países, a la casa de su madre a dormir la siesta (y las tropas protegen la casa), o a la casita de Manuela Sánchez (en este caso sus tropas se han apoderado del barrio entero). El descuido de los círculos protectores (del palacio o de la carroza

---

[77] No incluimos a Saturno Santos y a Manuela Sánchez en la lista de personas que tienen acceso al centro del *poder*: el uno porque ni es usurpador ni tiene nada que ver con el acto de gobernar (es sólo un guardaespaldas); la otra porque desde el principio hasta el fin no es más que una doncella intocable para quien el patriarca es un viejo patético e incomprensible. Tampoco incluimos, por razones obvias, a las concubinas, a los sietemesinos, o a los pocos ciudadanos a quienes —de paso— el patriarca trata amistosamente.

o limusina presidencial) hace posible la única «tragedia» del libro: la muerte de Leticia Nazareno y de su hijo Emanuel, atacados y devorados por perros cimarrones *al aire libre*. El patriarca, para mantenerse indefinidamente en el poder, tendría que mantener *inviolable* su centro, cosa difícil y, al fin y al cabo, humanamente imposible. Ante la muerte, en la última noche de vida del patriarca, no hay defensa ninguna.

No limitemos el concepto del *axis mundi* al palacio del patriarca, a su cuarto, ni siquiera a su poder. En un catálogo épico, García Márquez designa el país del patriarca como el centro de un universo. Después de haber inaugurado la casa de los dictadores jubilados, el patriarca se asoma a la terraza y ve

> el reguero de islas alucinadas de las Antillas [...] el volcán perfumado de la Martinica [...] el mercado infernal de Paramaribo [...] la playa de Tanaguarena [...] el ciego visionario de la Guayra [...] el agosto abrasante de Trinidad [...] la pesadilla de Haití [...] Curazao [...] Cartagena de Indias [...] el *universo completo* de las Antillas desde Barbados hasta Veracruz ((págs. 43-44, cursiva nuestra).

Este catálogo trae a la memoria, naturalmente, el de Borges en «El Aleph», cuya relación con *Cien años de soledad* hemos analizado ya. El mundo del patriarca es también un mundo *Aleph*, pero a su modo y de acuerdo con su voluntad. Inmediatamente después de ver el universo del Caribe desde la terraza, el patriarca evoca y vive de nuevo «el histórico viernes de octubre» (pág. 44) en que llega Colón al Nuevo Mundo. Este salto cronológico de tantos años es posible precisamente porque el patriarca —vivo o muerto— funciona como el centro del espacio y del tiempo de la novela. García Márquez, en efecto, afirma esto en otro capítulo más adelante: «no había otra patria que la hecha por él a su imagen y semejanza con el *espacio cambiado* y *el tiempo corregido* por los designios de su *voluntad absoluta*» (pág. 171) (cursiva nuestra).

Sin embargo, el «eje» patriarcal no es eterno, como tampoco lo era el «eje» de los Buendía, que continuaría dando vueltas para siempre si no hubiera sido por su progresivo desgaste (v. *Cien años de soledad*, pág. 334). El círculo, generalmente símbolo de la perfección [78], no puede impedir el derrumbe inevitable de su cuerpo. El tiempo, asediador perpetuo de todo lo humano, invade y destruye su espacio personal. Al fin y al cabo, el patriarca es mortal.

3. EL CÍRCULO HERMENÉUTICO. — «Hermenéutico»: la palabra deriva del griego, que significa «interpretar» o «explicar», y la hermenéutica tradicionalmente se ha considerado como el «arte de interpretar textos para fijar su verdadero sentido, y especialmente el de interpretar los textos sagrados» (*Diccionario de la Real Academia Española*). Al proponer una «hermenéutica» de *El otoño del patriarca*, utilizamos la palabra no sólo en la acepción de tratar de «fijar el verdadero sentido» de la novela, sino además en la establecida por los filósofos alemanes Heidegger y Gadamer [79].

Según ellos, al interpretar cualquier cosa, y no importa qué cosa ni a qué nivel, el intérprete se encuentra en un «círculo hermenéutico» con aquello que intenta explicar. Ni comienza ni prosigue su interpretación fuera de dicho círculo, ya que todo nuevo entendimiento siempre se fundamenta en lo que ya se sabe. Dicho «preconocimiento» (*Vorverständnis*) [80] del objeto se denomina, según Heidegger, la «ante-estructura del etendimiento». Por ejemplo, se entiende cómo funciona el lenguaje sólo por medio del lenguaje mismo. Para entender a cualquier

---

[78] En la religión, por ejemplo, el círculo simboliza la perfección divina. Una de las definiciones de Dios en el medioevo era la siguiente: «Deus est sphaera cujus centrum ubique». Véase, en general, el estudio de Georges Poulet, *Les métamorphoses du cercle* (Paris, 1961).

[79] Véase, en general, a Heidegger, *Sein und Zeit* (Halle, 1927), traducida por José Gaos como *El ser y el tiempo* (México, 1951); a Gadamer, *Wahrheit und Methode: Grundzüge einer philosophischen Hermeneutik* (Tübingen, 1960). No hemos podido consultar a Gadamer en español. Una buena explicación de la hermenéutica moderna se encuentra en David Couzens Hoy, *The Critical Circle: Literature and History in Contemporary Hermeneutics* (Berkeley, California, 1978).

[80] El término *Vorverständnis* proviene de Gadamer.

filósofo utilizamos la filosofía y lo que ya sabemos del pensamiento y del estilo filosófico de pensar y de escribir. Lo que ya entendemos, junto con lo que *somos* —es decir, nuestra historicidad particular: nuestra educación, país de origen, personalidad, política, nuestro conocimiento histórico y literario, etc.— constituyen, según Gadamer (quien aquí sigue a su maestro Heidegger, pero con un vocabulario distinto), nuestros *Vorurteile*, palabra que debe traducirse como «preconcepciones». Nuestras preconcepciones son, simplemente, todo lo que aportamos a la obra. Éstas nos «predisponen» hacia una interpretación o hacia otra. Con el estudio, con la lectura, o con las experiencias vitales, las preconcepciones pueden variar y «evolucionar».

Naturalmente, es imposible entenderlo todo en un texto, aun si conociéramos personalmente, y muy bien, al autor. Pocos serán los lectores, por ejemplo, que podrán decir de cualquier obra literaria lo que dijo Alfonso Fuenmayor, amigo de García Márquez, al terminar *El otoño del patriarca*: «Ésta es una de las mejores autobiografías que he leído en mi vida»[81]. Todo entendimiento —sea de literatura, de arte, de filosofía, o incluso de conversaciones entre amigos— es parcial e incompleto. Al entender, al interpretar, progresamos de un estado de ignorancia *hacia* otro de conocimiento; es decir, poco a poco *apren-*

---

[81] Véase la entrevista por Eva Norvind, en «Hombre de Mundo» (México, 1977), recogida en *García Márquez habla de García Márquez*, pág. 152. Nótense también las siguientes respuestas autobiográficas a un cuestionario (creado por Marcel Proust, años atrás); éstas recuerdan al patriarca:

¿Su sueño dorado?	Ser eterno.
¿Su mayor desgracia?	La sospecha que no lo soy [eterno].
¿Su color preferido?	El amarillo del mar Caribe a las tres de la tarde en Jamaica.
¿Su ideal de felicidad en la tierra?	La posibilidad de amar para siempre.
¿Quién es su personaje histórico favorito?	Julio César asediado por los augurios.
¿Cuál es el don natural que quisiera tener?	El don de la adivinación.

(*García Márquez habla de García Márquez*, págs. 156-157)

El mundo del patriarca 245

demos más y más del objeto de nuestra interpretación. Generalmente, este proceso consiste en un vaivén —quizás una dialéctica— entre lo que ya se sabe y lo que no se sabe todavía. Por medio de este vaivén ampliamos nuestro «horizonte» (el término proviene de Gadamer) para incluir más y más el horizonte del texto (y, naturalmente, el del autor)[82]. Este proceso es infinito[83].

Aunque creemos que lo ha hecho inconscientemente, García Márquez parece haber escrito *El otoño del patriarca* de acuerdo con las normas del círculo hermenéutico. Él, al igual que Heidegger y Gadamer, considera que todo conocimiento es parcial. Siempre hay otra versión detrás de la recibida o de la leída, «otra verdad detrás de la verdad» (pág. 47). Digámoslo de otra manera. Nuestra experiencia de *El otoño del patriarca* estriba en una constante, progresiva, pero siempre incompleta desilusión. Después de cada desenmascaramiento se descubre otra máscara; detrás de cada desciframiento se encuentra otra cifra; detrás de cada desmitificación existe otro mito. La verdad del texto —como la de la vida, en general— se manifiesta sólo gradualmente y, al fin, sólo parcialmente. En esta novela, la hermenéutica procede en dos niveles simultáneamente. Un nivel consiste en el enfrentamiento entre el lector y el texto de la

---

[82] Toda interpretación consiste, según Gadamer, en la unión de dos horizontes o dos «arcos» —uno del lector, otro del texto— dentro del círculo hermenéutico en que existen ambos. Ya que no es posible la identidad de los horizontes del lector y del texto, tampoco es posible una interpretación *total*.

[83] A pesar de la relectura y del estudio minucioso de la novela, el horizonte del crítico puede incluir graves errores. Por ejemplo, interpretar la novela, como Roberto Onstine, sin comprender que Patricio Aragonés es el *doble* del patriarca (y no el propio patriarca) es interpretarla sin conocer una de sus «verdades» más fundamentales. En este caso, el «horizonte» de Roberto Onstine es deficiente, y él podrá llegar a una interpretación mejor fundamentada solamente al ampliarlo de una manera correcta. (Véase arriba, pág. 164, la nota núm. 3 de «Hacia *El otoño del patriarca*».) Hemos apartado el error del señor Onstine por ser fácil de comprobar y de corregir. Su situación es universal: no existe un solo lector (y, obviamente, me incluyo a mí mismo) cuyo horizonte no sea deficiente de alguna manera.

novela entera; otro, entre el «nosotros» narrativo y la muerte del patriarca. Esta muerte puede considerarse hasta como otro «texto» que hay que descifrar, acto en que participan tanto los lectores como el pueblo o los súbditos del patriarca. Descubrir la verdad sobre la muerte del patriarca equivale a «entender» la novela.

En los inicios de los seis capítulos de la novela, García Márquez ha presentado una fenomenología de la experiencia de leer y de entender. Estos comienzos «encarnan» la dinámica del círculo hermenéutico. Al analizarlos —uno por uno— preguntémonos lo siguiente: ¿Qué será lo que el narrador (un «nosotros» que identificamos la mayor parte del tiempo como el pueblo en general, pero que también representa voces individuales) entiende de lo que está viendo? ¿Qué será lo que los lectores de la obra han de entender en la primera lectura? ¿Qué hemos aprendido de cada capítulo que guíe nuestra comprensión del siguiente? Finalmente, ¿cómo hemos de entender los seis inicios una vez llegados al fin de la novela y descubierta «la verdad» sobre la muerte del patriarca o, si no la verdad definitiva, otra versión más de la verdad[84]. Trataremos —capítulo por capítulo— de «fijar el verdadero sentido» de la novela, de ampliar nuestro «horizonte» de «pre-conocimientos», de «preconcepciones».

Capítulo I

Primero hemos de establecer una base para las siguientes comparaciones. Por lo tanto, resumamos —comentándolo— el argumento de las primeras páginas. En la primera oración de la novela no se menciona al patriarca por su nombre. Sin embargo, sabemos que tenemos que ver con un «muerto grande»

---

[84] Alastair Reid encuentra, en *El otoño del patriarca*, una dialéctica entre la ilusión y la verdad, o lo que se cree que es la verdad: «The book's preoccupation is with appearance, deception and illusion, with lies transformed into illusions by the power of belief. Behind illusion there is only solitude —in this case, the solitude of power.» Véase Reid, «Basilisks' Eggs», *The New Yorker* (8 de noviembre de 1976), pág. 206.

y con una «podrida grandeza». Al igual que Tolstoi en su famoso cuento *La muerte de Iván Ilyich*, García Márquez empieza su novela con la muerte de su «héroe» como un *fait accompli*. Inmediatamente pensamos, aunque sin saberlo de seguro en este momento, que el muerto grande es «el patriarca», y esto sugerido por el título de la novela. Por el hedor del cuerpo al pudrirse y por la presencia de los gallinazos, deducimos que la muerte acaeció unos pocos días antes del fin de semana. Sabemos que el cuerpo se encuentra en la casa presidencial y que la ciudad, después de la muerte del residente del palacio, ha despertado de un sueño de siglos. De la segunda oración aprendemos que el pueblo es tímido, pues no se «atreve» a entrar en el palacio presidencial hasta que los gallinazos destruyan los obstáculos principales. Todavía no nos enteramos del porqué de la timidez. Son inútiles, como defensa, los muros «carcomidos»; igualmente, los «portones blindados», ya que solamente había que empujarlos para que «cedieran en sus goznes». Por lo tanto, la podrida grandeza de la primera oración puede referirse tanto al palacio presidencial como al cadáver (que todavía no hemos visto).

Al invadir el palacio, el pueblo se encuentra en «el ámbito de otra época», en «la vasta guarida del poder». Se distingue, desde luego, el tiempo dentro del palacio («tiempo estancado», en la primera oración) del tiempo fuera del palacio (el tiempo del pueblo); es evidente la tensión entre el pueblo y la persona dentro del palacio. Viven en distintos mundos. ¿Qué encuentra el pueblo al invadir el palacio? No se sabe exactamente, ya que «las cosas eran arduamente visibles en la luz decrépita». Ésta es la primera vez que García Márquez utiliza un vocablo que se refiere a la vista, y, debido a que, en las siguientes páginas, repetirá casi veinte veces el verbo «ver»[85], nos parece importante precisar cómo lo hace. Metafóricamente, García Márquez señala la enorme dificultad de establecer «la verdad» por medio de la vista. En otras escenas de la novela indica lo mismo de los otros sentidos.

---

[85] Véase el artículo de Seymour Menton, «Ver para no creer», *Caribe* (Hawaii), 1, núm. 1 (1976), 5-28.

La impresión inmediata de lo que ve el pueblo es de un enorme desorden y de abandono. Las baldosas del primer patio han «cedido a la presión subterránea de la maleza» y el retén está en «desorden» porque los guardianes han abandonado no sólo las armas, sino también su «almuerzo dominical interrumpido por el pánico» (alguien, por lo tanto, se ha enterado de la muerte del patriarca antes del «nosotros» del pueblo, o de algunos súbditos). Poco a poco, nosotros (los lectores y los narradores) penetramos los varios «espacios» del palacio presidencial (los galpones, las cocinas, las salas de audiencia) hasta encontrar, en el centro del palacio, en un cuarto «disimulado» en el muro, al patriarca:

> lo *vimos* a él, con el uniforme de lienzo sin insignias, las polainas, la espuela de oro en el talón izquierdo, más viejo que todos los hombres y todos los animales viejos de la tierra y del agua, y estaba tirado en el suelo, bocabajo, con el brazo derecho doblado bajo la cabeza para que le sirviera de almohada, como había dormido noche tras noche durante todas las noches de su larguísima vida de déspota solitario (pág. 8, cursiva nuestra).

Es el patriarca (creemos), tres páginas después de la oración inicial.

Inmediatamente comienza la «deconstrucción» de todo lo que hasta ahora hemos entendido como la verdad; comienza la incertidumbre a integrar nuestro horizonte. Comprendemos que el patriarca ha muerto, que ha sido encontrado (vestido de tal manera, en tal posición) por la gente del pueblo; que otros habían descubierto el cadáver antes (o, quizá, que solamente habían presentido su muerte); que todo el palacio patriarcal se encuentra en un estado de desorden ocasionado por el abandono precipitado; que la naturaleza (la maleza) ha cobrado algo de su antiguo dominio sobre las cosas. (Este retrato trae a la memoria el fin de *Cien años de soledad*.) Comenzamos a dudar de la realidad de todo esto, incluso a partir de la primera lectura, cuando al voltear el cadáver del patriarca para «*verle* la cara»,

> [sólo entonces] comprendimos que era imposible reconocerlo aunque no hubiera estado carcomido de gallinazos, porque ninguno de nosotros lo había visto [el pueblo sigue aferrado a la evidencia de la vista] nunca, y aunque su perfil estaba en ambos lados de las monedas, en las estampillas de correo [...] sabíamos que eran copias de copias de retratos que ya se consideraban infieles en los tiempos del cometa, cuando nuestros propios padres sabían [muy irónico, el uso de este verbo en este contexto] quién era él porque se lo habían oído contar a los suyos, como éstos a los suyos [...] (pág. 8).

Al igual que un dios, o un héroe mítico-legendario, el patriarca sólo se conoce indirectamente, por medio de rumores o de leyendas. Entendemos que el «retrato» del patriarca que posee el pueblo es infiel, antiguo; en fin, una «fabricación» (todavía no se sabe de quién y con qué motivo). García Márquez había desarrollado ya esta técnica de «fabricación» de manera semejante en obras previas, especialmente en su cuento titulado «Los funerales de la Mamá Grande». Aquí, en la novela, el pueblo se da cuenta de que nadie «lo había visto desde los tiempos del vómito negro» (pág. 9), y que, sin embargo, no se dudaba de su existencia porque todo el país funcionaba normalmente: «la vida seguía, el correo llegaba» (pág. 9), etc. No sabemos si García Márquez lo hizo concienzudamente, pero éste es un comentario irónico sobre una de las famosas pruebas medievales de la existencia de Dios: la prueba teleológica. Sigue el narrador (o los narradores, como el coro de una tragedia clásica), contando los varios episodios en la vida del patriarca, quien por aquella época ya no se veía en público, hasta llegar al episodio de la llegada de los gallinazos «el último viernes» (pág. 9).

Media página más tarde se encuentra el detalle que es —hasta ahora— el más desconcertante de todos:

> Ni siquiera entonces nos atrevimos a creer en su muerte porque era la segunda vez que lo encontraban en aquella oficina, solo y vestido, y muerto al parecer de muerte natural durante el sueño, como estaba anunciado desde hacía muchos años en las aguas premonitorias de los lebrillos de las pitonisas. La primera vez que lo

encontraron, en el principio de su otoño, la nación estaba todavía bastante viva como para que él se sintiera amenazado de muerte hasta en la soledad de su dormitorio [...] (pág. 10).

Ahora comprendemos que el patriarca parece haber muerto durante el sueño; que su muerte se ha pronosticado desde hace muchos años; que, además, la segunda muerte (o el segundo cadáver) semeja la primera (o el primero). He aquí un misterio que ha de resolverse.

Después de divulgar el hecho del segundo descubrimiento de un cadáver, García Márquez se concentra en acaecimientos que datan más o menos del «principio del otoño» del reino del patriarca. Leemos sobre el doble del patriarca y especialmente sobre lo que ocurrió después de la muerte de este doble o, dicho de otra manera, después de la primera muerte del patriarca.

Capítulo II

Lo importante de este inicio —y de los siguientes— estriba principalmente en los cambios en el retrato que obtenemos del patriarca; con cada capítulo aprendemos mejor cómo «fijar el verdadero sentido» de la muerte (y de la vida) del patriarca; cada vez ampliamos más nuestro «horizonte». El capítulo segundo comienza con una oración que sería incomprensible si hubiera sido la primera de la novela:

> La segunda vez que lo encontraron carcomido por los gallinazos en la misma oficina, con la misma ropa y en la misma posición, ninguno de nosotros era bastante viejo para recordar lo que ocurrió la primera vez, pero sabíamos que ninguna evidencia de su muerte era terminante, pues siempre había otra verdad detrás de la verdad (pág. 47).

Obviamente, ya sabemos que han encontrado al patriarca (muerto) dos veces. Ahora sabemos también (y no lo sabíamos en la página 10 de la novela) que llevaba puesta la *misma* ropa, que se encontraba en la *misma* posición y en la *misma* oficina. Distingamos aquí entre el conocimiento del lector y el del narrador o narradores. Los lectores saben que el patriarca se encuentra en la *misma* posición, etc., pero los que lo encuentran no lo saben, pues no recuerdan «lo que ocurrió la primera vez». Irónicamente, el cadáver de Patricio Aragonés vestía esta misma ropa (el uniforme de lienzo sin insignias, las polainas, etcétera), no porque así hubiera muerto, sino más bien porque el propio patriarca lo había arreglado conforme con «los detalles más ínfimos que él había visto con sus propios ojos en las aguas premonitorias de los lebrillos» (pág. 30). Es decir, el patriarca está fabricando el mito de su propia muerte, y de acuerdo con otro modelo mítico: la prefiguración de *su* muerte en los lebrillos.

Ahora bien: aunque, en esta primera oración, vemos al patriarca vestido con la misma ropa, en el mismo cuarto y en la misma posición, no sabemos —por el momento— si verdaderamente murió así. Si se opina que sí, entonces habrá que admitir que murió de acuerdo con las prefiguraciones y con su leyenda mítica. Es imposible, sin embargo, afirmar esto con seguridad. Solamente podemos decir que alguna gente (en algún momento) lo encontró así. Al leer la novela por primera vez, no podemos saber más, en este segundo capítulo. Aquí, nuestro horizonte incluye no sólo nuestra seguridad sobre lo que sabemos (que es poco), sino también nuestra inseguridad sobre todo lo demás. Dicha inseguridad es causa, en parte, de nuestro afán por descubrir la verdad sobre la muerte del patriarca.

En las oraciones que siguen a la primera de este segundo capítulo, leemos algo de las diversas leyendas sobre el patriarca: «se había dado por hecho», por ejemplo, que a veces «se derrumbaba del trono en el curso de las audiencias torcido de convulsiones» (pág. 47). Esta primera página (pág. 47) del segundo capítulo abunda en palabras como «apariencias», «rumores», «parecía» y frases como «se había dado por hecho», todas indicaciones de lo difícil que es establecer la verdad de una cosa, de un hecho o de una persona. Poco a poco, la atmósfera de incertidumbre no sólo cubrirá la obra entera, sino además nuestro horizonte crítico, aunque no para siempre.

Capítulo III

«Así lo encontraron en las vísperas de su otoño, cuando el cadáver era en realidad el de Patricio Aragonés, y así volvimos a encontrarlo muchos años más tarde en una época de tantas incertidumbres que nadie podía rendirse a la evidencia de que fuera suyo aquel cuerpo senil carcomido de gallinazos y plagado de parásitos de fondo de mar» (pág. 89). La palabra «así» alude a la última escena del capítulo anterior. En aquélla, el patriarca se ve a sí mismo en el espejo de las aguas premonitorias de los lebrillos: muerto de muerte natural, tirado bocabajo en el suelo con el brazo derecho doblado bajo la cabeza como si fuera una almohada, vestido con «el uniforme de lienzo sin insignias, las polainas, la espuela de oro» (pág. 87). Por ahora, nuestro horizonte incluye el «saber» que hay dos cadáveres; que el patriarca vistió a Patricio Aragonés de acuerdo con las profecías; y que «el pueblo» ha encontrado al propio patriarca vestido así. Pero, leyendo las primeras oraciones del tercer capítulo, estamos todos en «una época de tantas incertidumbres»[86], pues no sabemos si así murió, ni si el cuerpo encontrado la segunda vez es el suyo.

---

[86] Raymond Williams, en su excelente artículo, «The Dynamic Structure of García Márquez's *El otoño del patriarca*», *Symposium*, 32 (1978), 56-75, estudia brevemente (págs. 57-60) los comienzos de los seis capítulos. Su enfoque es algo diferente del nuestro, y no lo criticamos. Sin embargo, debemos señalar tres errores de interpretación. Williams escribe, en relación al cuarto capítulo de la novela, que la frase «una época de incertidumbre» tiene un «scope beyond the original situation», que él define como el descubrimiento del cadáver. Esto es falso, porque el cadáver se descubre precisamente en la época de incertidumbre, tiempo denominado así por el propio García Márquez (véase nuestro comentario sobre las etapas de la vida del patriarca, en la sección sobre el héroe mítico, pág. 222). Williams opina, además, que la primera oración del quinto capítulo se refiere a la situación original. Esto también es falso, ya que en el quinto capítulo alguien (y no se sabe quién) está procurando —pero sin conseguirlo— que el patriarca «se [parezca] a la imagen de su leyenda» (pág. 169). Esta situación, por lo tanto, ocurre después del descubrimiento del patriarca. Al describir el principio del sexto y último capítulo de una manera semejante (v. Williams, pág. 60), Williams comete, otra vez, el mismo error.

Del segundo capítulo en adelante sabemos que hay dos cadáveres o dos «descubrimientos». Al comienzo de cada capítulo (del II al VI), se presentará, implícita o explícitamente, un contraste o paralelo, tanto en elementos formales como en contenido y tema, entre los dos descubrimientos. Por ejemplo, el segundo y el tercer capítulo comienzan con ritmos semejantes: «La segunda vez que lo encontraron [...] ninguno de nosotros era» (II); «Así lo encontraron en las vísperas [...] y así volvimos a encontrarlo» (III). En ambos inicios, la voz narradora de la tercera persona (en plural) choca con la voz en primera persona (también plural). Ambos inicios manifiestan un movimiento hacia la primera persona, es decir, hacia la narración de una experiencia más subjetiva e individual. (Notemos, de paso, que el mismo movimiento ocurre en el primer capítulo, pero allí no dentro de una sola oración, sino más bien entre la primera y la segunda. Al principio del primer capítulo todavía no sentimos aquella oposición perpetua entre las dos identidades; aún no dudamos de la identidad del «muerto grande»).

Interesante el uso de los pronombres personales en el tercer capítulo: «Así *lo* encontraron [...] y así volvimos a encontrar*lo*.» La primera vez que lo encuentran, «lo» no representa al patriarca, sino a su doble, Patricio Aragonés; y la segunda, aunque «lo» sí representa al patriarca, se duda «si [era] suyo aquel cuerpo senil carcomido». La duda y la ambigüedad, por lo tanto, se manifiestan a todo nivel, desde el ontológico hasta el gramatical.

Al igual que en el inicio del segundo capítulo, se repiten las palabras «evidencia» y «carcomido». Ya que «evidencia» se modifica por el adjetivo «ninguna», aquel substantivo es, nos parece, índice de las dificultades de establecer la identidad del muerto y, además, de cómo murió. Los «rastros» o las señales que dejará el patriarca tampoco conducen al establecimiento de la verdad, pues no existen. La palabra «carcomida» —que en el primer capítulo modificaba explícitamente los «muros» e implícitamente al patriarca— aquí se refiere directamente al patriarca; explica, desde luego, por qué es tan difícil establecer su identidad. Los signos de su podredumbre tan devastadora son tres: el efecto de los gallinazos, la destrucción por los parásitos de fondo de mar y la «mano amortillada por la putrefacción».

En el segundo capítulo se habían utilizado palabras con acepciones «negativas» para describir la situación: «*ninguno* de nosotros», «*ninguna* evidencia». En el tercero, la negación es todavía más constante: «*no* quedaba [...] *ningún* indicio [...] *ni* habíamos encontrado rastro *alguno* [...]. *No* nos parecía insólito [...], sus propios sicarios *carecían* de una noción [...]. Palmerston [...] contaba en sus memorias *prohibidas*». Tanta negación destruye, poco a poco, nuestra confianza en cualquier realidad positiva que haya existido. Podemos dudar no sólo de la realidad ontológica de las cosas, sino también de nuestro conocimiento de ellas.

Capítulo IV

Según nuestro enfoque, en el inicio de este capítulo se empieza la «fabricación de la realidad», la «creación de la ilusión» o la «mitificación» de la figura del patriarca. Aquí comienza a ampliarse nuestro «horizonte» en una nueva dirección: hacia la ilusión. Una cosa es descubrir —o desenmascarar— la ilusión; otra, observar la creación de una ilusión. La duda ontológica o existencial, establecida en capítulos anteriores, ahora se expresa no tanto en sus formas negativas como en las positivas. Dicha creación o mitificación se nota al comienzo del cuarto capítulo.

De ahora en adelante, García Márquez no describe cómo se descubre el cadáver, sino más bien qué se hace con él una vez que se descubre. Sin embargo, notemos, en la primera oración, una alusión indirecta al primer descubrimiento:

> Había sorteado tantos escollos de desórdenes telúricos, tantos eclipses aciagos, tantas bolas de candela en el cielo, que parecía imposible que alguien de nuestro tiempo confiara todavía en *pronósticos de barajas* referidos a su destino (pág. 129).

La segunda oración cuenta la actividad de la gente. El «nosotros» narrativo es ambiguo: ¿será el pueblo?, ¿el ejército?, ¿los súbditos? Veamos la oración: «Sin embargo, *mientras se adelantaban los trámites para componer y embalsamar el cuerpo*, hasta los menos cándidos *esperábamos* sin confesarlo el cumplimiento de predicciones antiguas [...]» (pág. 129) [cursiva nuestra]. En la página que sigue, leemos sobre las varias leyendas y predicciones de lo que acaecería en el día de la muerte del patriarca. Se describe la gran cantidad de propaganda que ya se ha consagrado a su mitificación: los periódicos proclaman «su eternidad» y falsifican «su esplendor con materiales de archivo» (pág. 129). Al mostrarlo todos los días «con más autoridad y diligencia y mejor salud que nunca» (pág. 129), se *inventa* toda una vida ceremonial y oficial del patriarca. Mientras tanto, él mismo, increíblemente viejo, sigue viviendo en su palacio con sus vacas y sus memorias de antaño: una presencia poderosa pero vaga, pues «nadie lo había visto en público desde la muerte atroz de Leticia Nazareno cuando se quedó sólo en aquella casa de nadie mientras los asuntos del gobierno cotidiano seguían andando solos y sólo por la inercia de su poder inmenso de tantos años» (pág. 130).

Si se ha inventado gran parte de su vida, por lo menos la oficial, ¿no será igualmente fácil inventar su muerte? ¿O los detalles de su muerte? ¿O las circunstancias? A tal incertidumbre, a tal inseguridad interpretativa, hemos llegado por medio de un análisis hermenéutico. Según la teoría de la hermenéutica, mientras más leamos una obra, más cerca nos encontramos de «la verdad». Aquí, sin embargo, parece suceder todo lo contrario. Es decir, con cada capítulo perdemos algo de nuestra confianza en lo que sabíamos —o creíamos que sabíamos— sobre el patriarca. Quizá paradójicamente, ensanchamos al mismo tiempo nuestro horizonte sobre el método novelístico de García Márquez; entendemos mejor lo que está haciendo. Nuestra creciente inseguridad sobre la verdad de la muerte del patriarca y el ensanchamiento del horizonte de nuestro conocimiento sobre el método de García Márquez provienen de la misma causa: el intento mitificador del autor. Precisemos: al leer *El otoño del patriarca* de seguido, presenciamos la creación de un mito. Éste, fabricado acaso primero sobre una realidad histórica (pues sí existió un hombre poderoso, un dictador que vivió por muchos años en función de dominio en su país), se fundamenta luego sobre las leyendas y las historias, algunas verdaderas pero muchas falsas, que circundan a su persona. Con el paso del tiempo se elaboran, se exageran, cobran una existencia autónoma. Mientras más leemos *El otoño del patriarca*, más presenciamos el mito, el invento. Si tantas han de ser las «ficciones», ¿no será justificada la dificultad de acercarnos a las «verdades»? La hermenéutica, que generalmente propone «fijar el verdadero sentido» de los hechos, se trueca, en este caso, en la sospecha de la verdad. Dicho de otra manera, la «verdad» de *El otoño del patriarca* parece estar en su «ilusión».

Capítulo V

Esta sospecha sobre la verdad de la muerte del patriarca debe respetarse. Abramos los ojos ante la posibilidad —todavía sin comprobar en los seis inicios— de que EL PATRIARCA sea un invento. Es decir, dudemos, no de su haber existido en la obra, sino más bien de su haber sido la *persona* que identifican las leyendas, los mitos y las prefiguraciones. (En las páginas siguientes, escribimos EL PATRIARCA, en letras mayúsculas, cuando se refiere a la figura mítica, y el patriarca, en letras minúsculas, cuando se refiere al hombre en sí.) Abramos los ojos, de ahora en adelante, ante la posibilidad de un proceso de deliberada fabulación, de mitificación, y leamos los inicios de los capítulos como partes de un experimento que poco a poco revela no «la verdad» sobre el patriarca, sino más bien «el cómo de su ilusión». El intento de fabular, de mitificar, se encuentra explícitamente descrito en la primera oración del quinto capítulo:

> Poco antes del anochecer, cuando acabamos de sacar los cascarones podridos de las vacas y pusimos un poco de arreglo en aquel *desorden de fábula*, aún no habíamos conseguido que el

cadáver se pareciera a la imagen de su leyenda (pág. 169, cursiva nuestra)[87].

Hemos avanzado unas diez horas, más o menos, en la historia de la post-muerte del patriarca. Aquel desorden que comentamos en relación al primer capítulo ya casi no existe. La frase «desorden de fábula» es, claro está, coloquial, pero también admite un sentido simbólico: el «nosotros» de la novela está arreglando la fábula del patriarca; ordenarla es, a la vez, crearla. Pero como no han acabado de arreglar el desorden, no han conseguido establecer —o restablecer— la «leyenda», o «el mito» del patriarca. ¿Cómo lo arregla la gente? Lo raspan «con fierros de desescamar pescados para quitarle la rémora de fondos de mar». Lo lavan «con creolina y sal de piedra». Le ponen ojos de vidrio en las cuencas vacías (los gallinazos le habían comido los ojos). Ahora entendemos mejor una frase que habíamos leído al comienzo del cuarto capítulo: «los trámites para componer y embalsamar el cuerpo» (pág. 129). Aunque todavía no sabemos cómo murió, sí estamos conscientes de que la gente está creando una máscara pública, una presencia que las muchedumbres han de *ver* y de *reconocer* como EL PATRIARCA.

El tema principal de este quinto inicio es «el invento», tanto de la apariencia física del patriarca como del proceso de su

---

[87] La traducción al inglés de Gregory Rabassa, en general muy buena, contiene un error grave en el capítulo quinto. Traduce así la primera oración: «Shortly before nightfall, when we finished taking out the rotten husks of the cows and putting a little order into that fabulous disarray, *we were still unable to tell if the corpse looked like its legendary image*» (pág. 166 de la traducción). Aquí el «nosotros» solamente no sabe si el cuerpo se parece a la leyenda. En la versión original, el «nosotros» ha tratado, y muy activamente, de arreglar el cadáver de acuerdo con las leyendas en torno a la muerte del patriarca; ha tratado de «mitificarlo», cosa que, por el momento, no se consigue («aunque no habíamos conseguido que el cadáver se pareciera a la imagen de su leyenda», pág. 169). En la versión inglesa, el «nosotros» no tiene nada que ver con su mitificación. Los críticos que se basen en la traducción no podrán llegar a una interpretación correcta de la relación entre el patriarca, el «nosotros» (sea el pueblo o los súbditos o simplemente una voz representativa) y el proceso de mitificación. La parte subrayada de la traducción cambia por completo el sentido del original.

muerte. Durante la «restauración física» se reúne en el «salón del consejo de gobierno» toda la gente que había integrado el gobierno en algún tiempo. Todos —los liberales y los conservadores, los generales del mando supremo, los tres últimos ministros civiles, el arzobispo primado— han regresado, atraídos por «el conjuro de la noticia sigilosa pero incontenible de su muerte» (pág. 169). Discuten cómo repartirse el botín del poder; también deciden inventar la historia de la muerte del patriarca. Esa primera noche (lunes), después del descubrimiento del cadáver, divulgan a las muchedumbres

> un boletín número uno [...] sobre un ligero percance de salud [...] luego un segundo boletín médico en el que se anunciaba que el ilustre enfermo se había visto obligado a permanecer en sus habitaciones privadas [...] y por último, sin ningún anuncio, los dobles rotundos de las campanas de la catedral al amanecer radiante del cálido martes de agosto (pág. 170).

Aunque ésta es la versión *oficial* de la muerte del patriarca, y aunque nosotros, los lectores, sabemos que no es la correcta, nunca sabemos si la gente del pueblo se entera de la versión «correcta». Como si no fuera suficiente el confundir las cosas de esta manera, García Márquez añade aún otros detalles de duda existencial:

> Nadie había de saber nunca a ciencia cierta si en realidad [esta muerte] era la suya. Nos encontramos inermes ante esa evidencia, comprometidos con un cuerpo pestilente que no éramos capaces de sustituir en el mundo porque él se había negado en sus instancias seniles a tomar ninguna determinación sobre el destino de la patria después de él [...] (pág. 170).

Capítulo VI

El sexto y último capítulo de la novela consiste en una sola oración, algo así como la expresada por Molly Bloom en el último capítulo de *Ulysses* de James Joyce. Imposible sería analizarla entera, línea por línea, pues cubre unas cincuenta páginas.

Estudiemos, sin embargo, parte del principio y del fin de esta larga oración. He aquí un trozo del principio:

> Ahí estaba, pues, como si hubiera sido él aunque no lo fuera, acostado en la mesa de banquetes de la sala de fiestas con el esplendor femenino de papa muerto entre las flores con que se había desconocido a sí mismo en la ceremonia de exhibición de su primera muerte, más temible muerto que vivo con el guante de raso relleno de algodón sobre el pecho blindado de falsas medallas de victorias imaginarias de guerras de chocolate inventadas por sus aduladores impávidos, con el fragoroso uniforme de gala y las polainas de charol y la única espuela de oro que encontramos en la casa y los diez soles tristes de general del universo que le impusieron a última hora para darle una jerarquía mayor que la de la muerte, tan inmediato y visible en su nueva identidad póstuma que por primera vez se podía creer sin duda alguna en su existencia real, aunque en verdad nadie se parecía menos a él, nadie era tanto el contrario de él como aquel cadáver de vitrina que a la media noche se seguía cocinando en el fuego lento del espacio minucioso de la cámara ardiente [...] (pág. 219).

Este capítulo comienza un poco más tarde que el quinto; no se sabe, exactamente, cuántas horas más tarde.

Al igual que en capítulos anteriores, García Márquez presenta un retrato con elementos contradictorios y ambiguos. Por ejemplo, las tres primeras palabras («ahí estaba, pues») dan la impresión de una presencia físicamente indudable, localizada definitivamente en un espacio concreto y conocido: la mesa de banquetes de la sala de fiestas (la misma mesa, irónicamente, donde el general Rodrigo de Aguilar fue servido, en bandeja de plata, a los súbditos, págs. 126-127). Esta impresión casi palpable del patriarca desaparece inmediatamente: «como si hubiera sido él aunque no lo fuera», otra alusión a su doble identidad. La repetición del subjuntivo (hubiera ... fuera) inyecta la irrealidad en la atmósfera de la escena, demostrando el contraste que existe entre una realidad patriarcal física y palpable y otra borrosa e incierta. El subjuntivo aquí admite dos interpretaciones, ambas (por razón del subjuntivo) conjeturales: 1) sí es el cadáver del patriarca (pero cabe la posibilidad de que no lo sea); 2) no parece ser él, aunque sí lo es. Una tercera interpretación deriva de la descripción de su cadáver en esta misma página. El patriarca se ha arreglado para que se parezca a EL PATRIARCA (como si hubiera sido él), aunque en realidad hay sólo un pobre viejito podrido (es decir, el patriarca, pero no EL PATRIARCA): contraste, pues, entre el cadáver ceremonial y el cadáver como se ha encontrado.

Del capítulo anterior, por medio de la lectura de los varios boletines médicos, conocimos algo sobre la fabulación de las últimas horas del patriarca. Ahora entendemos que la figura mítica del PATRIARCA ha sido un invento. Según habíamos leído en capítulos previos, el patriarca se encontró vestido con un uniforme de lienzo, etc. Ahora, vestido con un uniforme de gala, más se parece a un PATRIARCA. Aunque las antiguas predicciones habían insistido en un patriarca muerto en un uniforme de lienzo sin insignias, en su «vida póstuma» el viejito experimenta una transformación mítica que quizá no había anticipado. Por el capítulo cuarto sabemos que el uniforme de gala que vestía en los tiempos de gloria era «de cinco soles tristes» (pág. 129). Por el quinto sabemos que la gente no ha podido «imponerle el semblante de autoridad que le hacía falta para exponerlo a la contemplación de las muchedumbres» (página 169). Ahora, en el sexto, vemos que la gente ha tenido éxito en imponerle tal semblante, no sólo por haberlo vestido con «el fragoroso uniforme de gala [...] y la espuela de oro» (pág. 219), sino también por haberle otorgado el rango de «general del universo» con «unos diez soles tristes» para darle una «jerarquía mayor que la de la muerte» (pág. 219). Irónicamente, años atrás, el patriarca había vestido al cadáver de Patricio Aragonés de la misma manera:

> el fragoroso uniforme de gala con los diez soles crepusculares de general del universo que alguien le había inventado después de la muerte (pág. 31).

El narrador indica que el patriarca tiene una «nueva identidad póstuma» (pág. 219). Ahora «por primera vez se podía creer sin duda alguna en su existencia real» (pág. 219); ésta, paradójicamente, es fabricada, artificial. Dialéctica, pues, entre la ilusión y la realidad. Para García Márquez se ha vuelto automático este modo de escribir. Inmediatamente después de leer sobre la incontrovertible existencia real del patriarca, vemos todo lo contrario:

> Aunque en verdad [ésta ha de ser otra verdad detrás de la verdad] nadie se parecía menos a él [es decir, el patriarca verdadero], nadie era tanto el contrario de él [otra vez, el patriarca verdadero] como aquel cadáver de vitrina [EL PATRIARCA ceremonial, el mitificado] (pág. 219).

Este cadáver de vitrina, el último retrato que se posee del patriarca, es un retrato casi totalmente fabricado. Repitamos lo que habíamos dicho al fin de la sección sobre el patriarca como héroe mítico: el patriarca resulta ser nada menos que todo un mito.

Aumentan las incertidumbres. Mientras el cadáver ceremonial se cocina a fuego lento en la cámara ardiente, en el salón contiguo se discute «palabra por palabra el boletín final con la noticia que nadie se atrevía a creer» (pág. 219). Afuera, en la calle, la confusión y la incredulidad parecen ser aún mayores. Unos soldados, respondiendo a la pregunta de una muchacha (que en pocos momentos se convertirá en la narradora principal), dicen, riéndose, que «hoy es feriado nacional», pero que no saben por qué: «debe ser que resucitó el muerto» (pág. 220). El humor, bien se sabe, se utiliza a veces para negar, psicológicamente, la realidad de un hecho. Al igual que los soldados, todo el mundo espera que «[vuelva] a coger las riendas de su autoridad y [que esté] más vivo que nunca arrastrando otra vez sus grandes patas de monarca ilusorio en la casa del poder» (pág. 220). Los hombres son mortales, pero los mitos existen para siempre.

Nuestro análisis hermenéutico ha establecido la ilusión o el invento que es la existencia póstuma del patriarca. Pero quedan otras preguntas por contestar. Todavía no sabemos, por ejemplo, si los inicios de los primeros tres capítulos relatan lo que realmente pasó. ¿Será verdad que lo encontraron de acuerdo con las antiguas predicciones? Y, si lo es, ¿será porque así murió? ¿Ha logrado el patriarca mitificarse hasta en su muerte? Un vacío, un «resquicio intelectual», queda por completarse en nuestro conocimiento, pues aunque sabemos (o creemos saber) cómo descubrieron al patriarca (o cómo se dice que lo descubrieron), todavía no sabemos cómo murió. Ha llegado, por tanto, el momento de «fijar el verdadero sentido» de la muerte del patriarca, o, por lo menos, de tratar de fijarlo. Completemos lo que es posible completar del círculo hermenéutico. Ampliemos nuestro horizonte una vez más.

El patriarca, en esta última noche de su vida, sigue su acostumbrada rutina nocturna (ya la hemos estudiado; v. págs. 235-238). Después de encerrarse con los cerrojos, los pestillos y las aldabas «por última vez», después de orinar, se acuesta vestido con «el pantalón de manta cerril que usaba para estar en casa desde que puso término a las audiencias, con la camisa a rayas sin el cuello postizo y las pantuflas de inválido» (pág. 268). No está vestido —notémoslo— de acuerdo con las profecías. Aunque, como siempre, se duerme inmediatamente, se despierta a las dos y diez «con la mente varada y con la ropa embebida en un sudor pálido» (pág. 268), y oye que alguien lo está llamando «con un nombre que no era el suyo, Nicanor, y otra vez, Nicanor» (pág. 268). Entonces ve la muerte, «vestida con una túnica de harapos de fique de penitente, con el garabato de palo en la mano y el cráneo sembrado de retoños de algas sepulcrales y flores de tierra en la fisura de los huesos y los ojos arcaicos y atónitos en las cuencas descarnadas» (pág. 269). El patriarca se niega a morir; protesta diciendo que «todavía no era su hora, que había de ser durante el sueño en la penumbra de la oficina como estaba anunciado desde siempre en las aguas premonitoriales de los lebrillos» (pág. 269). Él quiere que se cumplan las profecías del héroe mítico. Aquéllas (aunque sólo inventos) son tan poderosas que el patriarca se ha pasado toda la vida esperándolas. «No», le contesta la muerte; el patriarca va a morirse allí mismo, «descalzo y con la ropa de menesteroso que llevaba puesta» (pág. 269). El viejo protesta una vez más: todo esto había «sido cuando menos lo [quería]» (pág. 269), cuando finalmente había entendido, o había empezado a entender, «que no se vive, qué carajo, se sobrevive» (pág. 269).

Si muere vestido de esta manera, y en este cuarto, ¿cómo se explica la escena en que la gente lo encuentra vestido en uniforme de lienzo, etc.? Eso también ha sido un invento: «Los que encontraron el cuerpo habían de *decir* que fue en el suelo de la oficina con el uniforme de lienzo sin insignias y la espuela de oro en el talón izquierdo para no contrariar los augurios de sus pitonisas» (pág. 269). Con esta «verdad» en mano, podemos examinar una vez más los seis inicios: *todos*, en cierto sentido, son una fabricación del pueblo, del «nosotros» narrativo; ningún inicio contiene una narración verdadera. ¿Pero cuál será la verdad? ¿Especialmente en una *novela*, donde todo es «ficción», porque así es el género? No es que no haya «realidad» en la novela; es más bien que toda la realidad ha sido transformada por el don fabulador del autor. La mitificación de la realidad será, por lo tanto, sólo una exageración del proceso de novelar. ¿No será la acción del pueblo, o de la gente dentro de la novela, una instancia paralela de lo que nosotros, fuera de la novela y en la vida, hacemos todos los días? ¿No será que nosotros, por medio de nuestra imaginación, de nuestra memoria, hasta de nuestra conversación con los otros, transformamos e inventamos —quizá sin quererlo— todo lo que hemos vivido?

El patriarca entiende algo del carácter ilusorio de la vida:

> había sabido desde sus orígenes que lo *engañaban* para complacerlo [...] pero aprendió a vivir con [ésta] y todas las [demás] miserias de la gloria a medida que descubría en el transcurso de sus años incontables que la *mentira* es más cómoda que la duda, más útil que el amor, más perdurable que la *verdad*, había llegado sin asombro a la *ficción* de ignominia de mandar sin poder, de ser exaltado sin gloria y de ser obedecido sin autoridad [...] (página 270, cursiva nuestra).

Sin embargo, el patriarca sí cree que hay una verdad final detrás de todas las demás, y se ha resignado a no conocerla. Ésta, aparentemente, no se puede conocer de ninguna manera porque, según el «nosotros» narrativo, «la única vida vivible era la de mostrar» (pág. 270). ¿Qué se podrá hacer, entonces? Sólo *amarla* (ecos aquí de Rubén Darío, «Poema del otoño»), y con una pasión que el patriarca no puede ni imaginarse, «por miedo de saber» lo que el pueblo sabe de sobra: que la vida «era ardua y efímera pero que no había otra» (pág. 271).

Este temor del patriarca ocasiona la tragedia más grande y más constante de su vida (que no es la muerte, porque todos nos moriremos): «nunca supo dónde estaba el revés y dónde estaba el derecho» de la vida (pág. 270); nunca supo quién era (página 271). Trágicamente también, a pesar de todo lo que el patriarca ha hecho para inmortalizarse, para hacerse recordar para siempre, el pueblo tampoco sabe «quién fue, ni cómo fue, ni si fue apenas un infundio de la imaginación, un tirano de burlas» (pág. 270). Al morir, el patriarca vuela «hacia la patria de tinieblas de la verdad del olvido» (pág. 271). La última verdad, pues, ha de ser la del olvido. Con estas palabras, García Márquez, completando un círculo, vuelve a la temática de *Cien años de soledad*, donde todo lo escrito en los pergaminos «era irrepetible desde siempre y para siempre, porque las estirpes condenadas a cien años de soledad no tenían una segunda oportunidad sobre la tierra» (*Cien años de soledad*, pág. 351). Ambas obras terminan más o menos con el mismo mensaje: la ineludible verdad del olvido. Hondamente autobiográficas, creemos, han de considerarse estas observaciones en la ficción. Toda la obra mitificadora de García Márquez ha sido una lucha contra el olvido que trae, inevitablemente, la muerte; y esto a pesar de la fama. «No hay nada», responde García Márquez a una pregunta sobre la relación entre su vida y *El otoño del patriarca*, «que se parezca más a la soledad del poder que la soledad de la fama»[88].

---

[88] Entrevista por Manuel Pereiro, en *Bohemia* (La Habana, 1979), recogida en *García Márquez habla de García Márquez*, pág. 209.

CONCLUSIÓN

EL ESPACIO, EL TIEMPO Y LAS METAMORFOSIS DEL MITO

El impulso natural, al concluir éste o cualquier libro, es a terminarlo de una manera que no admita ambigüedad, que conteste a las preguntas que todavía quedan por contestar, y que resuelva todas las dudas posibles o probables sobre nuestro tema. Es imposible, en este caso, obedecer a nuestro impulso, pues la conclusión de cualquier estudio sobre García Márquez ha de ser, por el momento, provisional. ¡Quién sabe lo que escribirá en los años venideros! ¡Quién sabe cuántas sorpresas nos quedan por descubrir en su obra, cuántos cambios de perspectiva, de tema o de estilo; en fin, cuántas metamorfosis más! Cada obra nueva altera nuestra perspectiva sobre las anteriores. Por ejemplo, con la publicación de *Crónica de una muerte anunciada*, toda su obra periodística llega a tener una importancia que no había tenido antes. Reconocemos la dificultad de decir algo definitivo; pero, de todos modos, concluyamos.

Muchos años después, frente a la máquina de escribir, yo había de recordar aquella noche remota en que mi maestro Stephen Gilman, en su seminario sobre Galdós, explicó cómo penetrar hasta el centro de cualquier escritor. Investiguen —nos dijo— cómo el autor maneja el espacio y el tiempo, y entenderán mucho sobre su poética. Tal investigación ha sido parte del análisis a lo largo de nuestro estudio. Ahora, al acabarlo, nos parece útil resumir, brevemente, cómo maneja García Márquez el espacio y el tiempo. Útil, también, será recapitular cuáles son sus mitos esenciales, y si el uso de éstos demuestra una coherencia creadora. Trataremos, luego, de poner ante el lector una exposición sumaria de la relación entre los varios «mundos» de García Márquez, y cómo evolucionan los unos en los otros, es decir, cuáles son sus metamorfosis claves.

I

Hasta hoy, las ficciones de García Márquez se han situado en el ambiente ardiente y tropical del Caribe, con alusiones a ciudades del «páramo», como Bogotá. Aunque algunos personajes andan por vastos desiertos, por la selva, o por la ciénaga, más frecuentemente nacen, viven y mueren en un solo lugar: en un pueblo —o en una ciudad—, cerca del mar. A veces, el pueblo de las ficciones lleva el nombre de Macondo (y se modela, principalmente, sobre la Aracataca de su niñez). A veces, el pueblo, que es otro, es anónimo. La ciudad, también es anónima. Podríamos buscar —tanto en el pueblo como en la ciudad— correspondencias exactas con la realidad: con Riohacha, Sincelejo, Ciénaga, Cartagena, Barranquilla, Santo Domingo, Santiago de Cuba, La Ciudad de Panamá, Caracas, La Habana. Pero apresurarnos de tal manera sería ir en contra del impulso mitificador de García Márquez. Su deseo de la anonimidad geográfica se convierte, con el madurar de su talento, en aquel intento, aprendido quizás de William Faulkner, de crear un pueblo hispanoamericano «arquetípico». Este pueblo sería el microcosmos en el cual se reflejaría el macrocosmos de la realidad hispanoamericana.

La correspondencia entre el micro y el macrocosmos se produce, en parte, por medio de la reducción radical del espacio. Ésta ha sido casi una constante en la ficción de García Márquez. El concentrar toda la acción en un pueblo no es la única manera de reducir el espacio. Otras son las de ubicar la acción en una casa (no se olvide que su primera novela, sin terminar, había de titularse *La casa*), en un cuarto de la casa (por ejemplo, *La hojarasca*), en un ataúd (como en «La tercera resignación», su primer cuento), en una balsa (el relato periodístico de un náufrago), o, aún más radicalmente, en el espacio físico de un libro (*Cien años de soledad*). Tomando en serio la metáfora de los pergaminos, diríamos que todas las localidades de *Cien años de soledad* (el cuarto de Melquíades, la casa Buendía, Macondo, Colombia, el mundo entero) se limitan espacialmente al manuscrito de Melquíades. Éste es, simultáneamente, idéntico al libro que tenemos en las manos al leer la novela. El libro —un punto «Aleph» que contiene todos los demás— contiene, y es, el universo entero.

En la novela del patriarca, casi toda la acción ocurre en el palacio presidencial. Todos los demás lugares (por ejemplo, la ciudad, el país, el Caribe) existen sólo en relación al palacio y al cuarto donde el patriarca suele dormir (centro, como hemos indicado, del poder). Este cuarto demuestra, también, las funciones múltiples que puede tener un solo espacio. No sólo es centro físico del palacio y psicológico del bienestar del patriarca, sino, a la vez, símbolo de vida y de muerte. En aquel cuarto se regenera el patriarca cada noche, y este cuarto de la vida, transformándose en mausoleo, viene a ser a su vez el cuarto de la muerte. Como hemos visto, la ambivalencia espacial caracteriza la religión y el mito.

Es, en parte, por medio de la reducción del espacio, a diferencia, por ejemplo, de Tolstoi, quien suele crear, en sus novelas panorámicas, un espacio dilatado épico, de variedad caleidoscópica, cómo García Márquez consigue profundizar en sus temas. Mientras más profundiza en ellos, más alcanza la universalidad que pertenece al mito. Con tal universalización, cimentada en un espacio reducido, se manifiesta el vínculo que tiene García Márquez —consciente o inconscientemente— con muchos escritores míticos del siglo XX [1]. De este tratamiento

---

[1] Pensemos, por ejemplo, en William Faulkner, quien, a través de muchas obras, consigue crear un universo completo en el municipio de Yoknapatawpha. Pensemos en James Joyce, mitificador de su Dublín natal en *Ulysses*. Recordemos a Thomas Mann, quien, al describir minuciosamente, en *Der Zauberberg* (*La montaña mágica*), la vida en un sanatorio

del espacio resulta la creación de un *axis mundi* literario, es decir, de un eje alrededor del cual gira toda la obra. Obviamente, este eje no tiene por qué ser exclusivamente espacial. Podría ser temático (pensemos en los temas de la soledad, del incesto o del poder). Podría ser un eje de acción (no nos olvidemos de todos aquellos sucesos que conducen a la muerte de Santiago Nasar, en *Crónica de una muerte anunciada*). Podría ser, también, temporal, como veremos en seguida. La presencia de todos estos ejes en la obra de García Márquez trae a la memoria «las tres unidades» y, desde luego, a Sófocles, autor tan amado y tan leído por él.

El espacio no debe discutirse aparte del tiempo, ni el tiempo aparte del espacio. La íntima relación entre los dos no significa, sin embargo, un estado de armonía. Todo lo contrario, ya que, en cierto sentido, el espacio es continuamente asediado por el tiempo, y el inevitable resultado de los efectos del tiempo es la muerte. Aunque no hay ningún espacio que pueda mantenerse inviolable ante el paso del tiempo, algunos se pueden considerar como refugios. Son lugares adonde huyen los protagonistas, pero también, simultáneamente, donde se encuentra el deceso personal o cultural (porque la muerte es inevitable): el cuarto de Melquíades, el dormitorio del patriarca, la casa de Santiago Nasar. Tal conflicto eterno entre el espacio y el tiempo, junto con su fin predeterminado, indica que la obra de García Márquez es profundamente fatalista: así son, por ejemplo, *Cien años de soledad*, *El otoño del patriarca* y *Crónica de una muerte anunciada*.

Otras dimensiones del tiempo también merecen mención: su concentración o reducción, y sus aspectos psicológicos. Aunque *Cien años de soledad* y *El otoño del patriarca* abarcan si-

---

para tuberculosos en Davos (Suiza), le da al lector un retrato enciclopédico de la Europa de los primeros años del siglo. Incluyamos dos ejemplos hispanoamericanos: Juan Carlos Onetti ubica algunos de sus cuentos y novelas en Santa María, un pueblo imaginario que es el centro de su mundo literario y que simboliza a su país; lo mismo sucede con el pueblo de Comala, el centro del universo de Juan Rulfo (en *Pedro Páramo*).

glos, y aunque en ellas García Márquez parece interesarse por extender los límites del tiempo, no —como hemos visto con el espacio— por reducirlos, suele considerar el tiempo de una manera semejante a como considera el espacio. Es decir, lo concentra. El tiempo no suele transcurrir sucesivamente (aunque así parezca en varias obras), sino que da «vueltas en redondo» (*Cien años de soledad*, pág. 285). Por medio de la circularidad, y por medio de la concentración, García Márquez busca la expresión de la eternidad. Logra concentrar, en *Cien años de soledad* y en *El otoño del patriarca*, todos los tiempos del universo en uno solo: el presente (v. el tema del *nunc-stans* en páginas anteriores).

A veces, especialmente en las primeras obras, la concentración del tiempo no es una técnica mítica, sino más bien propia del naturalismo, con dimensiones psicológicas. Es decir, García Márquez describe una realidad particular, limitada y personal (v. «La noche de los alcaravanes», *La hojarasca*), o una colectiva y social (v. *La mala hora*, *Crónica de una muerte anunciada*). Pero aún cuando García Márquez acentúa los aspectos psicológicos del tiempo, procura destruir su tradicional perspectiva como algo que divide en minutos, horas, días, etc., y que transcurre linealmente. En *La hojarasca*, el protagonista, al ver un cadáver por primera vez en la vida, siente como si fuera domingo, aunque en realidad es miércoles. Aquí la muerte altera el sentido del tiempo. En otra obra, la monotonía de la lluvia incesante consigue el mismo efecto: «La noción del tiempo, trastornada desde el día anterior [ya había llovido durante varios días], desapareció por completo. Entonces no hubo jueves» (v. «Isabel viendo llover en Macondo», en *Todos los cuentos*, pág. 102). En *El coronel no tiene quien le escriba*, la espera infinita del correo cambia el sentido temporal del protagonista. Tales cambios anticipan aquellos más radicales en la obra de su madurez, en donde se expresan con metáforas de la eternidad o (dicho de otra manera) del presente eterno.

II

Hemos revisado, a lo largo de este estudio, una enorme variedad de mitos: desde los clásicos (Edipo, Ícaro, Ulises) hasta los bíblicos (el Paraíso Terrenal, Adán y Eva, los patriarcas, Jesucristo); desde los folklóricos (La Cenicienta, La Bella Durmiente, las estructuras narrativas folklóricas), hasta los legendarios de la historia (Julio César, Colón, Rafael Uribe Uribe, la figura del dictador hispanoamericano); desde la naturaleza suramericana (la hojarasca, la lluvia y el calor; la selva y el mar) hasta nuestros héroes literarios (Rubén Darío). Son tantos los mitos, y tan diferentes los unos de los otros, que vale preguntarse si son principalmente fruto de un impulso creador poderoso pero desordenado: o, al contrario, si será la presencia constante del mito, en todas sus manifestaciones, una indicación de la coherencia profunda del don creador de García Márquez. De estas dos posibilidades, nos inclinamos hacia la segunda. Tal coherencia no deriva, sin embargo, del *contenido* de los mitos (la temática, los héroes particulares, las hazañas), sino más bien de sus *formas*, de sus estructuras narrativas.

Ahora bien: ¿cuáles serán las formas de coherencia en la obra entera? Según hemos señalado con el título de nuestro estudio, las dos principales son las de la línea y del círculo. De éstas, la dominante ha sido la del círculo. Hemos enfocado, por tanto, las imágenes del *Uroboros*, del *axis mundi*, del círculo hermenéutico. El círculo, generalmente, es imagen de lo estático y —en la religión— inclusive de lo perfecto. Sin embargo, en García Márquez es imagen de lo dinámico, y esto a causa de una constante —y de una técnica—: la de la metamorfosis.

Fácilmente se explica el círculo como imagen de lo dinámico en el mito. Lo dinámico se encuentra, en parte, en la progresión circular de los varios mitos que integran la obra. Veamos el caso de *Cien años de soledad*. En aquella novela, García Márquez empieza con los mitos cosmogónicos, que cuentan el comienzo de las cosas. Aquí los mitos más importantes son los bíblicos. Prosigue entonces con los mitos histórico-legendarios, que narran lo que pasa a las cosas —y a las personas— una vez que existen. (Aquí se encuentra la mayoría de los mitos estudiados en nuestro libro: por ejemplo, la historia de la civilización-Macondo; el hombre como entidad histórica, sea fundador de una civilización, sea tirano, o sea figura legendaria de la literatura.) García Márquez completa el círculo del mito con el apocalipsis, que anuncia el fin de las cosas. Teóricamente, una vez que se completa este ciclo mítico, puede iniciarse otro. La serpiente, al tragarse la cola, al destruirse, se regenera.

La progresión del mito *en general* tiene su paralelo en la del mito del *individuo*, del héroe. Esta última se ha analizado bajo el concepto del mito circular del héroe, de acuerdo con los comentarios de Joseph Campbell en *El héroe de las mil caras*. El nacimiento del héroe corresponde al mito cosmogónico; sus hazañas, a los mitos histórico-legendarios, y su muerte, al mito apocalíptico. Este paralelo entre lo individual (la vida de una sola persona) y lo universal (la «vida» del mundo) permite no sólo reconocer la semejanza entre el micro y el macrocosmos, sino además la íntima y profunda relación entre figuras tan diferentes como la Mamá Grande, el coronel Aureliano Buendía, Úrsula Iguarán de Buendía y el patriarca.

III

La transformación de un estado en otro, sea a nivel humano o universal, puede clasificarse bajo el concepto de la metamorfosis. Este concepto ayuda a explicar, además, la evolución de García Márquez como escritor; y aclara el orden que existe detrás de las complicaciones tan varias de la ficción. Por tanto, utilicemos dicho concepto para resumir la obra entera. Ésta se subdivide en las siguientes agrupaciones estético-biográficas: a) la etapa juvenil (entre 1947 y 1952); b) la del joven escritor (entre 1955 y 1961 ó 1962); c) la de la transición (1961-1962); d) y la de la madurez (desde 1967 hasta el presente). [Los años se refieren a las fechas de publicación de las obras.] Preguntémonos cuáles son las metamorfosis principales, sus evoluciones de una etapa a otra, y especialmente en relación con el mito.

En más de la mitad de los cuentos de la etapa juvenil, coleccionados en *Todos los cuentos por Gabriel García Márquez: 1947-1972* (págs. 9-96), figuran los temas del sueño, de la pesadilla y de la alucinación. En los demás aparece, como tema central, el de la muerte. Por lo tanto —y obviamente— García Márquez, ya desde el comienzo de su carrera, busca el otro lado de las cosas. Generalmente, para muchos escritores, el conjunto de estos temas indicaría una actitud «mítica» o «mitificadora» ante la realidad. Sin embargo, por estos años, García Márquez desarrolla sus temas únicamente a un nivel psicológico que no va más allá de un subjetivismo personal. Más tarde, al llegar a su madurez, los mismos temas, junto con el de la niñez, integran la *materia prima* de una obra profundamente mítica.

Desde cierta perspectiva, difícil sería encontrar en estos cuentos las semillas de la gran obra mítica del futuro. No vemos en ellos interés por las formas narrativas que luego se utilizarán: por ejemplo, la dialéctica entre narrativas lineales y circulares, o entre técnicas histórico-realistas y mítico-simbólicas. Mas, desde otra perspectiva, nos parece notable la presencia del impulso hacia «la otra realidad», es decir, del impulso hacia lo simbólico en el sentido más general de la palabra. Junto con este impulso vemos una tendencia hacia la reducción temporal, espacial y temática. Los cuentos suelen ubicarse en un lugar limitado (por ejemplo, un cuarto o un ataúd), y duran poco tiempo: unas pocas horas («La noche de los alcaravanes»), o unos pocos minutos («La mujer que llegaba a las seis»). Por estos años, la reducción del tiempo, del espacio y de la temática no proviene de un impulso mitificador, sino más bien, según Vargas Llosa, de una «intelectualización» de lo que García Márquez cree que debe ser la ficción [2]. Digámoslo con menos severidad y más comprensión: el García Márquez principiante tuvo

---

[2] Véase Mario Vargas Llosa, *García Márquez: Historia de un deicidio* (Caracas, 1971), pág. 218.

la inteligencia de limitar el tiempo, el espacio y sus temas principales para poder controlarlos mejor.

En la segunda etapa —en donde se incluyen *La hojarasca*, «Isabel viendo llover en Macondo», *El coronel no tiene quien le escriba*, *La mala hora*— se manifiesta el conflicto entre la narrativa naturalista/realista y la mítica/simbólica. Esta dialéctica —que desde estos años en adelante se hace casi constante— se nota, por una parte, en el conflicto entre el estilo depurado de Hemingway (influencia en *El coronel no tiene quien le escriba*) y el más barroco de Faulkner (influencia en *La hojarasca*). Por otra parte, se hace patente, también, por medio de la oposición entre lo mimético/objetivo (*El coronel no tiene quien le escriba*; *La mala hora*) y lo expresionista/simbólico (*La hojarasca*; «Isabel viendo llover en Macondo»). Es en estas obras, además, donde la imagen comienza a cobrar algo de su importancia fundamental como origen y centro del relato o de la novela. Así sirven, por ejemplo, la lluvia en «Isabel viendo llover en Macondo», el pasquín en *La mala hora*, la llegada de los extranjeros a la ciudad en «La siesta del martes», la jaula de pájaros en «La prodigiosa tarde de Baltazar», los pájaros muertos en «Un día después del sábado». En casi todos los cuentos y novelas escritos en estos años aparecen temas claves: la niñez, la soledad, la vejez, la muerte. Por esta época, pues, García Márquez encuentra sus temas principales. Sin embargo, todavía no ha descubierto cómo mitificarlos.

Este descubrimiento ocurre en la próxima etapa. García Márquez se da cuenta de que toda su *materia prima* —Aracataca, su juventud, sus abuelos, su país— puede poetizarse de una manera mítica; puede mitificarse. Esta nueva novelística exige, naturalmente, el uso de técnicas distintas: el realismo mágico, la exageración retórica y temática y la ampliación de la perspectiva narrativa desde la personal e individual hasta la colectiva. Estudiamos estas técnicas, particularmente, en «El mar del tiempo perdido» y en «Los funerales de la Mamá Grande». Notamos, además, que se utilizan de manera tentativa, como propiamente corresponde a la exploración de lo nuevo, de lo desconocido. En algunas obras de la segunda época (considérense *La hoja-*

rasca e «Isabel viendo llover en Macondo»), García Márquez se preocupa por contar, poco a poco, la historia de Macondo. En «Los funerales de la Mamá Grande», esta historia se convierte, por primera vez, en *materia prima* del mito. Esta tercera etapa es, por todas estas razones, una transición de lo histórico a lo mítico.

La metamorfosis definitiva de la historia en mito ocurre, como bien sabemos, en *Cien años de soledad*, primera obra de su plenitud como mitificador. Aquí advertimos la asombrosa ampliación en la perspectiva narrativa, de la voz individual a la colectiva; la innegable centralidad de la imagen como técnica literaria, y la importancia del círculo mítico en las técnicas y en los temas de la novela. Llama nuestra atención, también, el impulso totalizador, el deseo de mitificar *toda* la realidad: la historia de Hispanoamérica, su pueblo, su familia, sus experiencias. Además, la obra termina por ser totalmente mitificada: los mitos —por medio de la metáfora de los espejos— se reflejan eternamente.

Los cuentos escritos entre 1967 y 1972 sirven de puente entre el mundo mítico de los Buendía y el igualmente mítico —aunque muy diferente— del patriarca. En ellos, García Márquez experimenta nuevas técnicas y estructuras (el folklore). También es experimento el estilo que utiliza en *El otoño del patriarca*. Pero la novela del patriarca no representa un abandono total del mundo de los Buendía. Existen vínculos con *Cien años de soledad*: la narración circular, y temas como la soledad, la vejez y la muerte. Lo nuevo consiste en la mitificación de la figura histórica y legendaria del tirano hispanoamericano. Aunque la figura es nueva, el tema es familiar: el poder. Hemos denominado «intertextualidad» la relación de la novela del patriarca con el pasado, no sólo el de García Márquez, sino también el de la literatura universal. Esta relación hace de *El otoño del patriarca* —a diferencia de *Cien años de soledad*— una novela esotérica. Es, en parte, un texto que refleja y acoge, deliberadamente, si bien de manera trunca, otros textos, y éstos a veces ya mitificados (por ejemplo, textos de y sobre Julio César, Colón y Rubén Darío). En *Cien años de soledad*, García Márquez uti-

Espacio, tiempo y las metamorfosis del mito

liza la metáfora del espejo para crear una obra totalmente mitificada; en *El otoño del patriarca*, una mitificación semejante ocurre por medio de sus intertextualidades.

IV

Estábamos a punto de terminar nuestro estudio cuando se publicó *Crónica de una muerte anunciada*, en la primavera de 1981 [3]. Esta novela parece haber sido escrita con rapidez —o García Márquez trabajó en ella silenciosamente—, porque no se menciona en entrevistas de los años 70. Cuando él hablaba de obras futuras, solía mencionar la colección de cuentos que narrarían «aventuras» de los hispanoamericanos en Europa, o el libro sobre la vida cotidiana en Cuba durante el bloqueo, ambos proyectos largamente meditados. Después de terminar *El otoño del patriarca*, García Márquez se dedica, otra vez, al periodismo. Funda, en febrero de 1974, en Bogotá, la revista *Alternativa*. Publica artículos sobre Cuba, Chile, Nicaragua y Angola. Al escribir su próxima novela, no abandona el periodismo, pues *Crónica de una muerte anunciada* representa, según él, una perfecta confluencia entre el periodismo y la literatura. ¿Sería así, quizás, su nuevo estilo de novelar?

A pesar del gran interés que tenemos por esta obra, aplazaremos un análisis minucioso y extensivo de ella hasta otra ocasión. Creemos que se justifica nuestra decisión porque, aunque *Crónica de una muerte anunciada* tiene algunos elementos míticos, no es mítica ni al estilo ni al nivel de *Cien años de soledad* y de *El otoño del patriarca*. El intento de García Márquez es otro. Un silencio crítico total es, por otra parte, injustificable. Por tanto, en los pocos párrafos que nos quedan en este estudio, procuraremos indicar cómo maneja García Márquez el espacio y el tiempo en esta obra, y qué relación tiene la novela con las metáforas de nuestro título: la línea y el círculo.

Sin embargo, vale señalar primero algunos vínculos de la novela con la obra anterior. Aparecen en ella alusiones obvias

---

[3] (Bogotá: Editorial La Oveja Negra, 1981). En adelante incluimos las citas en el texto.

al mundo de los Buendía: al coronel Aureliano Buendía y a Gerineldo Márquez (pág. 47); al doctor Dionisio Iguarán (página 51); a Prudencia *Cotes* (pág. 83). La acción se ubica, no en Macondo, sino en la misma región del país. Y el modo de ser de algunos personajes los asocia con otros de *Cien años de soledad*: por ejemplo, Ángela Vicario busca el olvido a través de su máquina de bordar, laborando en su sala de costura como el coronel Aureliano Buendía había laborado en su artesanía de pescaditos. Ambos encuentran al fin —aunque difícil ha sido el camino— una serenidad segura para el alma. También, por medio de algunos temas o de frases, se recuerda el mundo del patriarca. Por ejemplo, Santiago Nasar (al igual que el patriarca y su modelo mítico, Julio César) no reconoce los presagios —y prefiguraciones— de su muerte (págs. 10, 16, 18). Y una frase como aquella en que la madre del narrador le cuenta «lo que había ocurrido en el mundo mientras nosotros dormíamos» (página 31) se parece a otra de *El otoño del patriarca*: en la mañana en que llega Colón al nuevo mundo, el viejo patriarca se levanta «a averiguar qué había ocurrido en el mundo mientras él dormía» (pág. 44).

Más obviamente que en otras obras —exceptuado el relato periodístico del náufrago—, *Crónica de una muerte anunciada* se basa en la realidad. Toda la intriga de la novela se fundamenta en la experiencia del joven García Márquez frente a un crimen idéntico al que ahora relata. Ángela Vicario fue, en realidad, Margarita Chica; Santiago Nasar, Cayetano Gentile, y Bayardo San Román, Miguel Reyes. Margarita Chica y sus hermanos (los hermanos Vicario, en la novela) cuentan una historia algo diferente de la que relata García Márquez. Fascinante sería estudiar la relación entre la realidad y la literatura (el que quiera compararlas deberá leer los frutos de la investigación de Blas Piña Salcedo, publicados en mayo de 1981, en el periódico colombiano *El Espectador*). Desgraciadamente, no podemos desviarnos de tal manera. Ahora nuestro asunto principal es describir cómo, en esta novela, se utilizan el espacio, el tiempo y las metáforas de la línea y del círculo.

Espacio, tiempo y las metamorfosis del mito

La acción en *Crónica de una muerte anunciada* parece limitarse a lo que podría ocurrir en una tragedia teatral: una plaza central y varias casas alrededor. Tal reducción se parece a la organización espacial de obras anteriores: considérense el palacio del patriarca, el cuarto de Melquíades, el cuarto del difunto en *La hojarasca*. La ambivalencia que define al dormitorio del patriarca caracteriza también, en cierto sentido, a *Crónica de una muerte anunciada*. La plaza del pueblo y la casa de Santiago Nasar son lugares de vida y de muerte, de refugio y de peligro, de regocijo y de duelo. Es en la plaza en donde, la noche antes del asesinato de Santiago Nasar, se ha «parrandeado» en celebración de las bodas de Bayardo San Román y Ángela Vicario. Cuando se descubre que Santiago Nasar la había seducido anteriormente, los hermanos Vicario deciden vengarse y, en la misma plaza en que habían celebrado el rito nupcial de las bodas, lo esperan para matarlo. Su casa está frente a la plaza y se transforma, de refugio, en sitio de muerte. Al huir de sus asesinos, Santiago Nasar descubre que la puerta delantera de su hogar está cerrada con llave. Allí, en el umbral, lugar entre la vida y la muerte, entre el refugio y el peligro, entre la familia y los enemigos, los hermanos Vicario hieren mortalmente a Santiago Nasar.

En *Crónica de una muerte anunciada* no se manifiesta la concentración del tiempo en un presente eterno, como había sido el caso en *Cien años de soledad* y en *El otoño del patriarca*. Sin embargo, en la novela, como en la del patriarca, todo se concentra alrededor del momento en que el tiempo mismo parece detenerse: el momento de la muerte. Una concentración temporal de otra índole es igualmente importante: la novela se desarrolla más o menos de acuerdo con las tres unidades clásicas, en especial las del espacio (como hemos visto ya) y del tiempo. Los últimos noventa minutos de vida de Santiago Nasar son el tiempo que empleamos en leer la novela o el que emplearíamos en presenciarla en el teatro. Comenzamos, en la primera oración, con el momento en que despierta, y terminamos, en la última, con su derrumbamiento de bruces en la cocina, mortalmente herido. A este nivel, el tiempo de la novela parece ser puramente lineal. Considérese la primera palabra del título: «Crónica». Ésta, que deriva del latín *Chronicus* (y del griego *chronos*), significa «tiempo». Una crónica es una «historia en que se van exponiendo los acontecimientos por el orden en que han ido ocurriendo» (*Diccionario* [*Moliner*] *de uso del español*). Este orden, naturalmente, es sucesivo, lineal [4].

Sin embargo, el concepto de «crónica» es inadecuado para explicar el uso del tiempo en esta novela. No explica otros niveles temporales. Por ejemplo, el nivel del lector. Todos conocemos el fin —que Santiago Nasar está destinado a morir aquella mañana— a partir del principio. Otro nivel es el del narrador-García Márquez. Éste trata, desde el tiempo presente, de reconstruir el crimen que había casi «presenciado» tantos años antes. Su tiempo incluye no sólo el que ocupa la investigación periodística y la narración de los hechos, sino además —por ser él el autor— todos los tiempos de la gente que tuvo algo que ver con el crimen. A este nivel, el tiempo es —diría— de nuevo circular; es decir, el presente y el pasado existen en un vaivén parecido al del «saber» y al del «ignorar»: el del círculo hermenéutico (véase el análisis de dicho círculo en nuestras páginas sobre *El otoño del patriarca*). Los tiempos de la gente incluyen sus memorias. Abarcan la época antes del crimen (desde la llegada de Bayardo San Román al pueblo hasta sus bodas con Ángela Vicario y el descubrimiento de que ella no era virgen), la época (los minutos y las horas) del crimen, y el transcurso después del crimen (el encarcelamiento de los hermanos Vicario, su juicio, su condena, y las experiencias de los ciudadanos en los años siguientes). Quizás, paradójicamente, los tiempos y las memorias del pueblo, junto con las del narrador-

---

[4] La palabra «crónica» trae a la memoria el género literario con que comenzó nuestra literatura: las crónicas de los descubridores y conquistadores. La historia de la muerte de Santiago Nasar es, desde luego, otra crónica, pero al estilo del siglo XX. Es decir, aquí no se describe la conquista o el descubrimiento de un continente o de una civilización, sino más bien el descubrimiento de la «verdad» sobre un delito. Su *Crónica* es social y psicológica, más al estilo de *El Carnero* (de Juan Rodríguez Freyle) que de *Historia verdadera de la conquista de la Nueva España* (de Bernal Díaz del Castillo).

Espacio, tiempo y las metamorfosis del mito 279

autor, se incluyen dentro de una «cronología» que parece ser puramente lineal y que, para nosotros, es simultánea con la lectura. A diferencia de lo que sucede con las grandes obras míticas, en *Crónica de una muerte anunciada*, la metáfora de la línea parece dominar a la del círculo.

Sin embargo, el círculo sigue siendo importante, porque en *Crónica de una muerte anunciada*, García Márquez parece completar varios ciclos, aunque quizá no para siempre: el de la autobiografía, porque regresa a un episodio de su juventud; el de su profesión, porque regresa al periodismo; el del estilo, porque vuelve a una prosa de sutil simplicidad. También el del mito porque adopta, de nuevo, la fatalidad y el destino como temas míticos en el sentido de la tragedia clásica; y no menos el de la historia de la literatura hispanoamericana, porque vuelve, con su título, al género (pero no a la forma narrativa) con que se inicia nuestra literatura: la crónica. Cierra, además, el círculo al volver a explicar las cosas de manera sociológica: el concepto del honor y honra, y su ritual (la venganza en un pueblito de la costa de Colombia).

Mencionemos, por último, un círculo que señala no tanto el regreso a la obra del pasado remoto, sino más bien la continuación de una técnica utilizada brillantemente en *El otoño del patriarca*: el círculo hermenéutico. En *Crónica de una muerte anunciada*, García Márquez demuestra, otra vez, lo difícil que es establecer la verdad sobre cualquier hecho, y lo incompleta que resulta toda investigación. Presenta, en ambas obras, una fenomenología del acto de leer y del proceso hermenéutico. Investiga en ambas el mismo proceso. Indica cómo, aún después de que se sabe todo lo que se puede saber sobre un hecho, existe —y existirá siempre— «otra verdad detrás de la verdad» (*Otoño del patriarca*, pág. 47), otro círculo detrás del círculo, otra interpretación nueva. Lo mismo sucede con nuestro estudio. Queda mucho por decir, por interpretar. Nuestros esfuerzos, por convincentes que sean (algunos), sólo pueden considerarse un único paso dentro del proceso interminable, pero fascinante, que constituye el análisis de toda gran literatura.

BIBLIOGRAFÍA SELECTA

I. POR GARCÍA MÁRQUEZ

A. ESCRITOS

Cien años de soledad, Buenos Aires, Editorial Sudamericana, 1967.

Crónica de una muerte anunciada, Bogotá, Editorial La Oveja Negra, 1981.

Crónicas y reportajes, Bogotá, Instituto Colombiano de Cultura, 1976.

«Desventuras de un escritor de libros» (1966), reimpreso en *Eco*, núm. 212 (junio de 1979), 113-115.

«Fantasía y creación artística en América Latina y el Caribe», *Texto Crítico*, 5, núm. 14 (julio-septiembre de 1979), 3-8.

Gabriel García Márquez. Obra periodística. Vol. I. Textos costeños, recopilación y prólogo de Jacques Gilard, Barcelona, Bruguera, 1981.

La hojarasca, Buenos Aires, Editorial Sudamericana, 1972.

La mala hora, Buenos Aires, Editorial Sudamericana, 1972.

«Mi Hemingway personal», *El Espectador* (26 de julio de 1981); en inglés, *New York Times Book Review* (26 de julio de 1981).

(Con Mario Vargas Llosa), *La novela en América Latina: diálogo entre Gabriel García Márquez y Mario Vargas Llosa*, Lima, C. Millá Batres, 1968.

El otoño del patriarca, Barcelona, Plaza y Janés, 1975.

The Autumn of the Patriarch, Gregory Rabassa, trad. New York, Harper and Row, 1976.

Relato de un náufrago que estuvo diez días a la deriva en una balsa sin comer ni beber, que fue proclamado héroe, besado por las reinas de la belleza, hecho rico por la publicidad, y luego aborrecido por el gobierno y olvidado para siempre (1955); reed., Barcelona, Tusquets Editor, 1972.

Todos los cuentos por Gabriel García Márquez (1947-1972), Barcelona, Plaza y Janés, 1975.

B. ENTREVISTAS

Castro, Rosa, «Con Gabriel García Márquez», en *Recopilación de textos sobre Gabriel García Márquez*, La Habana, Casa de las Américas, 1969, páginas 29-33.

Couffon, Claude, «Gabriel García Márquez habla de *Cien años de soledad*», en *Recopilación de textos sobre Gabriel García Márquez*, La Habana, Casa de las Américas, 1969, págs. 45-47.

Domingo, José, «Entrevista a García Márquez», *Ínsula* (Madrid), núm. 259 (junio de 1968), 6-11.

— «Entrevista a García Márquez», *Tiempo* (México), núm. 1380 (14 de octubre de 1968), 60.

Durán, Armando, «Conversaciones con Gabriel García Márquez», *Revista Nacional de Cultura* (Caracas), 29, núm. 185 (julio-agosto-septiembre de 1968), 23-43.

García Márquez, Gabriel, *El olor de la guayaba*. Conversaciones con Plinio Apuleyo Mendoza, Barcelona, Editorial Bruguera, 1982.

González Bermejo, Ernesto, «Gabriel García Márquez: la imaginación al poder en Macondo», *Crisis* (Buenos Aires), 2, núm. 24 (abril de 1975), 40-43.

— «García Márquez: ahora doscientos años de soledad», *Triunfo* (Madrid, número 441 (14 de noviembre de 1970), 12-18; también en *Casa de las Américas* (La Habana, Cuba), 10, núm. 63 (noviembre-diciembre de 1970).

Guibert, Rita, *Seven Voices: Seven Latin American Writers Talk to Rita Guibert*, New York, Alfred A. Knopf, 1973, págs. 303-338.

Oviero, Ramón, «He sido un escritor explotado. Gabriel García Márquez», entrevista en *Ahora* (Santo Domingo), año 15, núm. 656 (1976), 34-39.

Rentería Mantilla, Alfonso, ed., *García Márquez habla de García Márquez. 33 reportajes*, Bogotá, Rentería Editores, 1979.

Sheridan, Guillermo, y Armando Pereira, «García Márquez en México (Entrevista)», *Revista de la Universidad de México*, 30, núm. 6 (febrero de 1976).

Torres, Augusto M., «Entrevista con Gabriel García Márquez», *Cuadernos para el Diálogo*, núm. 66 (marzo de 1969), 44-45.

II. SOBRE GARCÍA MÁRQUEZ

A. LIBROS

Alfaro, Gustavo, *Constante de la historia de Latinoamérica en García Márquez*, Cali, Colombia, Banco Popular, 1979.

Arnau, Carmen, *El mundo mítico de Gabriel García Márquez*, Barcelona, Ediciones Península, 1971, 2.ª ed., 1975.

Barros Valera, Cristina, *El amor en «Cien años de soledad»*, México, s. ed., 1971, 27 págs.

Benedetti, Mario et al., *Nueve asedios a García Márquez*, Santiago de Chile, Editorial Universitaria, 1971.

Bollettino, Vicenzo, *Breve estudio de la novelística de García Márquez*, Madrid, Plaza Mayor, 1973.

Carreras González, Olga, *El mundo de Macondo en la obra de Gabriel García Márquez*, Miami, Ediciones Universal, 1974.

Carrillo, Germán Darío, *La narrativa de Gabriel García Márquez. Ensayos de interpretación*, Madrid, Editorial Castalia, 1975.

Clementelli, Elena, *García Márquez*, Firenze, La Nuova Italia, 1974.

Corrales Pascual, Manuel, ed., *Lectura de García Márquez: doce estudios*, Quito, Centro de Publicaciones de la Pontificia Universidad del Ecuador, 1975.

Fernández-Braso, Miguel, *La soledad de Gabriel García Márquez: Una conversación infinita*, Barcelona, Planeta, 1972.

García, Samuel, *Tres mil años de literatura en «Cien años de soledad»: intertextualidad en la obra de García Márquez*, Medellín, Colombia, Editorial Lealon, 1977.

Giacoman, Helmy Fuad, compilador, *Homenaje a Gabriel García Márquez: variaciones interpretativas en torno a su obra*, Long Island City, New York, Las Américas, 1972.

González-del-Valle, Luis y Vicente Cabrera, *La nueva ficción hispanoamericana a través de Miguel Ángel Asturias y Gabriel García Márquez*, New York, Eliseo Torres, 1972.

Gullón, Ricardo, *García Márquez o el olvidado arte de contar*, Madrid, Taurus, 1970.

Kulin, Katalin, *Creación mítica en la obra de García Márquez*, Budapest, Akadémiai Kiadó, 1980.

Levine, Suzanne Jill, *El espejo hablado: un estudio de «Cien años de soledad»*, Caracas, Monte Avila, 1975.

Ludmer, Josefina, *«Cien años de soledad»: una interpretación*, Buenos Aires, Editorial Tiempo Contemporáneo, 1972, 1974.

McMurray, George R., *Gabriel García Márquez*, New York, Ungar, 1977, trad. por H. Valencia Goelkel, Bogotá, C. Valencia, 1978.

Martínez, Pedro Simón, compilador, *Recopilación de textos sobre Gabriel García Márquez*, La Habana, Casa de las Américas, 1969; edición aumentada: *Sobre García Márquez*, Montevideo, Biblioteca de la Marcha, 1971.

Maturo, Graciela, *Claves simbólicas de Gabriel García Márquez*, 1.ª ed., 1972; 2.ª ed. rev., Buenos Aires, Fernando García Cambeiro, 1977.

Mejía Duque, Jaime, *Mito y realidad en Gabriel García Márquez*, Bogotá, Editorial La Oveja Negra, 1970.

— «*El otoño del patriarca*» *o la crisis de la desmesura*, Medellín, Colombia, La Oveja Negra, c. 1975.

Mena, Lucila Inés, *La función de la historia en «Cien años de soledad»*, Barcelona, Plaza y Janés, 1979.

Mercado Cardona, Homero, *Macondo: una realidad llamada ficción*, Barranquilla, Colombia, Ediciones Universidad del Atlántico, 1971.

Porrata, Francisco E., y Fausto Avendaño (eds.), *Explicación de «Cien años de soledad». García Márquez*, San José, Costa Rica, Editorial Texto, 1976; suplemento núm. 1 de *Explicación de textos literarios*, 4 (1976).

Rama, Ángel, y Mario Vargas Llosa, *García Márquez y la problemática de la novela*, Buenos Aires, Corregidor-Marcha, 1973.

Ramírez Molas, Pedro, *Tiempo y narración. Enfoques de la temporalidad en Borges, Carpentier, Cortázar y García Márquez*, Madrid, Gredos, 1978.

Ramos, Oscar Gerardo, *De Manuela a Macondo*, Bogotá, Instituto Colombiano de Cultura, 1972.

Sáenz, Mercedes, *Gabriel García Márquez: tres ensayos y una bibliografía*, Hato Rey, Puerto Rico, Editorial Turabo, 1977.

Strausfeld, Mechthild, *Aspekte des Neuen Lateinamerikanischen Romans und Ein Modell: Hundert Jahre Einsamkeit Gabriel García Márquez*, Bern, Herbert Lang, 1976.

Vargas Llosa, Mario, *García Márquez: Historia de un deicidio*, Caracas, Monte Ávila, 1971.

B. Artículos y capítulos en libros

Aguirre, Ángel M., «Gabriel García Márquez y la crítica», *Revista/Review Interamericana*, 3, núm. 4 (1974), 368-376.

Álvarez de Dross, Tulia, «El mito y el incesto en *Cien años de soledad*», *Eco* (Bogotá), 29/2, núm. 110 (junio de 1969), 179-187.

Álvarez Gardeazábal, Gustavo, «Las formas de hacer el amor en *Cien años de soledad*», *Explicación de Textos Literarios*, 4, suplemento 1 (1976), 39-63.

— «La novela hispanoamericana; García Márquez y Vargas Llosa», *Indice*, 340 (1973), 50-51.

Anónimo, «Cien años de un pueblo», *Visión. Revista Internacional*, Santiago de Chile (Empresa Editorial Zig-Zag, S. A.), 33, núm. 4 (21 de julio de 1967, 27-29.

Araujo, Helena, «Las macondanas», *Eco* (Bogotá), 21/5, núm. 125 (septiembre de 1970), 505-513.

Arenas Saavedra, Anita, «La estructura mítica en *Cien años de soledad*», *Revista de la Universidad de Zulia* (Maracaibo, Venezuela), núm. 52 (1972), 24-31.

Avaria de Wilson, Carmen, «Macondo: espejo para el mito», *Taller de Letras* (Santiago de Chile), núm. 1 (1971), 66-72.

Balladares Cuadra, José Emilio, «*Cien años de soledad*, máquina de la vida y máscara de la muerte de la América Hispánica», *Revista del Pensamiento Centroamericano* (Managua), 31, núm. 152 (julio a septiembre de 1976), 1-60.

Barrera, Marion K., «*El otoño del patriarca* y la idea del eterno retorno», *Cuadernos Hispanoamericanos*, núm. 310 (abril de 1976), 176-186.

Benedetti, Mario, «García Márquez o la vigilia dentro del sueño», en *Letras del continente mestizo*, Montevideo, Editorial Arca, 1967, 180-189.

— «El recurso del supremo patriarca», *Casa de las Américas* (La Habana), 17, núm. 98 (septiembre-octubre de 1976), 12-23.

Benvenuto, Sergio, «Estética como historia. Gabriel García Márquez, *Cien años de soledad*», *El Caimán Barbudo*, suplemento cultural de *Juventud Rebelde* (La Habana), época 2, núm. 23 (septiembre de 1968), 5-8.

Blanco Aguinaga, Carlos, «Sobre la lluvia y la historia en las ficciones de García Márquez», en *De mitólogos y novelistas*, Madrid, Ediciones Turner, 1975, págs. 27-50.

Bouché, Claude, «Mythe et structures dans *Cien años de soledad* de Gabriel García Márquez», *Marche Romane* (Liège), 23-24 (1973-1974), 237-249.

Brotherston, Gordon, «An End to Secular Solitude», en *The Emergence of the Latin American Novel*, Cambridge, England, Cambridge University Press, 1977, págs. 122-135.

— «García Márquez and the Secrets of Saturno Santos», *Forum for Modern Language Studies* (St. Andrews, Scotland), 15, núm. 2 (1979), 144-149.

Brown, Kenneth, «Los Buendía de antaño», *Cuadernos Hispanoamericanos* (Madrid), núm. 311 (abril de 1976), 440-450.

Campos, Jorge, «Gabriel García Márquez», en Joaquín Roy (ed.), *Narrativa y crítica de nuestra América*, Madrid, Castalia, 1978, págs. 317-350.
Carreras González, Olga, «La violencia en el Macondo de Gabriel García Márquez», *Cuadernos Americanos*, 203 (1975), 204-211.
Carrillo, Germán Darío, y Barry Stults, «*Cien años de soledad* y el concepto de la 'caída afortunada'», *Revista Iberoamericana*, 38 (1972), 237-262.
— «Mito bíblico y experiencia humana en *Cien años de soledad*», *Explicación de Textos Literarios*, 6, anejo 1 (1976), 79-100.
— «La narrativa colombiana (1960-70)», *Nueva Narrativa Hispanoamericana*, 2, núm. 1 (enero de 1972), 149-157.
— «Nota sobre el realismo mágico en *Cien años de soledad*», *Revista Interamericana de Bibliografía* (Washington, D. C.), 22, núm. 59 (1972), 257-267.
Coba Borda, Juan Gustavo, «Gabriel García Márquez: mito y realidad», *Arco* (Bogotá), núm. 88 (febrero de 1968), 130-143.
Corral, Wilfrido H., «La serie de *La Sierpe*: García Márquez y la disolución informativa», *Texto Crítico*, 3, núm. 8 (septiembre-diciembre de 1977), 73-87.
Cotelo, Rubén, «García Márquez y el tema de la prohibición del incesto», *Temas* (Montevideo), núm. 13 (julio-septiembre de 1967) 19-22.
Cueva, Augustín, «Para una interpretación sociológica de *Cien años de soledad*», *Revista Chilena de Literatura*, 5-6 (1972), 151-170.
Davis, Mary E., «The Voyage Beyond the Map: 'El ahogado más hermoso del mundo'», *Kentucky Romance Quarterly*, 26, núm. 1 (1979), 25-33.
Delay, Florence, y Jacqueline de Labriolle, «Márquez est-il le Faulkner colombien?», *Revue de Littérature Comparée*, 47 (1973), 88-123.
Dellepiane, Ángela B., «Tres novelas de la dictadura: *El recurso del método*, *El otoño del patriarca*, *Yo el supremo*», *Cahiers du Monde Hispanique et Luso-Brésilien*, 29 (1977), 65-87.
Delogu, Ignazio, «*L'autumno del patriarca*», *Unità*, 18 (diciembre de 1975), 3,
Dorfman, Ariel, «La muerte como acto imaginativo en *Cien años de soledad*», en *La novela hispanoamericana actual*, Ángel Flores y Raúl Silva Cáceres, eds., New York, Las Américas, 1971.
Fernández, Gastón F., «Dios y el patriarca en *El otoño del patriarca*», en *The Twenty-Seventh Annual Mountain Interstate Foreign Language Conference*, Eduardo Bazán y Manuel Laurentino Suárez, eds., Johnson City, Tennessee, Research Council of East Tennessee University, 1978, págs. 186-192.

Franco, Jean, «El viaje frustrado de la literatura hispanoamericana contemporánea», *Casa de las Américas* (La Habana), 9, núm. 53 (marzo-abril de 1969), 119-122.

— «Los límites de la imaginación liberal: *Cien años de soledad* y *Nostromo*», *Revista de Crítica Literaria Latinoamericana* (Lima), 2, núm. 3 (enero-julio de 1976), 69-81.

Fuentes, Carlos, «Gabriel García Márquez: La segunda lectura», en *La nueva novela hispanoamericana*, México, Joaquín Mortiz, 1969, páginas 58-67.

— «Macondo, sede del tiempo», en *Sobre García Márquez*, Montevideo, Biblioteca Marcha, 1971, págs. 112-114.

Gamboa, Rubén A., «Reseña de *El otoño del patriarca*», *Handbook of Latin American Studies*, 38 (1976), 425.

Garavito, Julián, «GGM y la crítica francesa», *Razón y Fábula* (Univ. de los Andes, Bogotá), núm. 11 (enero-febrero de 1969), 120-122.

García Barragán, María C., «*El otoño del patriarca* un año después», reseña, *Abside*, 40 (1976), 274-277.

Gariano, Carmelo, «Lo medieval en el cosmos mágico fantástico de García Márquez», en *Otros mundos otros fuegos*, Donald A. Yates, ed., East Lansing, Michigan State University, 1975, págs. 347-53.

Gilard, Jacques, «Cronología de los primeros textos literarios de García Márquez, *Revista de Crítica Literaria Latinoamericana* (Lima), 2, número 3 (1976), 95-106.

— «García Márquez en 1950 et 1951: quelques donnees sur la genèse d'une oeuvre», *Cahiers du Monde Hispanique et Luso-brésilien* (Toulouse), 26 (1976), 123-146.

— «García Márquez, le groupe de Barranquilla et Faulkner», *Cahiers du Monde Hispanique et Luso-brésilien*, 27 (1976), 159-170.

— «Littérature colombienne: de Barranquilla à Barcelone», *Cahiers du Monde Hispanique et Luso-brésilien*, 29 (1977), 169-181.

— «La obra periodística de García Márquez, Barranquilla (1950-52)», *Eco*, 30/2, núm. 182 (diciembre de 1975), 168-198.

— «La obra periodística de García Márquez, 1954-1956», *Revista de Crítica Literaria Latinoamericana* (Lima), 2, núm. 4 (julio-diciembre de 1976), 151-176.

Giordano, Jaime, «GGM, *Cien años de soledad*...», *Revista Iberoamericana*, 34, núm. 65 (enero-abril de 1968), 184-186.

González Echevarría, Roberto, «Big Mama's Wake», *Diacritics*, 4, núm. 2 (primavera de 1974), 55-57.

— «With Borges in Macondo», *Diacritics*, 2, núm. 1 (primavera de 1972), 57-60.
Granda, Germán de, «Un afortunado fitónimo bantú: 'Macondo'», *Thesaurus* (Bogotá), 26, núm. 3 (septiembre-diciembre de 1971), 485-494.
Grande, Félix, «Con García Márquez en un miércoles de ceniza», *Cuadernos Hispanoamericanos* (Madrid), 74, núm. 222 (junio de 1968), 632-641.
Gullón, Ricardo, «García Márquez o el olvidado arte de narrar: simbología», *Explicación de Textos Literarios*, 4, suplemento núm. 1 (1976), 137-150.
Hancock, Joel, «Gabriel García Márquez's 'Eréndira' and The Brothers Grimm», *Studies in Twentieth Century Literature*, 3, núm. 1 (otoño de 1978), 43-52.
Harss, Luis, «Gabriel García Márquez, o la cuerda floja», en *Los nuestros*, Buenos Aires, Editorial Sudamericana, 1969, págs. 381-419. Apareció primero en *Mundo Nuevo* (Paris), núm. 6 (1966).
— «Macondo. Huevo filosófico», en *Otros mundos otros fuegos*, Donald A. Yates, ed., East Lansing, Michigan State University, 1975, págs. 322-323.
Hazera, Lydia D., «Estudio sinóptico de las personalidades femeninas», *Explicación de Textos Literarios*, 4, suplemento 1 (1976), 151-169.
— «Estructura y temática de *La mala hora* de Gabriel García Márquez», *Thesaurus* (Bogotá), 28, núm. 3 (septiembre-diciembre de 1973), 471-481.
Janes, Regina, «The End of Time in *Cien años de soledad* and *El otoño del patriarca*», *Chasqui*, 7, núm. 2 (febrero de 1977), 28-35.
Jansen, André, «Procesos humorísticos de *Cien años de soledad* y sus relaciones con el barroco», en *XVII Congreso del Instituto Internacional de Literatura Iberoamericana*, Madrid, Universidad Complutense de Madrid, 1975, págs. 681-693.
— «Procesos irónicos de *Cien años de soledad*». *Explicación de Textos Literarios*, 4, suplemento 1 (1976), 171-183.
Jara Cuadra, René, «Mito y estructura en *Cien años de soledad*», *Vórtice* (Stanford University, California), 2, núm. 1 (primavera de 1978), 96-102.
— «Las claves del mito en *Cien años de soledad*», en *La novela hispanoamericana: Descubrimiento e invención de América*, Valparaíso, Chile, Ediciones Universitarias de Valparaíso, 1973, págs. 177-207.
Jitrik, Noé, «La perifrástica productiva en *Cien años de soledad*», *Eco* (Bogotá), 27/6, núm. 168 (octubre de 1974), 578-601.
Joset, Jacques, «El bestiario de Gabriel García Márquez», *Nueva Revista de Filología Hispánica* (México), 23 (1974), 65-87.
— «Cronos devorando al otoño, su hijo descomunal», *Revista Iberoamericana*, 42, núm. 94 (enero-marzo de 1976), 95-103.

— «Lettres hispano-américaines: Le paradis perdu de Gabriel García Márquez», *Revue des Langes Vivantes* (Bruxelles), 37, núm. 1 (1971), 81-90.

Kennedy, William, «The Yellow Trolley Car in Barcelona and Other Visions: A Profile of Gabriel García Márquez», *Atlantic Monthly* (enero de 1973), págs. 50-59.

Kersten, Raquel, «Gabriel García Márquez y el arte de lo verosímil», *Revista Iberoamericana*, 46, núms. 110-111 (1980), 195-204.

Kiely, Robert, «*One Hundred Years of Solitude*», reseña sobre *Cien años de soledad* de Gabriel García Márquez, *New York Times Book Review*, 8 de marzo de 1970, págs. 6 y sigs.

Kulin, Katalin, «*Cien años de soledad*. Aspectos de su mundo mítico», *Anales de Literatura Hispanoamericana* (Madrid), núms. 2-3 (1973-1974), 677-685.

— «En busca de un presente ausente», *Annales Sectio Philologica Moderna* (Budapest), 4 (1976), 18-24.

— «García Márquez: *The Fall of the Patriarch*», *Neohelicon*, 4, núms. 1-2 (1976), 147-169; traducido al español en *Texto Crítico*, 3, núm. 8 (septiembre-diciembre de 1977), 88-103.

— «Orden de valores en el mundo de *Cien años de soledad*», en *Otros mundos otros fuegos*, Donald A. Yates, ed. East Lansing, Michigan State University, 1975, págs. 393-397.

— «Reasons and Characteristics of Faulkner's Influence on Latin-American Fiction», *Acta Litteraria Academiae Scientiarum Hungaricae* (Budapest), 13 (1971), 349-363.

— «Recursos de la creación mítica: Faulkner, Onetti, Rulfo, García Márquez», *Annales Universitatis Scientarium Budapestinensis* (1975), páginas 97-138.

Lastra, Pedro, «La tragedia como fundamento estructural de *La hojarasca*», *Letras* (Lima), núms. 78-79 (1967), 132-144.

Leal, Luis, «En torno a *Cien años de soledad*», *Caribe* (Honolulu), 1, número 2 (otoño de 1976), 117-119.

Lerner, Isaías, «A propósito de *Cien años de soledad*», *Cuadernos Americanos* (México), año 28, 162, núm. 1 (enero-febrero de 1969), 186-200.

Levine, Suzanne Jill, «*Cien años de soledad* y la tradición de la biografía imaginaria», *Revista Iberoamericana*, 36, núm. 72 (julio-septiembre de 1970), 453-463.

— «La maldición del incesto en *Cien años de soledad*», *Revista Iberoamericana*, 37, núms. 76-77 (julio-diciembre de 1971), 711-724.

— «'Lo real maravilloso': de Carpentier a García Márquez», *Eco* (Bogotá), 20/6, núm. 120 (abril de 1970), 563-576.

López-Baralt, Luce, «Algunas observaciones sobre el rescate artístico de la niñez en *Cien años de soledad* y *El tambor de hojalata*», *Sin Nombre* [antes: *Asomante*], 1, núm. 4 (1971), 55-67.

López-Capestany, Pablo, «Gabriel García Márquez y *la soledad*», *Cuadernos Hispanoamericanos* (Madrid), 99, núm. 297 (marzo de 1975), 613-623.

López-Morales, Eduardo E, «La dura cáscara de *La soledad*», *Pensamiento Crítico* (La Habana), núm. 12 (enero de 1968), 185-199. También en *Papeles* (Caracas), núm. 1 (1969), 32-39.

Lozano, Marisol, «El tiempo cíclico como la negación de la historia en *Cien años de soledad*», *Razón y Fábula* (Bogotá), núm. 36 (abril-junio de 1974), 35-58.

Luna, Norman, «The Barbaric Dictator and the Enlightened Tyrant in *El otoño del patriarca* and *El recurso del método*», *Latin American Literary Review*, 15 (1979), 25-32.

McGrady, Donald, «Acerca de una colección desconocida de relatos por Gabriel García Márquez», *Thesaurus* (Bogotá), 27, núm. 2 (mayo-agosto de 1972), 293-320.

McMurray, George R., «Reality and Myth in García Márquez's *Cien años de soledad*», *Bulletin of The Rocky Mountain Language Association*, 23 (diciembre de 1969), 175-182.

Maldonado-Denis, Manuel, «La violencia del subdesarrollo y el subdesarrollo de la violencia: un análisis de *El otoño del patriarca* de Gabriel García Márquez», *Casa de las Américas* (La Habana), 17, núm. 98 (septiembre-octubre de 1976), 24-35.

Mallet, Brian J., «Los funerales del patriarca que no quiere morir», *Arbor: Revista General de Investigación y Cultura* (Madrid), 377 (mayo de 1977), 45-58.

— «García Márquez y François Rabelais: un análisis del cuento, 'Los funerales de Mamá Grande'», *Revista de la Universidad de Antioquia* (Medellín, Colombia), núm. 184 (enero-marzo de 1972), 25-41.

— «Imagen y fantasía en la obra de García Márquez», *Kentucky Romance Quarterly*, 24, núm. 3 (1977), 289-299.

— «Política y fatalidad en *La hojarasca* de García Márquez», *Revista Iberoamericana*, 42, núms. 96-97 (julio-diciembre de 1976), 535-544.

Mead, Robert G., «Aspectos del espacio y el tiempo en *La casa verde* y *Cien años de soledad*», *Cuadernos Americanos* (México), año 30, 179, número 6 (1971), 240-244.

Mena, Lucila Inés, «*Cien años de soledad*: novela de 'La Violencia'», *Hispamérica*, 5, núm. 13 (abril de 1976), 3-25.

— «El general Rafael Uribe Uribe como modelo histórico del coronel Aureliano Buendía en *Cien años de soledad*», *Revista Interamericana de Bibliografía* (DAS-Washington), 25, núm. 2 (abril-junio de 1975), 150-168.

— «La huelga bananera como expresión de lo 'Real Maravilloso' americano en *Cien años de soledad*», *Bulletin Hispanique*, 74, núms. 3-4 (1972), 379-405.

— «Melquíades y el proceso del conocimiento», *Symposium* (Syracuse, N. Y.), 30, núm. 2 (verano de 1976), 128-141.

— «Melquíades y la tradición cultural de Macondo», *Quaderni Ibero-Americani* (Torino, Italia), 49, núm. 50 (1976-1977), 1-8.

Menton, Seymour, «*Respirando el verano*, fuente colombiana de *Cien años de soledad*», *Revista Iberoamericana*, 41, núm. 91 (abril-junio de 1975), 203-217.

— «Ver para no creer», *Caribe* (Hawaii), 1, núm. 1 (1976), 5-28.

Merrell, Floyd, «José Arcadio Buendía's Scientific Paradigms: Man in Search of Himself», *Latin American Literary Review* (Pittsburgh-Carnegie Mellon University), 2, núm. 4 (1974), 59-70.

Morgan, William A., «La modernidad de *Cien años de soledad*», *Explicación de Textos Literarios*, 3, núm. 2 (1974-1975), 143-149.

Müller, Gerd F., «*Hundert Jahre Einsamkeit* und der Mythus der ewigen Wiederkehr», *Orbis Litterarum* (Copenhagen), 29 (1974), 268-282.

Müller-Bergh, Klaus, «*Relato de un náufrago*: Gabriel García Márquez's Tale of Shipwreck and Survival at Sea», *Books Abroad*, 47 (1973), 460-466.

Muñoz M., Mario, «Los habitantes de Macondo y su periferia», *Cuadernos Hispanoamericanos* (Madrid), núm. 299 (mayo de 1977), 422-432.

Neghme Echeverría, Lidia, «La ironía trágica en un relato de García Márquez», *Eco* (Bogotá), 27/6, núm. 168 (octubre de 1974), 622-646.

Oberhelman, Harley Dean, «García Márquez and the American South», *Chasqui*, 5, núm. 1 (1975), 29-38.

Onstine, Roberto, «Forma, sentido e interpretación del espacio imaginario en *El otoño del patriarca*», *Cuadernos Hispanoamericanos* (Madrid), número 317 (1976), 428-433.

Ortega, Julio, «*El otoño del patriarca*: texto y cultura», *Eco* (Bogotá), 32/6-33/1-2, núms. 198-200 (abril-mayo-junio de 1978), 678-703.

— «Gabriel García Márquez: *Cien años de soledad*», en *La contemplación y la fiesta: Ensayos sobre la nueva novela latinoamericana*, Lima, Editorial Universitaria, 1968. Reed., Caracas, Monte Ávila, 1969, págs. 44-58.

Otero, José Miguel, «García Márquez: La novela como taumaturgia», *American Hispanist*, 1, núm. 2 (1975), 4-9.

Oviedo, José Miguel, «*Cien años de soledad*. Macondo: un territorio mágico y americano», *Víspera* (Montevideo), 1, núm. 4 (enero de 1968), 64-68. También en su *Aproximación a Gabriel García Márquez*, Montevideo, Fundación de Cultura Universitaria, 1969, págs. 3-15.

Palau de Nemes, Graciela, «Gabriel García Márquez: *El otoño del patriarca*», *Hispamérica: Revista de literatura*, 4, núms. 11-12 (1975), 173-183.

Peniche Vallado, Leopoldo, «*El otoño del patriarca*: Valores novelísticos en desequilibrio», *Cuadernos Americanos* (México), año 35, 207, número 4 (julio-agosto de 1976), 209-223.

Pérez Botero, Luis A., «El método paranoico-crítico de *El otoño del patriarca*», *Caribe* (Honolulu), 1, núm. 2 (otoño de 1976), 109-116.

— «Tres imágenes del hombre en la novela», *Revista de Letras* (Universidad de Puerto Rico en Mayagüez), 3, núm. 9 (marzo de 1971), 129-144.

Pineda, Rafael, «*Cien años de soledad*», *Revista Nacional de Cultura* (Caracas), núm. 182 (octubre-diciembre de 1967), 62-87.

Rabassa, Gregory, «Beyond Magic Realism: Thoughts on the Art of Gabriel García Márquez», *Books Abroad*, 47, núm. 3 (1973), 444-450.

Rama, Ángel, «La iniciación literaria de Gabriel García Márquez», *Texto Crítico*, 1, núm. 1 (enero-junio de 1975), 5-13.

— «Un novelista de la violencia americana», *Marcha* (Montevideo), número 1201 (17 de abril de 1964), 22-23.

— «Un patriarca en la remozada galería de dictadores», *Eco* (Bogotá), 29/4, núm. 178, (agosto de 1975), 408-443.

Reid, Alastair, «Basilisks' Eggs», *The New Yorker* (8 de noviembre de 1976), págs. 175-208.

Ribeyro, Julio Ramón, «Algunas digresiones en torno a *El otoño del patriarca*», *Eco* (Bogotá), 31/1, núm. 187 (mayo de 1977), 101-108.

Roberts, Gemma, «El poder en lucha con la muerte: *El otoño del patriarca*», *Revista de Archivos, Bibliotecas y Museos* (Madrid), núm. 79 (1976), 279-298.

— «El sentido de lo cómico en *Cien años de soledad*», *Cuadernos Hispanoamericanos* (Madrid), núm. 312 (junio de 1976), 708-722.

Rodríguez Monegal, Emir, «La hazaña de un escritor», *Visión* (México), 37, número 2 (18 de julio de 1969), 27-31.

— «Novedad y anacronismo en *Cien años de soledad*», *Revista Nacional de Cultura* (Caracas), 29, núm. 185 (julio-agosto-septiembre de 1968), 17-39.
— «Realismo mágico versus literatura fantástica: un diálogo de sordos», en *Otros mundos otros lugares*, Donald A. Yates, ed. East Lansing, Michigan State University, 1975, págs. 25-37.
— «*One Hundred Years of Solitude*: The Last Three Pages», *Books Abroad*, 47, núm. 3 (1973), 485-489.
Rodríguez-Puértolas, Carmen C. «Aproximación a la obra de Gabriel García Márquez», *Universidad Nacional del Litoral* (Santa Fe, República Argentina), núm. 76 (julio-diciembre de 1968), 9-45.
Roldán de Micolta, Aleyda, «*Cien años de soledad*: una novela construida sobre espejos», *Explicación de Textos Literarios*, 6, anejo 1 (1976), 239-258.
Rolfe, Doris Kay, «*La hojarasca*: El monólogo en la novela lírica», *Explicación de Textos Literarios*, núm. 2 (1973), 151-162.
— «Tono y estructura en *Cien años de soledad*», Explicación de textos literarios, 4, suplemento 1 (1976), 259-282.
Roy, Joaquín, «Represión, derecho y narración: De la protesta en Asturias y Fuentes al realismo 'mágico-jurídico' en García Márquez», *Explicación de Textos Literarios*, 2, núm. 2 (1974), 101-108.
Ruffinelli, Jorge, «García Márquez y el grupo de Barranquilla», *La Palabra y el Hombre: Revista de la Universidad Veracruzana*, núm. 10 (1974), 23-29; también en *Eco* (Bogotá), 27/6, núm. 168 (octubre de 1974), 606-617.
Sáenz, Mercedes, «Sobre la soledad del poder: *El otoño del patriarca*», en *Tres ensayos y una bibliografía*, Hato Rey, Puerto Rico, Editorial Turabo, 1977, págs. 25-36.
Saldívar, Dasso, «Acerca de la función política de la sociedad en *El otoño del patriarca*», *La Estafeta Literaria*, 561 (1974), 4-5.
— «De dónde y cómo nació *Cien años de soledad*», *Explicación de Textos Literarios*, 4, suplemento 1 (1976), 283-297.
Salgado, María A., «Civilización y barbarie o imaginación y barbarie», *Explicación de Textos Literarios*, 4, suplemento 1 (1976), 213-226.
Sánchez, Luis Alberto, «Gabriel García Márquez (Aracataca, 6 de marzo de 1982)», *Cuadernos Americanos* (México), 208, núm. 5 (1976), 213-226.
Sarrailh, Michèle, «Apuntes sobre el mito dariano en *El otoño del patriarca*», *Cuadernos Hispanoamericanos* (Madrid), núm. 340 (octubre de 1978), 50-79.
— «De Rubén Darío à García Márquez: Continuité et conflicts des lettres américaines à travers les Sept Contes de García Márquez», *Acta Litte-*

raria Academiae Scientiarum Hungaricae (Budapest), 17, núms. 1-2 (1975), 159-201.

Schóo, Ernesto, «Los viajes de Simbad García Márquez», *Primera Plana* (Buenos Aires), 5, núm. 234 (junio de 1967), 52-54.

Segre, Cesare, «Il tempo curvo di Gabriel García Márquez», en su *I segni e la critica*, Torino, Einaudi, 1969.

Semprún Donahue, Moraima de, «Una interpretación de símbolos de García Márquez: El oro y lo amarillo», *Cuadernos Americanos*, 205 (1976), 226-239.

Siemens, William W, «Tiempo, entropía y la estructura de *Cien años de soledad*», *Explicación de Textos Literarios*, 4, suplemento 1 (1976), 359-371.

Sims, Robert L., «García Márquez' *La hojarasca*: Paradigm of Time and Search for Myth», *Hispania*, 59, núm. 4 (1976), 810-819.

— «Theme, Narrative Bricolage and Myth in García Márquez», *Journal of Spanish Studies: Twentieth Century*, 8, núms. 1-2 (1980), 143-159.

Suárez, Bernardo, «En torno a siete cuentos de Gabriel García Márquez: Estructura y estilo», *Explicación de Textos Literarios*, 6, núm. 1 (1977), 53-60.

Suárez, Pedro Alejandro, «Obsesión, símbolo y mito en *Cien años de soledad*», *Revista Javeriana* (Bogotá), núm. 358 (septiembre de 1969), 286-295.

— «La obsesión y el mito en *Cien años de soledad*», *Revista Javeriana* (Bogotá), núm. 357 (agosto de 1969), 185-192.

Teja, Ada María, «El tiempo en *Cien años de soledad*», *Chasqui*, 3, número 3 (1974), 26-39.

Tobin, Patricia, «García Márquez and the Genealogical Imperative», *Diacritics*, 4, núm. 2 (verano de 1974), 52-55.

— «García Márquez and the Subversion of the Line», *Latin American Literary Review* (Pittsburgh-Carnegie Mellon University), 2, núm. 4 (1974), 39-48.

Todorov, Tzvetan, «Macondo en París», *Texto Crítico*, 11 (1978), 36-45.

Urondo, Francisco, «La buena hora de García Márquez», *Cuadernos Hispanoamericanos*, núm. 232 (abril de 1969), 163-168.

Valdés, Mario J., «Myth and History in *Cien años de soledad* and *La muerte de Artemio Cruz*», *Reflexión 2: Primera Revista de Cultura Hispánica en el Canadá*, 3-4 (1974-75), 243-255.

Vargas, Germán, «El Ramón Vinyes que yo conocí», *Eco* (Bogotá), 31/4, número 190 (agosto de 1977), 394-397.

Vargas Llosa, Mario, «*Cien años de soledad*: el *Amadís* en América», *Amaru* (Lima), núm. 3 (julio-septiembre de 1967), 71-74.

— «*Cien años de soledad*: Una forma total», *Nueva Narrativa Hispanoamericana*, 3, núm. 2 (1973), 7-30.

— «Novela primitiva y novela de creación en América Latina», *Revista de la Universidad de México*, 23, núm. 10 (junio de 1969), 29-36.

Varios, «Gabriel García Márquez en 'Índice'», *Índice* (Madrid), 24, número 237 (noviembre de 1968), 24-37.

Vázquez-Ayora, Gerardo, «Estudio estilístico de *El otoño del patriarca*, de Gabriel García Márquez», *Dispositio*, 2, núms. 5-6 (1977), 160-179.

Völkening, Ernesto, «A propósito de *La mala hora*», *Eco* (Bogotá), 7, número 40 (agosto de 1963), 294-304.

— «Anotado al margen de *Cien años de soledad*», en *Recopilación de textos sobre Gabriel García Márquez*, La Habana, Casa de las Américas, 1969, páginas 189-217.

— «Gabriel García Márquez o el trópico desembrujado», *Eco* (Bogotá), 7, número 40 (1963), 275-293.

— «El patriarca no tiene quien lo mate», *Eco* (Bogotá), 29/4, núm. 178, (agosto de 1975), 337-387. Reimpr. en su *Ensayos I. Destellos criollos*, Bogotá, Editorial ABC, 1975, págs. 157-214.

Williams, Raymond Leslie, «The Dynamic Structure of García Márquez's *El otoño del patriarca*», *Symposium* (Syracuse, N. Y.), 32, núm. 1 (primavera de 1978), 56-75.

— «García Márquez y Gardeazábal ante *Cien años de soledad*: Un desafío a la interpretación crítica», *Revista Iberoamericana*, núms. 116-117 (julio-diciembre de 1981), 165-174.

Woodford, P. E., narrador, *Gabriel García Márquez: La magia de lo real*, VCS 176-01. Films for the Humanities, Inc., Princeton, 1981.

Xirau, Ramón A.,«A propósito de un otoño y de un patriarca» [reseña de *El otoño del patriarca*], *Diálogos*, 11, núm. 65 (septiembre-octubre de 1975), 35-36.

Zamora, Lois P., «The Myth of Apocalipse and Human Temporality in García Márquez's *Cien años de soledad* and *El otoño del patriarca*», *Symposium*, 32 (1978), 341-355.

III. Sobre el mito y otros estudios consultados

Ainsa, Fernando, «La espiral abierta de la novela latinoamericana: Notas para la construcción de un sistema novelesco», *Thesaurus* (Bogotá), 28, número 2 (mayo-agosto de 1973), 224-260.

Ayala, Juan Antonio, «De *Tirano Banderas* a *El señor presidente*», en *Cifra de humanidad*, San Salvador, Ministerio de Cultura, 1955, páginas 119-125.

Bachelard, Gaston, *La poétique de la rêverie*, Paris, Presses Universitaires de France, 1960.

— *La poétique de l'espace*, Paris, Presses Universitaires de France, 1958.

Barthes, Roland, *Mythologies*, Paris, Éditions du Seuil, 1957.

Borges, Jorge Luis, *El Aleph: relatos*, Barcelona, Planeta, 1969.

— *El hacedor*, Buenos Aires, Emecé Editores, 1960.

— *Narraciones*, Marcos Ricardo Barnatán, Madrid, ed. Cátedra, 1980.

Bousoño, Carlos, *Teoría de la expresión poética*, Madrid, Editorial Gredos, 1956.

Brushwood, John S., *The Spanish American Novel: A Twentieth Century Survey*, Austin, University of Texas Press, 1975.

Campbell, Joseph, *El héroe de las mil caras. Psicoanálisis del mito*, Luisa Josefina Hernández, trad., México, Fondo de Cultura Económica, 1959.

— *The Hero with a Thousand Faces*, 1949, reed., Princeton, Princeton University Press, 1972.

— *The Masks of God*, 4 volúmenes, New York, The Viking Press, 1959-1968.

— *Myths to Live By*, New York, The Viking Press, 1973.

Carpentier, Alejo, *Tientos y diferencias*, México, UNAM, 1964.

Casas, Fray Bartolomé de las, *Diario de a bordo de Cristóbal Colón. Primer viaje*, Barcelona, Arcadia, 1957.

Cassirer, Ernst, *An Essay on Man*, New Haven, Yale University Press, 1944.

— *The Philosophy of Symbolic Forms*, 3 volúmenes, Ralph Manheim, trad. Charles W. Hendel, Prefacio e Introducción, New Haven, Yale University Press, 1953-1957. (El segundo volumen se titula *Mythical Thought*.)

Chevalier, François, «'Caudillos' et 'caciques' en Amérique: contribution à l'étude de liens personnels», en *Mélanges offerts à Marcel Bataillon par les hispanistes français* (número especial de *Bulletin Hispanique*), 64 (1962), 30-47.

Cencillo, Luis, *Mito. Semántica y realidad*, Madrid, B.A.C., 1970.

Cobban, Alfred, *Dictatorship: Its History and Theory*, New York, Charles Scribner's Sons, 1939.

Colón, Cristóbal, *Diario*. Véase bajo Fray Bartolomé de las Casas.

Dällenbach, Lucien, «Intertexte et autotexte», *Poétique*, 27 (1976), 282-296.

Darío, Rubén, *Autobiografía (1912)*, en *Obras completas*, vol. I, Madrid, Afrodisio Aguado, 1950, 15-117.

— *Historia de mis libros (1909)*, en *Obras completas*, vol. I, Madrid, Afrodisio Aguado, 1950, 193-225.

— *Poesía*, Ernesto Mejía Sánchez, ed. Caracas, Biblioteca Ayacucho, 1977.

De Vries, Jan, *Forschungsgeschichte der Mythologie*, München, Verlag Karl Alber, 1961.

Donoso, José, *Historia personal del «Boom»*, Barcelona, Editorial Anagrama, 1972.

Eliade, Mircea, *Myth and Reality*, trad. Willard R. Trask, New York, Harper and Row, 1968.

— *Le mythe de l'éternel retour: archétypes et répétitions*, nouvelle édition, Paris, Gallimard, 1969.

— «The Yearning for Paradise in Primitive Tradition», en *Myth and Mythmaking*, Henry A. Murray, ed. 1959; reed. Boston, The Beacon Press, 1969.

Eliot, T. S., «*Ulysses*, Order and Myth», *The Dial*, 75 (noviembre de 1923), 480-483.

Elliott, J. H., *The Old World and the New (1492-1650)*, Cambridge, England, University Press, 1970.

Else, Gerard F., *Aristotle's Poetics: The Argument*, Cambridge, Massachusetts, Harvard University Press, 1963.

Flores, Ángel, «Magical Realism in Spanish American Fiction», *Hispania*, 38, núm. 2 (mayo de 1955), 187-192.

Foucault, Michel, *Les mots et les choses*, Paris, Gallimard, 1966.

Frankfort, Henri y H. A., *Before Philosophy. The Intellectual Adventure of Ancient Man*, 1946; reed. Baltimore, Penguin, 1971.

Frazer, Sir James George, *The Golden Bough*, 3.ª ed., 12 volúmenes, London, Macmillan, 1911-1915.

Freud, Sigmund, *Totem und Tabu: Einige Übereinstimmungen im Seelenleben der Wilden und der Neurotiker* (1912), en *Gesammelte Werke*, vol. 9, Frankfurt am Main, S. Fischer Verlag, 1944.

— *Die Traumdeutung* (1900), en *Gesammelte Werke*, vols. 2/3, Frankfurt am Main, S. Fischer Verlag, 1942.

— *Das Unbehagen in der Kultur* (1930), en *Gesammelte Werke*, vol. 14, Frankfurt am Main, S. Fischer Verlag, 1948.

Frye, Northrop, *Anatomy of Criticism*, 1957; reed., New York, Atheneum, 1967.

— «New Directions from Old», en *Myth and Mythmaking*, Henry Murray, ed. Boston, Beacon Press, 1968, págs. 115-131.

Fuentes, Carlos, *La nueva novela hispanoamericana*, México, Joaquín Mortiz, 1969.

Gadamer, Hans-Georg, *Wahrheit und Methode: Grundzüge einer philosophischen Hermeneutik*, Tübingen, Mohr, 1960.

Gallagher, D. P., *Modern Latin American Literature*, New York, London, Oxford University Press, 1973.

Goic, Cedomil, *Historia de la novela hispanoamericana*, Santiago, Chile, Editorial Universitaria, 1972.

González, Raymond, *The Latin American Dictator in the Novel*, tesis doctoral, University of Southern California, 1975.

Gusdorf, Georges, *Mythe et métaphysique*, Paris, Flammarion, 1953.

Hamilton, Carlos D., «La novela actual de Hispanoamérica», *Cuadernos Americanos*, 187, núm. 2 (marzo-abril de 1973), 223-251.

Heidegger, Martín, *El ser y el tiempo*, José Gaos, trad. México, Fondo de Cultura Económica, 1951.

Henríquez Ureña, Pedro, *Las corrientes literarias en la América Hispánica*, 1949; reed., México, Fondo de Cultura Económica, 1978.

Hobbes, Thomas, *Leviathan*, Michael Oakeshott, ed. Oxford, Basil Blackwell, 1957.

Hoy, David Couzens, *The Critical Circle: Literature and History in Contemporary Hermeneutics*, Berkeley, California, University of California Press, 1978.

Jung, Carl Gustav, «Archaic Man», en *Modern Man in Search of a Soul*, New York, Harcourt, Brace and World, 1933, págs. 125-152.

— y K. Kérenyi, *Einführung in das Wesen der Mythologie; Gottkindmythos; eleusinische Mysterien*, Zürich, Rascher Verlag, 1941.

Kristeva, Julia, *Sémeotikè: Recherches pour une sémanalyse*, Paris, Editions de Seuil, 1969.

Leal, Luis, «El realismo mágico en la literatura hispanoamericana», *Cuadernos Americanos*, 153, núm. 4 (julio-agosto de 1967), 230-235.

Levin, Harry, *The Myth of the Golden Age in the Renaissance*, 1969; reed., New York, Oxford University Press, 1972.

— «Some Meanings of Myth», en *Myth and Mythmaking*, Henry Murray, ed. 1959; reed., Boston, Beacon Press, 1968, págs. 103-114.

Lévy-Bruhl, Lucien, *L'âme primitive*, Paris, F. Alcan, 1927.

Lévy-Strauss, Claude, *Anthropologie structurale*, Paris, Librairie Plon, 1958.

— *La pensée sauvage*, Paris, Librairie Plon, 1962.

— *Les structures élémentaires de la parenté*, Paris, Presses Universitaires de France, 1949.

Malinowski, Bronislaw, «Myth in Primitive Psychology (1926)», en *Magic, Science and Religion —and Other Essays*, New York, Doubleday and Co., 1954, págs. 93-148.

Mann, Thomas, «Freud und die Zukunft», en *Gesammelte Werke in Zwölf Bänden*, vol. 9, Oldenburg, S. Fischer Verlag, 1960-74, págs. 478-501.

Manuel, Frank E., y Fritzie P., «Sketch for a Natural History of Paradise», en *Myth, Symbol and Culture*, Clifford Geertz, ed., New York, W. W. Norton, 1974, págs. 83-128.
— *Utopiam Thought in the Western World*, Cambridge, Massachusetts, The Belknap Press of Harvard University Press, 1979.
Mariátegui, José Carlos, *Siete ensayos de interpretación de la realidad peruana* (1928), Barcelona, Grijalbo, 1976.
Masters, Robert E. L., *Patterns of Incest: A Psychological Study Based on Clinical and Historical Data*, New York, Julian Press, 1963.
Menton, Seymour, *La novela colombiana: planetas y satélites*, Bogotá, Plaza y Janés, 1978.
Miliani, Domingo, «El dictador, objeto narrativo en *El recurso del método*», *Revista Iberoamericana*, 47, núms. 114-115 (enero-junio de 1981), 189-226.
Molinari, Diego Luis, *La empresa colombina*, Buenos Aires, Imprenta de la Universidad, 1938.
— *El nacimiento del Nuevo Mundo, 1492-1534: Historia y cartografía*, Buenos Aires, Kapelusz, 1941.
Moliner, María, *Diccionario de uso del español*, 2 volúmenes, Madrid, Editorial Gredos, 1981.
Montaña Cuéllar, Diego, *Colombia: País formal y país real*, Buenos Aires, Planeta, 1963.
Morison, Samuel Eliot, *El almirante de la mar Océana; Vida de Cristóbal Colón*, Héctor Ratto, Prólogo y traductor, Buenos Aires, Hachette, 1945.
Murray, Henry, ed., *Myth and Mythmaking*, 1959; reed., Boston, Beacon Press, 1968.
Neumann, Erich, *Ursprungsgeschichte des Bewusstseins*, Prólogo de C. G. Jung, Zürich, Rascher Verlag, 1949.
Ospina, Uriel, «Rastignac y Rosendo Maquí», en su *Problemas y perspectivas de la novela americana*, Bogotá, Ediciones Tercer Mundo, 1964, págs. 175-199.
Palencia-Roth, Michael, «The Anti-Faustian Ethos of *Die Blechtrommel*», *Journal of European Studies*, 9 (1979), 174-184.
Parry, J. H., *The Spanish Theory of Empire in the Sixteenth Century*, Cambridge, England, Cambridge University Press, 1940.
Plottel, Jeanine Parisier, «Introduction», *Intertextuality: New Perspectives in Criticism*, New York, New York Literary Forum, 1978, págs. xi-xx.
Plutarco, «Cayo Julio César», en *Vidas paralelas*, A. Ranz Romanillos, trad., vol. 7, Madrid, Calpe, 1921, 301-391.
Poulet, Georges, *Les métamorphoses du cercle*, Paris, Plon, 1961.

Propp, Vladímir, *Morphology of the Folktale*, trad. de Lawrence Scott, rev. por Louis A. Wagner, Austin, University of Texas Press, 1972.

Raglan, Fitz Roy Richard Somerset, baron, *The Hero. A Study in Tradition, Myth and Drama*, London, Methuen and Co., 1936.

Rahv, Philip, «The Myth and the Powerhouse», en *Myth and Literature: Contemporary Theory and Practice*, John B. Vickery, ed. Lincoln, Nebraska, University of Nebraska Press, 1966, págs. 109-118.

Rangel, Carlos, *Del buen salvaje al buen revolucionario*, Caracas, Monte Ávila Editores, 1976.

Rank, Otto, *Das Inzest-Motiv in Dichtung und Saga*, Leipzig, s. ed., 1912.

Reyes, Alfonso, *Pasado inmediato y otros ensayos*, México, El Colegio de México, 1941.

Rico, Francisco, *El pequeño mundo del hombre. Varia fortuna de una idea en las letras españolas*, Madrid, Castalia, 1970.

Roh, Franz, *Nach-Expressionismus. Magischer Realismus. Probleme der neuesten Europäischen Malerei*, Leipzig, Klinkhardt and Biermann, 1925.

Róheim, Géza, *The Eternal Ones of the Dream, a Psychoanalytic Interpretation of Australian Myth and Ritual*, 1945; reed., New York, International Universities Press, 1969.

— *The Origin and Function of Culture* (1943), New York, Anchor Books, 1971.

Salinas, Pedro, *La poesía de Rubén Darío. Ensayo sobre el tema y los temas del poeta*, 3.ª ed., Buenos Aires, Losada, 1968.

Salmon, Russell O., «The Structure of Personal Power: Politics and the Hispanic Novel». Manuscrito inédito, citado con permiso del autor.

Sánchez, Luis Alberto, *Proceso y contenido de la novela hispanoamericana*, 2.ª ed., 1953, Madrid, Editorial Gredos, 1968.

Santa, Eduardo, *Rafael Uribe Uribe*, Medellín, Colombia, Editorial Bedout, 1973.

Schorer, Mark, «The Necessity of Myth», en *Myth and Mythmaking*, Henry Murray, ed. 1959; reed., Boston, Beacon Press, 1968, págs. 353-358.

Searle, John R., «*Las Meninas* and the Paradoxes of Pictorial Representation», *Critical Inquiry*, 6, núm. 3 (1980), 477-488.

Sebeok, Thomas A. (ed.), *Myth: A. Symposium*, 1958; reed., Bloomington, Indiana University Press, 1970.

Subercaseaux, Bernardo, «'Tirano Banderas' en la narrativa hispanoamericana (La novela del dictador, 1926-1976)», *Hispamérica* 5, núm. 14 (1976), 45-62.

Suetonio, «The Deified Julius», en *The Lives of the Caesars*, J. C. Rolfe, ed., vol. 1, London, William Heinemann, 1924, 3-119.

— *La Roma escandalosa bajo los doce Césares*, E. Barriobero y Herrán, trad., Santiago de Chile, Ediciones Ercilla, 1936.

Trungpa, Chögyam, *Born in Tibet*, Baltimore, Penguin, 1971.

Turner, Victor, «Symbols in Ndembu Ritual», en *The Forest of Symbols: Aspects of Ndembu Ritual*, Ithaca, Cornell University Press, 1967, páginas 19-47.

Vespuccio, Américo, *El Nuevo Mundo: Cartas relativas a sus viajes y descubrimientos*, Buenos Aires, Editorial Nova, 1951.

Vickery, John B., ed., *Myth and Literature: Contemporary Theory and Practice*, Lincoln, Nebrasca, University of Nebraska Press, 1966.

Vignaud, Henry, *Le Vrai Cristophe Colomb et la légende*, Paris, A. Picard, 1921.

Yates, Donald A., ed., *Otros mundos, otros fuegos. Fantasía y realismo mágico en Iberoamérica*. Memorias del XVI Congreso del Instituto Internacional de Literatura Iberoamericana, East Lansing, Michigan State University Latin American Studies Center, 1975.

Zalamea, Jorge, *El gran Burundún Burundá ha muerto*, Bogotá, Editorial Colombia, 1966.

Zavala, Silvio, *La colonización española en América*, México, Sep/Setentas, 1972.

ÍNDICES

ÍNDICE ONOMÁSTICO

Acapulco, 61, 62, 71.
Adán, 72, 74, 75, 79, 102, 270.
Aguilera Malta, Demetrio, *El secuestro del general*, 180.
Aguirre, Lope, 173.
«Aleph» (como concepto), 21, 118-120, 124, 128, 242, 267.
Alfaro, Gustavo, *Constante de la historia de Latinoamérica en García Márquez*, 86.
Alternativa (revista fundada por García Márquez), 275.
Alvarado, Rita Darío de, 207.
Amadís de Gaula, 154, 155.
Amsterdam, 150.
Angola, 275.
Anouilh, Jean, 13.
Las Antillas, 242.
Apocalipsis, 121, 123-124.
Apolo, 221.
Aquino, Tomás de, 18, 133.
Aracataca, 26, 50, 55, 135, 266.
Aragón, 218.
Aragón, Fernando de, 218.
Arcadia, 74-79.
Argentina, 177.
Argentino Daneri, Carlos (personaje de Borges), 118.
Ariadna, 155, 157.

Aristóteles, 16, 18.
Poética, 16.
Arnau, Carmen, 23, 92, 96, 113, 127.
El mundo mítico de Gabriel García Márquez, 23, 92, 96, 127.
Arturo, el rey, 221.
Asturias, Miguel Ángel, 13, 24, 178.
El señor presidente, 178, 180.
Atenas, 78.
Atlantis, 78.
Atlas, 220.
Australia, 98.
axis mundi, 148, 239, 242, 270.
Ayala, Juan Antonio, 180.
Las Azores, 192.

Babilonia, 121, 123, 124.
Bachelard, Gaston, 16, 28, 29, 30, 31, 37, 91, 120.
La poétique de la rêverie, 29, 31.
La poétique de l'espace, 30, 91, 120.
Barbados, 242.
Barcelona, 170.
Barnatán, Marcos Ricardo (ed.), *Narraciones*, 183.
Barranquilla, 33, 35, 42, 43, 44, 58, 63, 131, 166, 266.

Barriobero y Herrán, E., 185.
Barros Valero, María Cristina, *El amor en 'Cien años de soledad'*, 97.
«Bauhaus», 68.
Beckett, Samuel, 13.
La Bella Durmiente, 155, 159, 270.
Benedetti, Mario, 165.
Biblia, 72, 75, 146, 201.
Bloom, Molly (personaje de Joyce), 258.
Bogotá, 43, 63, 266.
«El bogotazo», 80.
Bolívar (departamento), 34.
Bolívar, Simón, 177.
Borges, Jorge Luis, 13, 21, 63, 68, 113, 117-120, 124, 183, 205, 227, 242.
«El Aleph», 113, 118-120, 242.
Ficciones, 183.
El jardín de los senderos que se bifurcan, 183.
«Pierre Menard, autor del *Quijote*», 183.
Brecht, Bertolt, 13.
Brotherston, Gordon, 225.
Bruto, 187, 189.
Buber, Martin, 19.
Buda, 220, 231.
Báes, Buenaventura, 174.
Bunyan, Paul, 81.

Caballero Calderón, Eduardo, 63.
Cabral, general, 175.
Cabrera, Vicente, *La nueva ficción hispanoamericana a través de Miguel Ángel Asturias y Gabriel García Márquez*, 24.
Caín, 45, 75.
Caldwell, Erskine, 34, 35.
Cali (Colombia), 9.

Calígula, 184.
Calpurnia, 189.
Campbell, Joseph, 16, 220-231, 271.
The Hero with a Thousand Faces (*El héroe de las mil caras*), 16, 220-231, 271.
Myths to Live By, 20.
Camus, Albert, *La peste*, 89.
Caracas, 167, 266.
Carea (hermanos), 187.
El Caribe, 132, 135, 136, 137, 142, 148, 163, 172, 173, 174, 176, 192, 193, 195, 196, 200, 230, 242, 244, 266, 267.
Carlyle, Thomas, 173.
Carpentier, Alejo, 13, 63, 69, 95, 147.
El recurso del método, 180.
Carrasco, Sansón (personaje de Cervantes), 10.
Carreño, Antonio, 11, 12.
Carreras González, Olga, *El mundo de Macondo en la obra de Gabriel García Márquez*, 23.
Carrillo, Germán Darío, 24, 121.
La narrativa de Gabriel García Márquez, 24.
Cartagena, 135, 174, 242, 266.
Casas, Bartolomé de las, 192, 195, 198, 200.
Diario de a bordo de Cristóbal Colón, 195, 198, 200.
Cassirer, Ernst, 15, 18.
Das Mythische Denken, 15.
Die Philosophie der Symbolischen Formen, 16.
Castro, Fidel, 179.
Castro, Rosa, 31, 170, 172.
La Cenicienta, 155, 157, 270.
Cepeda Samudio, Alvaro, 34, 35, 123, 152.
La casa grande, 123.

Índice onomástico

Cervantes, Miguel de, 10, 63, 113, 126, 127, 182, 183.
  Don Quijote, 10, 126, 127.
César, Julio, 172, 183, 184-191, 201, 244, 270, 274, 276.
Cide Hamete Benengeli (personaje de Cervantes), 126.
Ciénaga (Colombia), 123, 266.
Cimber, Tulius, 187.
Cipango, 191.
Circe, 155.
La Ciudad de Panamá, 266.
Cobban, Alfred, *Dictatorship*, 175.
Cocteau, Jean, 13.
coincidentia oppositorum, 69.
El Colegio de México, 61.
Colombia, 9, 58, 80, 85-86, 123, 132, 137, 174, 206, 267.
Colón, Cristóbal, 76, 142, 183, 191-201, 204, 205, 217, 218, 233, 234, 240, 242, 270, 274, 276.
  Diario, 76, 195, 198, 200.
Colón, Diego, 174, 193.
Colón, María de Toledo, 174.
Comala, 21, 268.
Conrad, Joseph, *Nostromo*, 178.
Contreras, Rafaela, 207.
Cortázar, Julio, 32, 180.
Cortés, Hernán, 176, 198.
  Cartas de relación, 176.
Cotelo, Rubén, 97.
Cova, Arturo (personaje de José Eustasio Rivera), 40, 114.
Couffon, Claude, «Gabriel García Márquez habla de *Cien años de soledad*», 32, 62.
Cristo, 44, 81, 220, 223, 225, 228, 229, 231, 270.
Cuba, 169, 191, 275.
Cundinamarca, 9.
Curazao, 242.

Chevalier, François, 177.
Chica, Margarita, 276.
Chile, 275.
China, 203.

Dalai Lama, 223.
Dällenbach, Lucien, 182.
Dampier, William, 148, 174.
Daniel, 121.
Dante, 182, 224.
Darío, Rubén, 13, 183, 191, 195, 201-215, 264, 270, 274.
  Autobiografía, 208-209.
  Azul, 203, 210, 214.
  Cantos de vida y esperanza, 204, 210.
  «Marcha Triunfal», 210-213, 214.
  «A Margarita Debayle», 207.
  «Poema del otoño», 264.
  Prosas profanas, 203, 204, 210, 214.
  «Responso a Verlaine», 206, 214.
  «Sonatina», 205.
Davos (Suiza), 268.
Dédalo, 156.
Dedalus, Stephen (personaje de Joyce), 137.
Defoe, Daniel, 63.
Dellepiane, Ángela B., 180.
Derrida, Jacques, 182.
Diccionario de la Real Academia Española, 15, 215-216, 218, 243.
Díaz, Porfirio, 217, 219.
Díaz del Castillo, Bernal, *Historia de la conquista de Nueva España*, 176, 278.
Dionisos, 155, 221.

Dix, Otto, 68.
Domingo, José, 34.
Donoso, José, 13, 63.
Don Quijote (personaje de Cervantes), 29, 126.
Dos Passos, John, 34.
Drake, Francis, 122, 147, 162.
Dross, Tulia A. de, 97.
Dublín, 21, 135, 267.
Durán, Armando, 34, 112, 166.
Duvalier, doctor François, 173, 229.

Echeverría, Esteban, «El matadero», 39, 177.
Edipo (personaje de Sófocles), 16, 98, 100, 128, 220, 221, 225, 270.
Egipto, 66.
Electra, 98.
Eliade, Mircea, 17, 20, 66, 71, 72, 113, 148, 239.
  Myth and Reality, 17.
  Le Mythe de l'éternel retour, 66, 72, 113, 148, 239.
Eliezer (personaje de Thomas Mann), 122.
Eliot, T. S., 13, 14, 182.
Elliott, J. H., *The Old World and the New*, 191.
Else, Gerard F., *Aristotle's Poetics: The Argument*, 16.
Enciclopedia Universal Ilustrada, 15.
España, 174, 176, 179, 191, 199, 201.
La Española, 174.
El Espectador, 43.
Esplandián (caballero andante), 155.
Estados Unidos, 34, 35, 36, 68, 175, 176.
Esteban, Manuel, 12.
Europa, 36, 275.

Eva, 72, 79, 102, 270.
«El Exorcista», 58.

Faulkner, William, 14, 21, 32, 33-36, 55, 63, 97, 135, 266, 267, 273.
  Luz de agosto, 35.
Fellini, Federico, *8 1/2*, 153.
  Amarcord, 153.
Fernández-Braso, Miguel, *La soledad de Gabriel García Márquez*, 25 32, 33, 34, 44, 55, 62, 69, 91, 162.
Finn, Huckleberry (personaje de Mark Twain), 226.
Flandes, 197.
Flores, Ángel, 67-68.
Ford, John, *Tis a Pity She's a Whore*, 97.
Foucault, Michel, 73, 126.
  Les mots et les choses, 126.
Francia, 174.
Francia, doctor José Gaspar Rodríguez de, 173, 177, 180.
Franco, Francisco, 179.
Frankfort, Henri y H. A., *Before Philosophy*, 82.
Frazer, James, *The Golden Bough*, 17.
Freud, Sigmund, 16, 29, 32, 53, 87, 98-101, 225.
  Totem und Tabu, 87, 98-101.
  Die Traumdeutung, 16, 98.
  Das Unbehagen in der Kultur, 101.
Fromm, Erich, 225.
Frye, Northrop, 16, 17, 119, 120, 128.
  Anatomy of Criticism, 16, 119, 120, 128.
Fuenmayor, Alfonso, 34, 244.

Fuentes, Carlos, 13, 32, 55, 63, 172, 179-181.
La muerte de Artemio Cruz, 179-180.
La nueva novela hispanoamericana, 172.
Fusagasugá (Colombia), 9.

Gadamer, Hans-Georg, 243, 244, 245.
Wahrheit und Methode, 243.
Gaitán, Jorge, 80.
Galba, 184.
Galdós, Benito Pérez, 265.
Gallegos, Rómulo, 39.
Doña Bárbara, 39, 63.
Gamboa, Rubén A., 165.
García Lorca, Federico, 13.

García Márquez, Gabriel.
OBRAS
«El ahogado más hermoso del mundo», 132, 136-140, 162.
«Blacamán el bueno, vendedor de milagros», 132, 136, 140-144, 147, 162.
La Casa, 26, 91, 266.
«La casa de los Buendía», 26.
Cien años de soledad, 9, 10, 11, 20, 21, 22, 23, 25, 26, 27, 28, 32, 33, 37, 38, 39, 40, 41, 42, 43, 44, 45, 46, 47, 53, 54, 57, 58, 59, 60, 61-128, 130, 131, 132, 134-135, 136, 137, 138, 139, 145-146, 147, 148, 149, 150, 152, 154, 159, 160-161, 162, 163, 164, 168, 172, 181, 194, 215, 234, 240, 241, 242, 243, 248, 264, 267, 269, 270-71, 274, 275, 276, 277.
El coronel no tiene quien le escriba, 10, 42, 43-45, 167, 269, 273.
Crónica de una muerte anunciada, 10, 23, 25, 47, 135, 181, 241, 265, 269, 275-279.
«Un día después del sábado», 54, 57-59, 120, 273.
«Los funerales de la Mamá Grande», 10, 36, 47-51, 54, 59, 60, 87, 120, 137, 140, 148, 161, 249, 273, 274.
La hojarasca, 10, 27, 33-42, 44, 59, 119, 139, 232, 233, 267, 269, 273, 274, 277.
La increíble y triste historia de la cándida Eréndira y de su abuela desalmada:
a) colección de cuentos, 129-163;
b) cuento, 130, 135, 152-162, 220, 234;
c) guión cinematográfico, 160.
«Isabel viendo llover en Macondo», 10, 42-43, 132, 269, 273, 274.
La mala hora, 10, 45-47, 60, 269, 273.
«El mar del tiempo perdido», 47, 51-54, 60, 127, 136, 138, 149, 159, 162, 273.
«Muerte constante más allá del amor», 149-151, 162.
«La mujer que llegaba a las seis», 150, 272.
«La noche de los alcaravanes», 269, 272.
El otoño del patriarca, 10, 11, 21, 24, 25, 28, 37, 50, 63, 87, 129, 130, 131, 135, 136, 137, 138, 139, 141, 142, 143, 145, 146, 147, 148, 149, 150, 151, 152, 159, 162, 163, 164-264, 269, 274, 275, 276, 277, 278, 279.

«La otra costilla de la muerte», 139.
«Una prodigiosa tarde de Baltazar», 273.
El relato de un náufrago..., 10, 42, 43, 63, 161, 267, 276.
«Un señor muy viejo con unas alas enormes», 131, 132-136, 137, 162.
«La siesta del martes», 54-57, 273.
«La tercera resignación», 138, 267.
Todos los cuentos por Gabriel García Márquez (1947-1972), 129-163, 272-273.
«El último viaje del buque fantasma», 132, 136, 141, 142, 144-149, 162, 163.

PERSONAJES

La abuela desalmada, 153, 154, 156-158.
Aguilar, Prudencio, 101.
Aguilar, Rodrigo de, 225, 227-228, 240, 241, 259.
Alvarado, Bendición de, 149, 165, 189, 207, 212, 223, 238, 241.
Alvarado, el general Nicanor, 171.
Amadís el Grande, 154.
Ángel, el padre, 45, 46.
Aragonés, Patricio, 142, 143, 165, 217-218, 222, 225-227, 241, 245, 251, 252, 253, 260.
Arcadio, el juez, 46.
Asís (la familia), 46, 47, 60.
Asís, Roberto de, 46.
Benjamín, el señor, 46.
Buendía (la familia), 46, 47, 58, 59, 60, 61-128, 130, 148, 149, 150, 152, 164, 183, 234, 242, 267, 274, 275.
Buendía, Amaranta, 102, 104, 105, 106, 108, 109, 116.
Buendía, Amaranta Úrsula, 92, 95, 96, 108, 109-111, 113, 114, 122, 124.
Buendía, Arcadio, 65, 92-93, 102, 104-105, 106.
Buendía, Aureliano Babilonia, 95, 108, 109-111, 112, 113, 114, 117, 119, 121, 122, 124, 125, 126, 127, 128, 161.
Buendía, Aureliano José, 104-106, 108.
Buendía, Aureliano Segundo, 65, 107-108, 116.
Buendía, el coronel Aureliano, 9, 27, 54, 59, 64, 65, 66-67, 73, 78, 80-90, 95, 102, 104, 105, 115, 135, 137, 145, 149, 151, 160, 162, 240, 271, 275, 276.
Buendía, Fernanda del Carpio, 92, 107-108.
Buendía, José Arcadio (el fundador), 59, 66, 67, 70, 74, 75, 77, 78, 79, 80, 81, 83, 91, 92, 94, 100-102, 106, 111, 113, 115-116, 119, 124, 127, 134.
Buendía, José Arcadio (hijo del fundador), 83, 85, 93, 102, 103-104, 105, 122.
Buendía, José Arcadio Segundo, 95, 106-107.
Buendía, José Arcadio (hijo de Aureliano Segundo y de Fernanda del Carpio), 108.
Buendía, Rebeca, 58, 59, 82, 100, 103-104.
Buendía, Remedios, la bella, 70, 107, 108, 150, 207.
Buendía, Remedios Moscote de, 83, 104.
Buendía, Renata Remedios, 107.
Buendía, Santa Sofía de la Piedad de, 90, 96, 105, 106, 107.

Índice onomástico

Buendía, Úrsula Iguarán de, 28, 46, 59, 75, 77, 78, 79, 81, 82, 83, 84, 87, 89, 91-96, 97, 100-102, 103, 104, 105, 106, 107, 108, 111, 113, 116, 122, 150, 271.
Carnicero, Roque, 85.
Casandra, 46.
Castañeda y Montero, el padre Antonio Isabel del Santísimo Sacramento del Altar, 57-58.
Catarino, 106, 159, 160.
Clotilde, 52, 53, 54.
Cotes, Petra, 92, 107, 276.
Crespi, Pietro, 104.
Elisenda, 133.
Emanuel, 229, 242.
Eréndira, 54, 132, 135, 136, 152-162.
Esteban, 137-138, 140.
Farina, Laura, 150, 151.
Gastón (esposo de Amaranta Úrsula Buendía), 109, 110.
Gonzaga, el padre, 134.
Herbert, señor, 51, 52, 53, 54, 159.
Herbert, Mr., 54, 127.
Holofernes, 147.
Iguarán, Dionisio, 169-170, 276.
Isabel, 38, 40, 42.
Jacob, el viejo, 52.
Linero, Francisca, 207.
La Mamá Grande, 48, 49, 50, 83, 85, 87, 137, 161, 163, 271.
Márquez, Gerineldo, 106, 276.
Marlborough, el duque de, 59.
Melquíades, 20, 45, 51, 65, 66, 67, 79, 95, 113, 114, 115, 116, 117, 121, 122, 126, 127, 146, 194, 267, 277.
Meme, 38, 40.
Moncada, José Raquel, 86, 87.
Montiel, César, 46.
Montiel, viuda de, 46.

Moscote, Apolinar, 83.
Muñoz, Lautaro, 186, 188, 206, 224.
Nasar, Santiago, 276-278.
Nazareno, Leticia, 150-151, 165, 202, 204, 206, 207, 212, 214, 216, 223, 228, 229, 241, 242, 255.
Nicanor, 144, 171, 262.
Nicanor, el padre, 58, 70, 104.
Nigromanta, 109.
Palmerston, el embajador, 254.
Pastor, 46.
El patriarca, 85, 87, 130, 132, 135, 136, 137, 138, 141, 142, 143, 144, 146, 148, 149, 151, 163, 164-264, 267, 271, 274, 276, 277.
Pelayo, 133.
Petronio, 106.
Sáenz de la Barra, José Ignacio, 170, 222, 225, 229, 230, 236, 237, 238, 240, 241.
Sánchez, Manuela, 143, 150, 205, 207-209, 216, 222, 236, 239, 241.
Sánchez, Onésimo, 149, 150, 151, 162, 163.
San Román, Bayardo, 276, 277, 278.
Santos, Saturno, 222, 225, 241.
Ternera, Pilar, 67, 70, 92, 93, 94, 102, 103, 104, 105, 108, 109, 110, 122, 127.
Thompson, el embajador, 141.
Tobías, 51, 52, 53, 54.
Trinidad, 45.
Ulises, 153, 154, 155, 156, 157, 158-159, 160, 162.
Vargas, Teófilo, 87.
Vicario, Ángela, 276, 277, 278.
Vicario, los hermanos, 277, 278.
Zacarías, 166.

García Márquez, Mercedes de, 62, 228.

García Moreno, Gabriel, 177.
Geertz, Clifford (ed.), *Myth, Symbol and Culture*, 74.
Gentile, Cayetano, 276.
Génesis, 45, 72, 73.
Genette, Gérard, *Figures III*, 147.
Gilard, Jacques, 26.
  Gabriel García Márquez. Obra periodística, 26, 35.
Gilman, Stephen, 265.
Giraudoux, Jean, 13.
Gómez, Juan Vicente, 173, 180.
González, Raymond, 180.
González Bermejo, Ernesto, 130, 131, 167, 169, 172, 233.
González del Valle, Luis, *La nueva ficción hispanoamericana a través de Miguel Ángel Asturias y Gabriel García Márquez*, 24.
Goytisolo, Juan, 184.
Gran Can, El, 191.
Grass, Günter, *Die Blechtrommel* (*El tambor de hojalata*), 81.
Grecia, 57.
Guacamayal, 85.
La Guajira, 135, 155, 242.
Las Guayanas, 162.
Gullón, Ricardo, 23, 113.
  García Márquez o el olvidado arte de contar, 23.
Gunkel, H., 16.
Gusdorf, Georges, 18.

Habana, La, 193, 266.
Haití, 229, 242.
Halley (el cometa), 186.
Hancock, Joel, 157.
Handbook of Latin American Studies, 165.
Harguindey, Ángel, 179.

Harss, Luis, 27, 33, 129, 168, 169.
  Los nuestros, 129, 168, 169.
Harvard University, 9.
Hawthorne, Nathaniel, 45.
Heckel, Erich, 68.
Hegel, Georg Wilhelm Friedrich, 18.
Heidegger, Martin, 243, 244, 245.
Hemingway, Ernest, 34, 43, 63, 190, 273.
Henríquez Ureña, Pedro, *Las corrientes literarias en la América Hispánica*, 76.
Heráclito, 18, 65, 69, 113.
Heraldo, El, 35, 42.
Hércules, 81.
Hereux, Ulises, 175.
Hernández, José, *Martín Fierro*, 39.
Hernández Martínez, Maximiliano, 174.
Hesse, Hermann, 147.
hic-stans, 115.
Hobbes, Thomas, *Leviathan*, 115.
Homero, 182, 202.
  La Odisea, 14, 140, 155, 222.
Hopper, Edward, 68.
Hoy, David Couzens, *The Critical Circle*, 243.
Huxley, Aldous, 34.

Ícaro, 133, 156, 270.
India, La, 155, 231.
Inglaterra, 174.
Inquisición, La, 61.
Isaías, 229.
Italia, 201.

Jacob, 75.
Jamaica, 174, 244.
Janes, Regina, 159.

Jano, 64.
Japón, 191.
Jasón, 221.
Java, 127.
Job (personaje), 44.
Joyce, James, 14, 21, 32, 33, 36, 55, 63, 115, 128, 135, 137, 145, 164, 258, 267.
   Finnegans Wake, 36, 115, 164.
   A Portrait of the Artist as a Young Man, 137.
   Ulysses, 14, 36, 145, 164, 258.
Judas, 228.
El Judío Errante, 58.
Jung, Carl Gustav, 16, 29, 30, 53, 81, 225.
Júpiter, 189, 198.

Kafka, Franz, 33, 63.
Kirchner, Ernst Ludwig, 68.
Kokoschka, Oskar, 68.
Krishna, 81, 220.
Kristeva, Julia, 181, 182.
Kulin, Katalin, 23, 24.
   Creación mítica en la obra de García Márquez, 23.

Lacouture, el general, 88.
Lang, Andrew, 16.
Larrazábal, Wolfgang, 167.
Leal, Luis, 67, 68, 69.
Levin, Harry, *The Myth of the Golden Age in the Renaissance*, 74.
Levine, Suzanne Jill, 24, 97, 113, 119.
   El espejo hablado: un estudio de «Cien años de soledad», 24, 97, 119.

Lévi-Strauss, Claude, 17, 99, 221.
   Les structures élémentaires de la parenté, 99.
Lévy-Bruhl, Lucien, *L'âme primitive*, 53, 82.
Londres, 119.
Lorenzo, Aldonza (personaje de Cervantes), 207.
Ludmer, Josefina, 23, 97, 113, 115.
   «Cien años de soledad»: Una interpretación, 23, 97, 115.
Luna, Norman, 180.
Luzardo, Santos (personaje de Gallegos), 39.

Macondo, 9, 21, 26, 27, 38, 39, 40, 41, 47, 48, 49, 50, 58, 60, 66, 72, 74, 75, 77, 78, 81, 83, 84, 86, 87, 89, 91, 92, 96, 101, 102, 103, 107, 108, 112, 113, 114, 116, 120, 123, 124, 127, 130, 132, 135, 141, 161, 266, 267, 271, 274, 276.
Machado, Gerardo, 180.
«La Madre Terrible» (concepto), 103, 153-154.
«magischer Realismus» (realismo mágico), 68.
Manaos, 40.
Mann, Thomas, 32, 55, 97, 122, 147, 267.
   «Freud und die Zukunft», 32.
   «Wälsungenblut», 97.
   Joseph und seine Brüder, 122.
   Der Zauberberg, 267.
Manuel, Frank y Fritzie, 74, 78.
   Utopian Thought in the Western World, 74.
María, 63.
Mariátegui, José Carlos, 177.
Mármol, José, *Amalia*, 177.

Marte, 210, 212, 213.
Martinica, 133, 242.
Mártir de Anghiera, Pedro, 76, 77.
  De orbe novo, 76.
Masters, Robert E. L., *Patterns of Incest*, 99.
Matos de Schultz, Frances, 12.
Maturo, Graciela, *Claves simbólicas de Gabriel García Márquez*, 44.
Matzerath, Oskar (personaje de Günter Grass), 81.
Maugham, Somerset, 97.
McGrady, Donald, 33.
McMurray, George R., *Gabriel García Márquez*, 133, 140.
Mejía Duque, Jaime, «*El otoño del patriarca*» *o la crisis de la desmesura*, 165.
Memphis, 35, 67.
Mena, Lucila Inés, 86, 123.
  La función de la historia en «*Cien años de soledad*», 86.
Mendoza, Plinio Apuleyo, 112, 129.
Menton, Seymour, 247.
Mercado de Cardona, Homero, *Macondo: una realidad llamada ficción*, 23.
Mesías, 143, 215, 219, 237.
México, 129, 174, 176, 177, 178, 217, 219.
México, D. F., 61, 62, 71.
Minerva, 210, 212, 213.
Moctezuma, 176, 177.
Moisés, 75, 221, 225.
Molinari, Diego Luis, *La empresa colombina*, 193.
  El nacimiento del Nuevo Mundo, 193.
Moliner, María, *Diccionario de uso del español*, 15, 238, 278.

Montaigne, Michel de, 77.
Montaña Cuéllar, Diego, *Colombia: país formal y país real*, 123.
Morazán, Francisco, 174.
Morrison, Samuel Eliot, *Almirante de la Mar Océana*, 193.
Müller-Bergh, Klaus, 63.
Murillo, Rosario Emelina, 207.
Murray, Henry A. (ed.), *Myth and Mythmaking*, 17.

Napoleón, 228.
Neerlandia, 84, 88.
Neghme Echeverría, Lidia, 149.
«die neue Sachlichkeit», 68.
Neumann, Erich, 16, 29, 30, 65, 66, 73, 102-103, 153.
  Ursprungsgeschichte des Bewusstseins, 16, 30, 66, 73, 103, 153.
Nicaragua, 275.
Nietzsche, Friedrich, 21, 66.
Nilo (Colombia), 9.
Nivola, 63.
Nolde, Emil, 68.
Norvind, Eva, 173, 184, 244.
Novalis (Friedrich von Hardenberg), 29.
Nueva Jerusalén, 124, 125.
nunc-stans, 52, 115, 269.
Núñez, Rafael, 177.

Oakeshott, Michael, 115.
Occidente, El, 58.
Onetti, Juan Carlos, 268.
Onstine, Roberto, 165, 238, 239, 245.
Ortega, Julio, 113.
Ospina, Pedro Nel, 87.
Otero-Vélez de Pires, Carmen, 12.

Los padres de las patrias, 180.
Palau de Nemes, Graciela, 166, 174, 175, 195.
Palmerín (caballero andante), 155.
Paraguay, 173, 177.
Paraíso Terrenal (Jardín del Edén), 72, 74-79, 102, 124, 191, 270.
Paramaribo, 242.
Parry, J. H., *The Spanish Theory of Empire in the Sixteenth Century*, 176, 198.
Patagonia, 177.
Paula Santander, Francisco de, 201.
Paz, Octavio, 13, 201, 214.
Pélope, 221.
Penélope, 156.
Pereiro, Manuel, 202, 264.
Pérez Jiménez, Marcos, 167, 179.
Perón, Evita, 181.
Perú, 174, 176.
Petrarca, Francesco, *Canzoniere*, 182.
Pinzón, Martín Alonso, 192.
Piña Salcedo, Blas, 276.
Platón, 15, 128.
Plotell, Jeanine Parisier, *Intertextuality*, 181-182.
Plutarco, 172, 184-189.
Vidas paralelas, 186.
Polo, Marco, 191, 201.
Pompeyo, 187.
Poulet, Georges, *Les métamorphoses du cercle*, 243.
Pound, Ezra, 13.
Preciado, Nativel, 130.
Prometeo, 74, 140.
Propp, Vladímir, 18, 157-159, 220, 221.
Morphology of the Folktale, 18, 157-159.
Proust, Marcel, 29, 201, 249.

Prynne, Hester, 45.
«psicomaquia», 100.
Pueblo Nuevo (Colombia), 9.

Quevedo, Francisco de, 149, 150.

Rabassa, Gregory, 257.
Rabelais, François, 47, 63.
Rábida, La, (convento), 193.
Raglan, Lord, *The Hero: A Study in Tradition*, 221.
Rahv, Philip, 14.
Rangel, Carlos, 13, 177.
Del buen salvaje al buen revolucionario, 177.
Rank, Otto, 97, 99.
Das Inzest-Motiv in Dichtung und Saga, 99.
Real Academia Española, 15.
«realismo mágico», 11, 22, 58, 67-71, 273.
«lo real maravilloso», véase «realismo mágico».
Reid Alastair, 246.
Rentería Mantilla, Alfonso, 112, 129, 167, 184, 232.
García Márquez habla de García Márquez, 112, 129, 130, 131, 138, 167, 169, 172, 173, 179, 184, 189, 192, 193, 202, 232, 233, 244, 264.
República Dominicana, 174.
Reuter, Christian, *Schelmuffsky*, 81.
Reyes, Alfonso, 13, 219-220.
Pasado inmediato y otros ensayos, 220.
Reyes, Miguel, 276.
Rico, Francisco, *El pequeño mundo del hombre*, 19.
Rilke, Rainer Maria, 13, 29.

Riohacha (Colombia), 26, 135, 152, 162, 266.
Rivera, José Eustasio, 39.
La vorágine, 39, 40, 63, 114.
Roa Bastos, Augusto, 13, 63.
Yo el Supremo, 180.
Rodó, José Enrique, 13.
Rodríguez Freyle, Juan, 278.
El carnero, 63, 278.
Rodríguez Monegal, Emir, 11, 61, 63, 67, 68, 112, 113, 117-118.
Roh, Franz, *Nach-Expressionismus. Magischer Realismus*, 68.
Róheim, Géza, 29, 101, 103.
The Eternal Ones of the Dreams, 103.
Rojas Herazo, Héctor, *Respirando el verano*, 63.
Rojas Pinilla, Gustavo, 178.
Roldán de Micolta, Aleyda, 119.
Rolfe, John C., 185.
Roma, 57, 96, 209.
Rómulo, 218.
Rosas, Juan Manuel de, 177.
Rousseau, Jean-Jacques, 29, 77.
«la rueda giratoria», 67-69.
Ruffinelli, Jorge, 33.
Rulfo, Juan, 13, 21, 69, 97, 268.
Pedro Páramo, 268.

Sábato, Ernesto, 13, 32, 63.
Sáenz, Mercedes, *Gabriel García Márquez: tres ensayos y una bibliografía*, 24.
Salinas, Pedro, *La poesía de Rubén Darío*, 206.
Salmon, Russell O., 239, 240.
El Salvador, 174.
Samaná, Bahía de, 175.
Sánchez, Francisca, 207.

San Juan, 121, 123.
San Mateo, 229.
Santa, Eduardo, 78, 79, 86.
Rafael Uribe Uribe, 79, 86, 87, 88.
Santa María, 268.
Santa María del Darién, 141.
Santa Marta (Colombia), 135.
Santana, Antonio López de, 173, 177, 180.
Santana, Pedro, 174.
Santiago de Cuba, 266.
Santo Domingo, 167, 193, 266.
Sarmiento, Domingo Faustino, *Facundo*, 39, 177.
Sarrailh Michèle, 204, 205, 207.
Sartre, Jean-Paul, 13.
Satanás (Lucifer), 58, 133.
Sawyer, Tom (personaje de Mark Twain), 226.
Schelling, Friedrich, *Über Mythus, historische Sagen, und Philosopheme der ältesten Welt*, 16.
Einführung in die Philosophie der Mythologie, 16.
Die Philosophie der Mythologie, 16.
Schlegel, Friedrich, 29.
Schóo, Ernesto, 61-62, 130.
Schorer, Mark, 17.
Searle, John R., 126.
Senegal, 194.
Sevilla, 193.
Sincelejo (Colombia), 266.
Singapur, 127.
Smith, W. Robertson, 16.
Sócrates, 15.
Sófocles, 16, 63, 97, 98, 100, 111, 113, 128.
Edipo, 16, 97, 98, 100, 111, 172.
Somoza García, Anastasio, 173.

Índice onomástico

Sosa Blanco, 169, 179.
Spurinna, 189.
Steinbeck, John, 34, 35.
Suárez, Luis, 192.
Subercaseaux, Bernardo, 180.
Sucre, 34.
Suetonio (Gaius Suetonius Tranquillus), 172, 184-190.
La Roma escandalosa bajo los doce Césares, 188.

Tanaguarena, 242.
Tegucigalpa (Honduras), 174.
Teseo, 155, 157.
Tibet, 22.
Tolstoi, Lev Nikolaevich, 247, 267.
«La muerte de Iván Ilyich», 247.
«totem», 99-100, 124.
Torre de Babel, 17.
Torres, Miguel, 130.
Torrijos, Omar, 179.
Triana, Rodrigo de, 198.
Trinidad, 242.
Trujillo, Rafael, 175.
Trungpa, Chögyam, *Born in Tibet*, 223.
Turner, Victor, *The Forest of Symbols*, 17.
Twain, Mark, *Tom Sawyer*, 226.

Ulises (u Odiseo, personaje de Homero), 140, 155, 156, 157, 220, 270.
Unamuno, Miguel de, 63.
United Fruit Company, 39.
Universidad de Illinois, 11.
Urbana, 12.
Uribe Uribe, Rafael, 27, 78, 79, 80, 86-88, 270.

Uroboros, 21, 65-66, 98, 102, 124, 128, 145, 234, 270.
Urumita, 85.
Uslar Pietri, Arturo, 68.
Utopía, 74-79.
Utopo, Rey, 74, 78.

Valladolid, 191.
Valle-Inclán, Ramón del, 178.
Tirano Banderas, 178, 180.
Vargas, Germán, 34, 131.
Vargas Llosa, Mario, 23, 25, 27, 33, 43, 44, 45, 48, 55, 56, 59, 61, 62, 63, 65, 66, 70, 113, 131-132, 140, 141, 144, 153, 161, 272.
García Márquez: Historia de un deicidio, 25, 33, 43, 44, 55, 56, 59, 62, 65, 113, 132, 140, 141, 144, 153, 161, 272.
La novela en América Latina (diálogo con García Márquez), 27, 70.
Vasconcelos, José, 13.
Vega, Garcilaso de la, 182.
Vega, Lope de, *El Nuevo Mundo descubierto por Colón*, 191.
Velázquez, Diego Rodríguez de Silva, *Las Meninas*, 126.
Venezuela, 129, 137, 167.
Venus, 209.
Vera, Pedro Jorge, *El pueblo soy yo*, 180.
Veracruz, 242.
Verlaine, Paul, 206.
Vespuccio, Américo, 76-77.
El nuevo mundo, 77.
Vickery, John B. (ed.), *Myth and Literature: Contemporary Theory and Practice*, 14.

Vico, Giambattista, 15.
Vignaud, Henry, *Le Vrai Christophe Colomb et la légende*, 193.
Villanueva, 85.
Villon, François, 29.
Vinyes, Ramón, 34, 63.
Virgilio, Publio, 182, 224.
Vizcaíno, El, (personaje de Cervantes), 126.
Völkening, Ernesto, 96, 165.
Voltaire (François Marie Arouet), *Candide*, 154.

Wagner, Richard, 147.
Williams, Raymond, 146, 147, 252.
Woodford, P. E., 179.
Woolf, Virginia, 32, 33, 36, 63.
Wordsworth, William, 29.
Wundt, Wilhelm, 99, 101.

Xirau, Ramón, 166, 176.

Yates, Donald, 67.
Yeats, William Butler, 13.
Yocasta (personaje de Sófocles), 16, 98, 100.
Yoknapatawpha, municipio de, 21, 135, 267.

Zalamea, Jorge, 47, 57, 63.
El gran Burundún Burundá ha muerto, 47, 57.
Cuatro años a bordo de mí mismo, 63.
Zambia, 17.
Zamora, Lois P., 121.
Zavala, Silvio, *La colonización española en América*, 176.
Zeus, 221.
Zipaquirá (Colombia), 28.

ÍNDICE GENERAL

	Págs.
Prólogo	9
Introducción: La conciencia mítica	13

I. *Hacia el mundo de los Buendía* 25
   La niñez, la imagen, el mito y las primeras ficciones, 25.

II. *El mundo de los Buendía* 61
   Hacia *Cien años de Soledad*, 61. — El mito cosmogónico, 71. — El ciclo de la vida, 80. — El ciclo del incesto, 96. — El mito apocalíptico, 112.

III. *Entre dos mundos* 129
   La cuentística de García Márquez (1968-1972), 129. — «Un señor muy viejo con unas alas enormes», 132. — «El ahogado más hermoso del mundo», 136. — «Blacamán el bueno, vendedor de milagros», 140. — «El último viaje del buque fantasma», 144. — «Muerte constante más allá del amor», 149. — «La increíble y triste historia de la cándida Eréndira y de su abuela desalmada», 152. — Conclusión, 163.

IV. *El mundo del patriarca* 164
   Hacia *El otoño del patriarca*, 165. — Tres metamorfosis míticas: intertextualidades, 181. — El patriarca y el héroe mítico, 215. — Los círculos de la novela, 232.

	Págs.
Conclusión: El espacio, el tiempo y las metamorfosis del mito ...	265
Bibliografía selecta ...	280
Índice onomástico ...	303

Nº 3 : 80

Héroes : 221, 271

≫ √

/ 182, 228